Der ruhelose Balkan
Die Konfliktregionen Südosteuropas
Herausgegeben von Michael W. Weithmann

Deutscher
Taschenbuch
Verlag

Die Karten zeichneten Ines Völkl
und Franz Klimstein.

Originalausgabe
November 1993
© Deutscher Taschenbuch Verlag GmbH & Co. KG,
München
Umschlagtypographie: Celestino Piatti
Karte: Ines Völkl
Satz: IBV, Berlin
Druck und Bindung: C. H. Beck'sche Buchdruckerei,
Nördlingen
Printed in Germany · ISBN 3-423-04612-0

Das Buch

Der Balkan war in der Geschichte Europas ein geradezu »klassischer« Raum für Hegemoniebestrebungen, Machtansprüche und die Schaffung von Einflußsphären zwischen den Großmächten im Westen und im Osten. Das Ergebnis dieser historischen Entwicklungen ist eine Vielvölker- und Kleinstaatenregion, die aufgrund der ethnischen, kulturellen und religiösen Gegensätze oftmals das war, was sie auch heute wieder ist: das Pulverfaß Europas.

Die zwölf Kapitel dieses Buches stellen jeweils eine Konfliktregion Südosteuropas, von Bessarabien bis Istrien und Dalmatien, vor, zeichnen die historischen Entwicklungen nach und verdeutlichen die heutigen Probleme, die sich aus der wechselvollen Geschichte und den vielfältigen nationalen und religiösen Gegensätzen ergeben. Ergänzt werden die Beiträge durch anschauliches Kartenmaterial; in einem Glossar am Ende des Buches werden wichtige historische und politische Begriffe erläutert; eine Zeittafel gibt einen chronologischen Gesamtüberblick.

Der Herausgeber

Dr. Michael W. Weithmann, geb. 1949, studierte ost- und südosteuropäische Geschichte, Byzantinistik und Politische Wissenschaften in München, Wien und Istanbul. Seit 1982 ist er wissenschaftlicher Bibliothekar an der Universität Passau. Zahlreiche Fachveröffentlichungen; Mitherausgeber der ›Münchner Zeitschrift für Balkankunde‹.

Inhalt

Der Balkan zwischen Ost und West
von MICHAEL W. WEITHMANN 7

Bessarabien – Moldova
von EKKEHARD VÖLKL 44

Siebenbürgen
von HARALD ROTH 64

Dobrudscha
von ANDREA SCHMIDT-RÖSLER 94

Der serbisch-kroatische Konflikt in Kroatien
von MARIE-JANINE CALIC 108

Bosnien-Herzegowina
von SREĆKO M. DŽAJA 149

Die Albaner
von PETER BARTL.......................... 176

Sandžak
von HANS-JOACHIM HÄRTEL 205

Die muslimische Minorität in Bulgarien
von HANS-JOACHIM HÄRTEL 208

Die muslimische Minorität in Griechenland
(Thrakien)
von HANS-JOACHIM HÄRTEL 214

Makedonien / Mazedonien
von KATRIN VÖLKL 218

Istrien und Dalmatien
von MICHAEL STRUPP 253

Vojvodina
von HORST GLASSL 293

Zeittafel	305
Glossar	313
Literatur	324
Die Autoren dieses Buches	334

Der Balkan zwischen Ost und West
von Michael W. Weithmann

»Wir haben auf dem Balkan mehr Geschichte, als wir bewältigen können!«, stellte im Juni 1991 der Minister für internationale Beziehungen Bosniens, Haris Silajdžić, resigniert fest. Und – wie wir angesichts des Bürgerkriegs-Infernos in Jugoslawien, dem Europa und die Welt rat- und verständnislos zuschauen – ergänzen können: eine Geschichte, die man im Westen kaum kennt und die sich offensichtlich nicht leicht in den großen Rahmen der europäischen Geschichte einordnen läßt.

Das beginnt mit der Begriffsbestimmung. Ist »Balkan« ein politischer, geographischer oder kultureller Begriff? Umfaßt er ganz Südosteuropa, oder nur die Länder südlich der Donau? Das Wort selbst stammt von den türkischen Eroberern des späten Mittelalters und bedeutet »Gebirge« oder »Bergland«. Damit haben sie dem Gebiet, das sie vom 14. bis zum 16. Jahrhundert erobert hatten, einen treffenden Namen gegeben.

Bulgarien, Makedonien, Griechenland, Serbien, Bosnien und Albanien werden kreuz und quer von in sich verschachtelten Gebirgszügen und Tallandschaften durchzogen: Karl Mays »Schluchten des Balkan«, siedlungsfeindlich, nur ein Hindernis auf dem Weg von Ost nach West und umgekehrt. »Europäische Türkei« nannte man bei uns noch bis zum Anfang des 20. Jahrhunderts diese Region. Erst im 19. Jahrhundert war der Begriff »Balkan« im Westen aufgetaucht. Die Geographen beseitigten damals die letzten weißen Flecken auf der Landkarte Europas und nannten den längs durch Bulgarien verlaufenden Bergriegel »Balkan« und danach die gesamte Landmasse zwischen Adria, Ägäis und Schwarzem Meer die »Balkanhalbinsel«. Geopolitisch war das nichts anderes als die »Europäische Türkei«, das osmanische Reichsterritorium, das vom Sultan in Istanbul verwaltet wurde, und in kulturgeographischer Hinsicht das Gebiet Südosteuropas, das ursprünglich von der orthodoxen Ostkirche und in geringem Maße seit der Türkenherrschaft noch vom Islam geprägt war.

Im Verlauf des 19. Jahrhunderts entstehen dann die Balkanstaaten, erst Serbien und Griechenland, dann Montenegro und Bulgarien, zuletzt Albanien. Der Begriff Balkan weitet sich politisch über die Donau hinaus aus. Rumänien, ein ebenfalls neuer Staat, ja selbst Ungarn und Kroatien – bis 1918 ein Teil Ungarns – werden nun öfters zum Balkan gezählt. In der französischen Sprache der Diplomatie wird die neue Kleinstaatenwelt pauschal im Plural mit »Les Balkans«, im Englischen dann mit »The Balkans« bezeichnet.

Die bizarre, zerrissene Gebirgslandschaft hat die Bildung größerer politischer Einheiten nicht zugelassen; die politische Macht mußte aufgeteilt und zersplittert bleiben wie das Land selbst. Die Völker, die hier wohnen, waren immer durch die Geographie auf ihre in sich abgeschlossenen Siedlungsräume verwiesen. Den landschaftlichen Kontrasten entsprechen der Partikularismus, die Differenzierung, Zersplitterung und Vereinzelung seiner Bevölkerung in eine Vielzahl sich abgrenzender kultureller, religiöser und politischer Gruppen.

Eingekeilt zwischen die Macht- und Kulturzentren Europas und des Orients kommt für den Balkan eine historische Grunderfahrung hinzu: »An den Grenzen von Ost und West, an der Kreuzung der Kulturen, Religionen und Imperien. Mit einem Wort: allen im Wege!« (Émile Cioran). Der Balkan wird zum Aufmarsch- und Schlachtfeld fremder Interessen, zum permanenten Spannungsgebiet, wo Ostmächte und Westmächte ihre Hegemonialsphären abstecken und die einheimischen Völker nach ihren Vorstellungen ausrichten und kulturell überformen.

»Divide et Impera« – mit dieser römischen Maxime wird seit 2000 Jahren Großmachtpolitik auf dem Balkan betrieben inmitten einer verwirrenden Vielfalt von Völkern,

Stämmen und Konfessionen. Jede Vormacht in dieser Region hat sich den Narzißmus der kleinen, aber abgrundtief bitter empfundenen Differenzen zunutze gemacht, um seinen Balkananteil unter Kontrolle zu halten. Zuerst Rom, dann Roms östlicher Nachfolger Byzanz, die abendländischen Kaufherren und Kreuzritter, die türkischen Osmanen, die österreichischen Habsburger, das russische Zarenreich, und in unserem Jahrhundert die Sieger des Ersten Weltkriegs, dann die Achsenmächte im Zweiten Weltkrieg und zuletzt – mit großem Erfolg – noch das Sowjetimperium.

Blutrache, Frauenraub, die drakonische patriarchalische Gewalt der Clan- und Familienehre, die vorzeitliche Geschlossene Gesellschaft: »Mann ist gleich Gewehr.« Das galt bis in die Partisanenkämpfe des Zweiten Weltkriegs, in denen nicht so sehr der äußere Feind bekämpft wurde, sondern der irgendwie andersartige Nachbar. Krieg ist grausam, aber er war und ist auf dem Balkan immer noch um eine Nuance grausamer, weil archaischer. Die balkanische Vendetta überdauerte Zeiten und Generationen. Man kann das gegenwärtige atavistische Treiben in Kroatien und Bosnien auch als Blutrache für die in diesem Gebiet während des letzten Kriegs begangenen Untaten interpretieren. (Unter westlichen Fachleuten ist übrigens umstritten, ob es sich dabei wirklich um ein Relikt der vorstaatlichen Epoche oder um eine gesellschaftliche Regression handelt, eine Reaktion auf Fremdherrschaft und die permanente Intervention fremder Mächte im späten Mittelalter.)

Wie mit einem Schwerthieb haben die spätrömischen Imperatoren im Jahre 395 ihr unregierbar gewordenes Riesenreich in eine Ost- und eine Westhälfte geteilt. Von Norden nach Süden verläuft seitdem entlang der Donau und der Drina eine Kultur-, Konfessions- und Mentalitätsscheide durch Südosteuropa.

Die *lateinische* Westhälfte – Ungarn, Kroatien, Dalmatien – wird vom päpstlichen Rom aus missioniert und dem

»katholischen Abendland« eingegliedert. Die *griechische* Osthälfte orientiert sich am kaiserlichen Konstantinopel. Bulgaren, Serben und Rumänen übernehmen die Orthodoxie. Sie werden Teil des orthodoxen »Morgenlandes«, des byzantinischen Commonwealth.

Der *Ost-West-Konflikt* ist eine Konstante der Weltgeschichte seit zweieinhalbtausend Jahren. Mit dem Aufstieg des Christentums und dem allmählichen Auseinanderleben einer orthodox-griechisch-orientalischen Geistesrichtung und einer lateinisch-römisch-katholischen Glaubenshaltung – beide mit universalem, d. h. »katholischem« sowie rechtgläubigem, d.h. »orthodoxem«, absolutem Wahrheitsanspruch – eskaliert der Ost-West-Gegensatz ideologisch, religiös und schließlich politisch. Und zwar auf dem Balkan, wo die oströmischen und die weströmischen Einflußsphären direkt aufeinanderprallen. Das Byzantinische Reich mit der Metropole Konstantinopel hat in den »dunklen Jahrhunderten« von 500 bis 800 keinen Kulturbruch wie der Westen in der Völkerwanderung erlitten, es rezipiert die Hochkultur der Antike und triumphiert noch bis ins hohe Mittelalter.

Doch es erstarrt auf dem hohen Niveau: Stagnation, dann Rückschritt werden zu Merkmalen des orthodoxen Ostens. Im abendländischen Kampf zwischen Kirche und Staat werden dagegen alle intellektuellen Kräfte mobilisiert. Dynamik wird zum Kennzeichen des Westens – die Entwicklung zu Renaissance, Reformation, Aufklärung nimmt ihren Lauf. Byzanz hat diesem »Fortschritt« nichts an die Seite zu stellen. Im Jahre 1204 plündern europäische Kreuzfahrer, päpstlich abgesegnet, die Kaiserstadt am Bosporus und vernichten das Ostreich. Nach dieser tiefen Demütigung für die Orthodoxie ist die Welt endgültig in Ost und West geteilt.

Die Ostkirche – von jeher eher weltabgewandt und kontemplativ – zieht sich zurück. Von der gesellschaftlichen und geistigen Entwicklung des Westens schottet sie sich ab. Die Religions- und Kulturgrenze durch den Balkanraum verfestigt sich, sie überdauert die Osmanenherrschaft und die Periode der nationalen Wiedergeburt und erreicht heute wieder ihre uralte Virulenz.

Nach dem Sturz von Byzanz organisieren sich die Balkanvölker selbst. Bulgaren, Serben und natürlich die Griechen sehen sich als die jeweils einzigen legitimierten Nachfolger von Byzanz und kämpfen um die Kaiser(Zaren)krone. In Konstantinopel zieht zwar im Jahre 1261 mit Michael Palaiologos wieder ein griechischer Kaiser ein, doch das Byzantinische Reich ist unwiederbringlich dahin. Als Spielball fremder Mächte bleibt das immer kleiner werdende Reich noch bis 1453 griechisch, dann nehmen die türkischen Osmanen auch die halbverödete Stadt Konstantinopel ein und machen sie erneut zum Mittelpunkt der Welt. Bulgaren und Serben bilden für längere Perioden eigene Zarenreiche. Für ihren heutigen Nationalismus sind sie das mythisch überhöhte Heldenzeitalter, zu deren Bedeutung und zu deren Reichsgrenzen man sich wieder zurücksehnt und um die man heute allen Ernstes wieder kämpft.

Doch der alte Partikularismus gewinnt wieder die Oberhand, die Reiche zerfallen in ihre Teillandschaften und Stammesgaue, eine leichte Beute für einen straffen, religiös motivierten, zentralistisch aufgebauten Eroberstaat, für das Osmanische Reich, das sich den Balkanraum vom 14. bis zum 17. Jahrhundert sukzessive unterwirft und ihn bis zum Beginn unseres Jahrhunderts beherrschen wird.

Hilfe vom christlichen Westen wäre mit der Anerkennung der Suprematie des Papstes über die Orthodoxie und mit der Kirchenunion verbunden gewesen. Und das war – nach der Erfahrung von 1204 – absolut unannehmbar für die Orthodoxie.

»Lieber den Turban des Sultans als die Tiara des Papstes« soll man im belagerten Konstantinopel gerufen haben. Mit dem muslimischen Sultan konnte man sich notfalls arrangieren, mit Rom aber nie! Unter diesem innerchristlichen Ost-West-Aspekt muß die halbtausendjährige Herrschaft des Islam in Südosteuropa gesehen werden. Wohl verlangte der Sultan eine spezielle »Schutzsteuer« von den Balkanchristen, aber ansonsten kümmert er sich weder um den Ritus noch die Dogmen seiner christlichen Untertanen. Eine Zwangsislamisierung findet nicht statt – das hätte nur die Steuereinnahmen vermindert. Die »Zeit der türkischen Finsternis« gehört ins Reich der Geschichtslegende. Mindestens genauso stark wie von den osmanischen Tributeintreibern fühlten sich die Balkanslawen von dem vom Sultan favorisierten griechisch-orthodoxen Patriarchat bevormundet, das ihnen ihre eigene kirchenslawische Liturgie verbieten wollte.

Unter den Osmanen ist der Balkan befriedet, eine fruchtbare balkanisch-osmanische Synthese bahnt sich an. Durch die gemeinsame erbitterte Gegnerschaft zum militanten katholischen Westen bildet sich sogar eine Art von Einverständnis zwischen der Orthodoxie und der islamischen Staatsreligion heraus.

Andererseits ist es gerade der niedere slawische Klerus, der die Erinnerung an das heiligmäßig verklärte Mittelalter der Zaren und Mönche in den Unterworfenen wachhält.

In Bosnien, Albanien und Bulgarien wechselt ein beträchtlicher Teil der Einheimischen zur Religion der Sieger über. Innerbalkanische Wanderungsbewegungen in der Türkenzeit sind der Grund für das heute so problematische Durcheinandersiedeln verschiedener Ethnien auf kleinem Raum.

Im Norden der Balkanhalbinsel bauen die Habsburger mit der Erbübernahme der ungarischen Krone im Jahre 1526 ihre eigene Hausmacht außerhalb des römisch-deutschen Reiches auf. Der dezidiert katholische, gegenreformatorische habsburgische Ordnungsstaat hält das expansive Osmanenreich in Schach und wird nach den siegreich beendeten Türkenkriegen im 18. Jahrhundert zur Vormacht in Südosteuropa. Als Cordon zum Osmanischen Reich bildet sich in Kroatien für drei Jahrhunderte die habsburgische »Militärgrenze« heraus. Aber als Folge der Türkenzeit hat sich die alte Grenze zwischen Ost und West weiter in Richtung Europa verschoben. Noch im letzten Jahrhundert reicht der »Orient« bis zu Donau und Save. Was Goethes selbstzufriedener Spießbürger im ›Faust‹ mit den Völkern meint, die »hinten, weit in der Türkei« aufeinanderschlagen, spielt keineswegs irgendwo in Kleinasien, sondern hier auf dem zwischen Österreichern und Türken und ihren Hilfsvölkern umkämpften Glacis in Slawonien, da, wo auch heute wieder zwischen Ost und West gekämpft wird.

Seit dem 18. Jahrhundert verblaßt der Halbmond in Südosteuropa, nicht zuletzt deshalb, weil nun Rußland als neue Großmacht auf der balkanischen Szene erscheint. Seiner Staatsdoktrin nach ist das russische Zarenreich das »Dritte Rom« – »und ein Viertes wird es nicht geben!« Das »Heilige Rußland«, Wahrer der Orthodoxie, tritt auf als Nachfolger der byzantinischen Weltherrschaft. Es fühlt sich geschichtlich berufen, Konstantinopel zu erobern und alle »Rechtgläubigen« in einem Reich zu vereinigen, dafür den Balkan vom Islam zu befreien und die Balkanchristen vor den »Lateinern« zu schützen.

Die Russen auf dem Balkan und an den Meerengen zwischen Europa und Asien? Ein neobyzantinisches panslawistisches autokratisches Riesenreich im Südosten Europas? Die Westmächte werden dies mit allen Mitteln zu verhindern trachten. Auch Habsburg merkt bald, daß nicht mehr das schwer angeschlagene Sultansreich, sondern das imperialistische Rußland der eigentliche Gegner auf dem Balkan sein wird. Eine Aufteilung des Osmanischen Reiches, bei der Rußland in jedem Falle übermäßig profitieren würde, darf es nicht geben! Das ist die »Orientalische Frage«, welche die Diplomatie bis zum Ersten Weltkrieg in Atem halten wird.

Der Westen wird vom 19. Jahrhundert an den »kranken Mann am Bosporus« stützen und ihn – natürlich in eigenem Interesse – vor der gewaltigen russischen Gefahr aus dem Norden bewahren. Für die osmanisch beherrschten Balkanvölker bedeutet dies, daß sie eingekeilt sind zwischen die Großmachtinteressen des russischen Zarenreiches und denjenigen des Westens. Alle Kompromisse der Großmächte laufen auf die Bewahrung des Status quo hinaus. Nur im Einklang mit Großmachtinteressen kann sich die Lage der Völker auf dem Balkan ändern.

Auf dem Rückzug wird der Islam zunehmend aggressiver, und skrupellos nützen die Großmächte die Differenzen im Innern des Osmanenreiches zum eigenen Vorteil. Erst jetzt kommt dem Begriff vom »Türkenjoch« – in der letzten Phase ihrer Herrschaft – einige Berechtigung zu.

Rationalismus, Aufklärung, Säkularisation und als tragende gesellschaftliche Schicht ein unabhängiges Bürgertum – insgesamt also durchaus »westliche« Kategorien – sind die unabdingbaren Voraussetzungen für die revolutionäre, Stände und Konfessionen übergreifende Idee des Nationalismus. Wenig von diesen Vorgaben ist im orthodoxen wie im islamischen Bereich vorhanden, als diese Bewegung vom Westen her nach der Französischen Revolution und der Napoleonischen Ära (1789–1815) auch auf den Balkan übergreift. Im Westen wird der Nationalismus zu einer emanzipatorischen, konstruktiven Kraft. Denn nur im nationalstaatlichen Rahmen lassen sich im 19. Jahrhundert Volkssouveränität, Verfassung, Bürgerrechte und Demokratie verwirklichen. Im Südosten (wie im gesamten Osteuropa) aber wirkt der Nationalismus als importierte Ideologie, den dort noch herrschenden vor-neuzeitlichen Verhältnissen wie aufgepfropft. Als nationale Befreiungsideologie sprengt er zwar das osmanische und das habsburgische Vielvölkerreich, doch dann mutiert er hier zu einem destruktiven Abgrenzungs- und Feindbild-Nationalismus.

Hinzu kommt der aus Johann Gottfried Herders »Teutscher Romantik« übernommene Mythos der Vergangenheit, der nationalromantische Rückgriff auf eine verklärte Geschichte, die in die unwirtliche Gegenwart projiziert wird und speziell auf dem Balkan mit einer Vielzahl von anderen Nationalmythen unaufhörlich kollidiert.

Letztlich ist das Nationalstaatsprinzip westlicher Prägung auf dem Balkan gescheitert.

Zugleich mit der »*Wiedergeburt*« der balkanischen Nationalstaaten, ihrer schrittweisen Lösung aus dem osmanischen Reichsverband während des 19. Jahrhunderts kommt in der westlichen Diplomatensprache das Schlagwort von der »*Balkanisierung*« auf: »... die Zerstückelung größerer politischer und wirtschaftlicher Einheiten sowie die oft damit verbundene politische Instabilität... Sie wird besonders von Großmächten zu eigenen politischen Zwecken gefördert und ausgenützt.« (Brockhaus 1987)

Als die zaristischen Armeen 1878 keine zehn Kilometer vor Istanbul und dem Bosporus stehen und die »Orientalische Frage« radikal im panslawistischen Sinne lösen wollen, droht durch das Eingreifen der westeuropäischen Staaten der erste Krieg wirklich globalen Ausmaßes. Angeblich ist Bismarck, dem »ehrlichen Makler«, der Balkan »nicht die gesunden Knochen eines einzigen pommerschen Grenadiers wert«. Die »Gens-là-bas« (die Stämme da unten) scheren ihn soviel, »wie wenn sein Pokal leer ist«. Der Berliner Kongreß versucht 1878 die politische Landkarte des Balkans zu ordnen. Die neuen Balkanstaaten Serbien, Rumänien, Montenegro, etwas später dann Bulgarien, werden endgültig in die völkerrechtliche Unabhängigkeit entlassen.

Von echter Souveränität aber kann keine Rede sein. Es entsteht ein Nebeneinander von Puffer-, Vasallen-, Trabanten- und Satellitenstaaten, die durch tradierte Feindschaften fest ineinander verzahnt sind. Ein ideales Feld für Stellvertreterkriege, eine Manövriermasse zur territorialen Kompensation. Die von Petersburg, Wien, London, Paris, Berlin und Rom abhängige halbkoloniale Kleinstaatenwelt Südosteuropas – die Dritte Welt des 19. Jahrhunderts.

Bismarcks außenpolitische Maxime ist es, dieses »Orientalische Geschwür offenzuhalten und dadurch die

Südosteuropa nach dem Berliner Kongreß 1878

Einigkeit der anderen Großmächte zu vereiteln«. Die »*orientalischen Geschwüre*« haben sich seit dem Berliner Kongreß auf dem Balkan nicht geschlossen: Territorialstreitigkeiten und Minderheitenprobleme in Makedonien, im Kosovo, in Bosnien, in Bessarabien, in Siebenbürgen, in der Dobrudscha, in Thrakien. Ein paar weitere kommen in der Folgezeit noch hinzu.

Als die schwerste Hypothek des Berliner Kongresses aber wird sich erweisen, daß Rußland, das sich schon am Ziel seiner Balkan-Großmachtpolitik gesehen hatte, zum Rückzug gezwungen wird. »Der Weg nach Konstantinopel führt durch das Brandenburger Tor«, heißt es von jetzt ab an der Newa. Und »Nibelungentreue!« tönt es aus Berlin und Wien. Die Bündnisse, die sich im Ersten Weltkrieg gegenüberstehen werden, formieren sich: die deutsch-österreichischen »Mittelmächte« und die englisch-französisch-russische »Triple-Allianz«. Schon drei Jahre nach der Berliner Friedenskonferenz steht Europa, – wieder vom Balkan ausgehend – vor der »Krieg-in-Sicht-Krise«.

Für die nächsten drei Jahrzehnte fungiert der Balkan als lokal begrenzbares Spannungs- und Entladungsfeld der großen Interessensgegensätze. Zwischen den Balkanstaaten selbst toben Guerillakriege, Terroranschläge, Untergrundkampf. Die serbische Irredenta agitiert in Bosnien, das 1878 als wahres Danaergeschenk den Österreichern übergeben worden war. Vergeblich hoffen die Südslawen im K.u.K.-Reich auf die Gewährung der Autonomie unter der Habsburgerkrone (so wie es Ungarn erreicht hatte). In Kroatien herrschen ungarische Magnaten im Kolonialstil und treiben damit die kroatische Bevölkerung der Großserbischen Idee in die Arme. In Siebenbürgen bedrückt die magyarische Adelskaste wie im tiefsten Mittelalter die rumänische Mehrheit und gibt damit dem Vereinigungsgedanken der Siebenbürger Rumänen mit dem Staat Rumänien erst den rechten Auftrieb. Um Makedonien, das Herzland des Balkans, ringen Griechenland, Serbien und Bulgarien. In den Balkankriegen 1912–1913 wird zwar zuerst das Osmanische Reich von der 1. Balkanliga, bestehend aus Serbien, Bulgarien, Montenegro und Griechenland, aus Südosteuropa verdrängt, doch über die Landbeute kommt es unter den Siegern zum Krieg.

Hinter all dem stehen die Großmächte, vor allem Rußlands Drang zu den Meerengen und zur Adria. Um Serbien (und damit Rußland) den Weg zur Adria zu versperren, favorisieren Wien und Rom 1913 die Gründung des letzten Balkanstaats Albanien. Als Kompensation aber erreicht Petersburg den Zuschlag des albanisch besiedelten Kosovo an Serbien.

Das habsburgische Vielvölkerreich ist von Bismarck durch den preußisch-österreichischen Krieg 1866 und die kleindeutsch-preußische Reichsgründung 1871 erfolgreich aus dem Deutschen Reich und an die Peripherie Europas gedrängt worden; es sieht Großmachtchancen nur noch auf dem Balkan. Indirekt ist Bismarck durch seine Offensivhaltung gegen Wien auch dafür verantwortlich gewesen, daß die ungarische Reichshälfte 1867 innenpolitisch von Wien unabhängig wurde und durch eine rigorose Konfrontationspolitik gegenüber der slawischen und rumänischen Minderheit dem Schlagwort vom »Völkerkerker« die richtige Munition geben kann. Neben seinen traditionellen Konkurrenten auf dem Balkan, Rußland mitsamt dessen Vasallenstaaten Serbien und Montenegro, sieht sich die Doppelmonarchie nach den italienischen Einigungskriegen 1859/60 und der Gründung des Königreiches Italien 1860 zudem immer stärker dem Anspruch des italienischen Risorgimento auf Istrien, Dalmatien und Albanien ausgesetzt.

Von der Jahrhundertwende ab inszenieren die Großmächte auf dem Balkan eine Folge von Testkriegen und Krisen: Makedonienkrise, Bosnische Annexionskrise, Albanienkrise – die letzte jedoch, die »Julikrise« 1914, unmittelbar nach dem Attentat von Sarajevo, erweist sich als nicht mehr begrenzbar. Der Große Krieg hatte seit zehn Jahren über Europa in der Luft gelegen, der zündende Funke aber landet bezeichnenderweise auf dem Balkan. Jetzt kommt die Mechanik der Militärbündnisse und der Geheimdiplomatie in Gang, sie erfaßt zuerst den Balkan, dann Europa, schließlich die ganze Welt. Der Balkan, Ausgangspunkt zum Ersten Weltkrieg, wird zum Nebenschauplatz.

Monarchien stürzen, die Vielvölkerreiche brechen auseinander, neue Nationalstaaten entstehen. Auf dem Balkan stehen sich nach 1918 die Satelliten der Sieger und die Mitverlierer der Besiegten unversöhnlich gegenüber. Die Sieger – die französisch-englische Entente – ziehen die Grenzen neu, aber keineswegs nach dem Nationalitätenprinzip, wie es US-Präsident Woodrow Wilson noch kurz vor Kriegsende in seinen »14 Punkten« blauäugig angekündigt hatte, sondern nach den eigenen, vom Großmachtdenken diktierten Interessen. Gewinner sind Serbien, das sich mit den ehemaligen südslawischen Gebieten der k.u.k. Monarchie vereinigt, sowie Rumänien, das ganz Siebenbürgen erhält und dem in Revolution versinkenden Rußland noch Bessarabien abnimmt. Die Verlierer sind Ungarn und Bulgarien. Ungarn wird Kleinstaat, Bulgarien verliert die Ägäisküste. Die Türkei behält ihr europäisches Vorfeld Thrakien, Griechenland schiebt seine Grenzen nach Nordosten vor, muß aber den Süden Albaniens wieder räumen. Wie in ganz Ost- und Mitteleuropa treibt das »System von Versailles« auch auf dem Balkan die nationalen Gegensätze ins Extreme. Der Versailler Vertrag macht Deutschland und seine Verbündeten in Südosteuropa – Österreich-Ungarn, Bulgarien, Türkei – als Urheber des Krieges verantwortlich. Die Folge sind bedeutende Gebietsabtretungen und umfangreiche Reparationszahlungen. 1919 wird das Versailler Vertragswerk von Deutschland bedingungslos ratifiziert. Dann präsentieren die Alliierten den Verbündeten die Friedensdiktate: Noch im selben Jahr Deutsch-Österreich in St. Germain (bei Paris), Bulgarien in Neuilly, der Türkei in Sèvres, und 1920 Ungarn im Pariser Vorort Trianon.

Die demütigenden »Pariser Vorortverträge« der Sieger mit den Besiegten schaffen für die Folgezeit ein Reizklima der Unzufriedenheit und der Revanche: Revisionistische Staaten, die bestrebt sind, die 1919/1920 neu festgesetzten Grenzen zu revidieren, aufzuheben, stehen unversöhnlich den Antirevisionisten entgegen. Österreich ist als Großmacht verschwunden, das Osmanische Reich hat sich zum türkischen Nationalstaat gewandelt, der seitdem mit Griechenland im Dauerstreit um die Ägäis steht. Ausgeschaltet als Großmächte sind – allerdings nur vorübergehend – das Deutsche Reich und Rußland, das vom Zarenreich zum Sowjetreich mutiert ist. London und Washington ziehen sich vom Kontinent zurück. So versucht Frankreich, das Machtvakuum auf dem Balkan allein aufzufüllen. Es ruft im Jahre 1920 die antirevisionistische »Kleine Entente« ins Leben – Prag, Belgrad, Bukarest –, die wenig schmeichelhaft als »Cordon sanitaire« Südosteuropa sowohl vor dem revisionistischen Deutschland wie vor dem bolschewistischen Rußland schützen soll.

In vielen Staaten Europas stürzen nach 1918 die alten Eliten, eine gewaltige soziale und ökonomische Modernisierungswelle rollt über den Kontinent hinweg. In Südosteuropa ist davon jedoch, gleich bei Antirevisionisten und Revisionisten, nichts zu spüren. Die nationalen Streitigkeiten und die neu aufgebürdeten Minderheitenprobleme machen jegliche politische oder soziale Änderung unmöglich. Alles bleibt beim alten: Die Agrarfrage bleibt ungelöst, der westliche Parlamentarismus erweist sich als unpraktikabel und führt geradenwegs in autoritäre Strukturen und in die Diktatur. Der Balkan bleibt der Hinterhof Europas.

Gefahr für das französische Sicherheitssystem erwächst zunächst vom faschistischen Italien. Rom beansprucht Dalmatien und will deshalb den neuen südslawischen Staat destabilisieren. Zu diesem neuen Staat – erst »Königreich der Serben, Kroaten und Slowenen«, ab 1929 offiziell »Jugoslawien« – hatten sich die Kroaten übrigens erst unter dem rigorosen italienischen Expansionsdruck widerwillig mit Serbien zusammengeschlossen. Zwei Staatsaufbauprinzipien stehen sich seitdem unvereinbar gegenüber: die »jugoslawische« kroatische Föderation und die zentralstaatliche serbische Integration. Zweimal führte das serbische Übergewicht zum Zerfall des Staates: 1941 und 1991.

Mussolinis Imponierpolitik auf dem Balkan scheitert jedoch. Paris erreicht mit dem Balkanpakt 1934 noch einmal eine Festigung seiner antirevisionistischen Position in Südosteuropa.

Mit dem Wiedereintritt Deutschlands in den Kreis der Großmächte jedoch – jetzt als nationalsozialistisches »Drittes Reich« – ändert sich die Lage im Südosten dramatisch. Mit der »Achse Berlin-Rom« erhält der Revisionismus seit 1936 deutlich Aufwind. Ausschlaggebend aber wird die seit der Weltwirtschaftskrise im Jahre 1929 sich anbahnende wirtschaftliche Ausrichtung der rückständigen Agrarstaaten Südosteuropas auf Deutschland. Sie führt bis zum Ende der dreißiger Jahre zu einer völligen ökonomischen Abhängigkeit des gesamten Raumes von Berlin. Auf diese Weise wird das Entente-Bündnis ausgehöhlt. Der ökonomischen Orientierung folgt schließlich die politische Orientierung weg von den Westmächten auf Deutschland. Die gewaltsame Auflösung der Tschechoslowakei nach dem Münchner Abkommen von 1938 markiert das Ende der Kleinen Entente. Ungarn als freiwilliger Achsenpartner profitiert davon und auch noch von der Amputation Rumäniens im Jahre 1940. Auch Bukarest und Sofia sind bald fest im Griff der Achse. Das System von Versailles ist somit »revidiert«.

Vom Zweiten Weltkrieg bleibt der Balkan während der ersten beiden Jahre verschont. Für das kriegführende Deutschland hat Südosteuropa nur untergeordnete Bedeutung, es soll lediglich wehrwirtschaftlich als Agrar-Versorgungsraum dienen. Durch die totale wirtschaftliche Abhängigkeit der südosteuropäischen Staaten vom Deutschen Reich glaubt man in Berlin das »Balkanproblem« bereits gelöst zu haben. Man überläßt den Raum daher dem Einfluß Mussolinis. Wichtig für das eigentliche deutsche Kriegsziel – den Vorstoß nach Osten – ist absolute »Ruhe in Südost«!

Zu Ende der dreißiger Jahre tritt auch Rußland – die Sowjetunion – als Balkanvormacht wieder in Erscheinung.

Im Hitler-Stalin-Pakt von 1939 wird Moskau Bessarabien, das traditionelle »Sprungbrett nach Südosteuropa«, zugestanden, und ein Jahr später holt es sich die Rote Armee vom paralysierten Rumänien zurück. Damit hat der Zweite Weltkrieg Südosteuropa erfaßt. Durch das Scheitern der Militärexpedition Mussolinis nach Griechenland wird auch die deutsche Militärmaschinerie 1941 auf den Balkan gelenkt. Da Belgrad sich nicht in die Achse pressen läßt, muß es wie Griechenland, wo die Briten eine Südostfront errichten wollen, militärisch niedergeworfen und besetzt werden.

Der deutsche Balkanfeldzug 1941/1942 war nicht in die Gesamtstrategie eingeplant gewesen. Die »Deutsche Neuordnung Südost« trägt daher alle Züge eines Provisoriums. Ungarn und Rumänien sind Achsen-Satelliten, sie beteiligen sich sogar mit großen Kontingenten am »anti-bolschewistischen Kreuzzug« gegen die Sowjetunion. Beide sind aber wegen Siebenbürgen tief verfeindet. Hitler hält sie mit wechselseitigen Geheimversprechen einer späteren Angliederung Siebenbürgens bei der Stange. Seit 1940 gehörte der größere Teil dieses Landes wieder zu Ungarn. Griechenland wird besetzt, zum Teil auch von Italien und vom Achsen-Sympathisanten Bulgarien. Albanien ist italienisches Protektorat. Jugoslawien wird mehrfach aufgeteilt und zerfällt – bis zur Kapitulation Roms 1943 – in eine deutsche und eine italienische Einflußsphäre. In Serbien sitzen die Deutschen, in Montenegro, Dalmatien und im Kosovo die Italiener. Kroatien wird – erst von Mussolinis, dann von Hitlers Gnaden – ein klerikal-faschistischer Horrorstaat, dem auch das Territorium Bosniens angegliedert wird. Von 1941 bis Anfang 1945 herrscht im kroatischen Vasallenstaat das berüchtigte faschistische Regime der »Ustaša-Partei« (*ustaša* bedeutet »der Aufständische«), das mit äußerster Brutalität und einer Politik des Völkermordes gegen die Serben in Kroatien und Bosnien vorgeht.

Vorrangig für das Dritte Reich ist die reibungslose wirtschaftliche Ausbeutung der Balkanländer ohne Stationierung größerer militärischer Kräfte. Der bald in voller Kraft einsetzende, von den Deutschen nicht vorhergesehene Partisanenkrieg verhindert dies nachhaltig. In Griechenland, Jugoslawien und Albanien findet parallel zur deutschen Besatzung ein Bürgerkrieg zwischen den zum Teil kollaborierenden nationalen und bürgerlichen Gruppen und den Kommunisten statt. Die kommunistischen »Volksbefreiungsarmeen« gewinnen dabei aufgrund ihrer Kompromißlosigkeit und des damals noch klaren Zukunftskonzepts die Oberhand. 1943 wird Tito von London und Washington, später auch von Moskau, als Alliierter anerkannt.

Ab Ende 1943 sind die Sowjets an allen Fronten im Vormarsch. Mitte 1944 stehen sie bereits in Rumänien, Bulgarien und Ungarn und stoßen auf Wien und Belgrad vor. Mit Nachdruck verhindert Stalin eine alliierte Invasion vom Mittelmeer nach Südosteuropa. Der Balkan soll ihm allein zufallen! Die Westalliierten, Roosevelt und Churchill, haben diesen raschen Erfolg Stalins, die russische Überrollung Südosteuropas innerhalb nur eines Kriegsjahres, niemals erwartet. Ende 1944 steht man in Washington und London konsterniert vor vollendeten Tatsachen.

Auf den Kriegskonferenzen der »Großen Drei« – England, USA, Sowjetunion – in Casablanca, Teheran, zuletzt 1944 in Jalta werden die Kriegsziele der Anti-Hitler-Koalition abgesteckt. Der Balkan bleibt dabei Nebenkriegsschauplatz. Die Westalliierten überlassen das gesamte Südosteuropa der sowjetischen Einflußzone. Ein bezeichnendes Licht auf den Zynismus der Großmächte, ihre Schachfiguren auf dem Balkan zu taxieren, wirft das berühmt-berüchtigte »Prozentabkommen« von 1944 zwischen Churchill und Stalin über den Anteil des jeweiligen Beeinflussungsgrades. Nach einem Dinner im Kreml einigten sich beide Staatsmänner auf folgende Prozentwerte: »Rumänien: Westalliierte 10 Prozent, Sowjetunion 90 Prozent; Griechenland: Sowjetunion 10 Prozent, Westalliierte 90 Prozent; Bulgarien: Westalliierte 25 Prozent, Sowjetunion 75 Prozent; Ungarn und Jugoslawien jeweils ›Fifty-Fifty‹«. Es kann freilich die letztlich hundertprozentige Sowjetisierung Ungarns, Rumäniens, Bulgariens und Albaniens nicht verhindern. Lediglich Griechenland bleibt, aber auch erst nach dem verheerenden Bürgerkrieg, der das Land noch bis 1949 erschüttert, in der westlichen Hemisphäre. Jugoslawien wird zum Sonderfall.

Das Weltordnungssystem von Jalta teilt die ganze Welt wieder einmal – nun signifikant durch den Eisernen Vorhang – in eine östliche und eine westliche Hälfte. Als Wertesystem konkurriert der demokratische, sich selbstgefällig als »freie Welt« titulierende Westen, dominiert erst durch London und Washington, später nur noch durch die USA, mit dem Kommunismus Moskauer Prägung. Südosteuropa wird zum fest integrierten Teil des doktrinären sowjetkommunistischen Ostblocks.

Die territorialen Hegemoniezonen werden von Moskau und Washington weitgehend respektiert, um die Balance der Supermächte im Gleichgewicht zu halten. Prowestliche Umsturzversuche im Sowjetbereich (z.B. 1956 in Ungarn) stoßen daher auf wenig Resonanz im Westen.

Im sowjetischen Südosteuropa wird das Versailler Grenzsystem im wesentlichen wiederhergestellt. Nur an der Grenze zur UdSSR ergibt sich eine großräumige Korrektur zugunsten der neuen Hegemonialmacht, Bessarabien wird zur Sowjetrepublik Moldawien.

Der Rückgriff auf die Pariser Vorortverträge bot sich ja auch an, sind doch die Verlierer von 1945 in Südosteuropa dieselben wie 1918. Das Sowjetsystem konserviert damit einen politisch instabilen Zustand, in dem sich die Revisionisten und Antirevisionisten nach wie vor gegenüberstehen werden – wenn auch für die nächsten 40 Jahre gemeinsam eingebunden in das sowjetische Herrschaftssystem. Alle Konfliktherde bleiben erhalten, das Grenzsystem der Feindschaften wird restauriert, die Nationalkonflikte um Makedonien, Siebenbürgen, Bessarabien, Thrakien und

Istrien, sowie die innerjugoslawischen Brandherde in Kroatien, in Bosnien und im Kosovo bleiben bestehen.

Und wie jede Hegemonialmacht auf dem Balkan hat Moskau kein Interesse an einer Lösung dieser Grenz- und Nationalitätenprobleme. Das Kalkül der Machtausübung durch »Teilen und Herrschen« gebietet auch dem Kreml die Aufrechterhaltung der traditionellen »balkanischen Zustände«.

Über den sowjetischen Machtbereich Südosteuropas senkt sich ab 1945/46 die »Sowjetisierung«: die systematische und umfassende Umgestaltung des Gesellschaftssystems nach sowjetrussischem Muster.

Da die moskautreuen Kommunisten in diesen bäuerlichen Agrarländern nur eine kleine Minderheit bilden, bedient sich Moskau der sogenannten Volksfront-Taktik, um willfährige Regime zu installieren. »Salami-Taktik« hat der erste kommunistische Staatschef Ungarns, Mátyás Rákosi, diese Politik treffend genannt: Die schritt-(bzw. schnitt-) weise Reduzierung der bürgerlichen, bäuerlichen oder sozialdemokratischen Mehrheiten durch gezielte innenpolitische Zwangsbündnisse – »Blockbildung« –, durch Spaltung und Diffamierung der Opposition als »kollaboristisch« und »faschistisch«, durch manipulierte Wahlen und durch eine rücksichtslose, als »Fortschritt« deklamierte Industrialisierungs- und Kollektivierungspolitik. All das natürlich vor dem Hintergrund der sowjetischen militärischen Besatzung.

In Bukarest, Budapest und Sofia läuft diese innere Gleichschaltung nach demselben Schema ab. 1950 sitzt der Kommunismus im sowjetrussischen Kolonialstil überall fest im Sattel. Die Regierungen werden von »Moskowitern« – aus dem Moskauer Exil eingeflogene einheimische Statthalter Stalins – geführt. Die von ihnen in die Wege geleiteten längst überfälligen und daher sehr populären Reformen – die Agrarreform, die Ausschaltung der alten feudalen Elite, die anfängliche deutliche Hebung des Sozialprodukts – dürfen uns nicht darüber hinwegtäuschen, daß es sich um eine von außen aufgepfropfte »Revolution von oben« handelt, mit der sich ein Großteil der betroffenen Gesellschaften nie identifizieren wird. Daran ändert auch die mit großem Propagandaaufwand durchgeführte Umdeutung der jeweiligen Nationalgeschichte im kommunistischen Sinne nichts. Auch die traditionellen Feindbilder und Vorurteilsstereotypen bleiben trotz verordneter Völkerfreundschaft und sozialistischer Friedensrhetorik weiter bestehen.

Auch außenpolitisch wird der »Rote Balkan« fest an Moskau gebunden. Ein Netz von bilateralen »Abkommen über Freundschaft und Zusammenarbeit« hält die Satelliten zusammen und regelt die sowjetische Truppenstationierung. Dieses Ostpaktsystem wird 1955 zum »Warschauer Pakt« erweitert. Er ist als militärisches Gegenstück zur westlichen NATO gedacht. Verklausuliert ist in dem Vertragswerk ein sowjetisches Interventionsrecht in die Paktstaaten enthalten – die spätere »Breschnew-Doktrin«. Von außenpolitischer Souveränität oder innenpolitischer Entscheidungsfreiheit kann in Ungarn, Rumänien und Bulgarien als Teil des stalinistischen Imperiums keine Rede sein.

In anderen Bahnen jedoch verläuft die Entwicklung in Jugoslawien. Der kommunistische Widerstand unter Marschall Tito hatte sich hier mit Unterstützung der Westalliierten, aber ohne Hilfe der Sowjetunion weitgehend selbständig durchgesetzt. Zu einer Okkupation des Landes durch die Rote Armee kam es somit nicht.

Schon während der Kriegszeit war es zu ersten Differenzen zwischen Stalin und Tito gekommen. Der jugoslawische Partisanenführer war kein »Moskowiter«, er stand außerhalb der Kontrolle Stalins und formulierte unmißverständlich seine eigenen Gedanken von einem sozialistischen *föderativen* Nachkriegs-Jugoslawien. Zur Umwandlung der Gesellschaft brauchte Tito keine sowjetischen Bajonette. Er stand 1945 unbestritten an der Spitze einer alle jugoslawischen Nationen umfassenden Volksbewegung unter kommunistischer Führung. Gemessen an dem zentralistischen, großserbischen Desaster der Vorkriegszeit war sein Konzept für den Staatsaufbau etwas wirklich Neues: eine nach Nationen gegliederte gleichberechtigte Föderation, ein Bundesstaat mit innenpolitisch autonomen Teilrepubliken. Diese Verfassung von 1946 wird 1974 noch wesentlich in ihren föderativen Elementen verstärkt werden. Den Zusammenhalt des Vielvölkerstaats garantiert die allmächtige titoistische Einheitspartei, und – was unausgesprochen als Damoklesschwert über Nachkriegs-Jugoslawien hängt – die lebenslange Autorität des Staatsgründers selbst.

Titos »eigene Revolution«, seine Kontakte zu den Westalliierten und beginnende ideologische Differenzen machen den Kreml zutiefst mißtrauisch. Doch bietet sich innenpolitisch zunächst keine Angriffsfläche im neuen Jugoslawien, denn dank Titos unangefochtener Siegerstellung kann die »Volksdemokratisierung« hier erheblich schneller und rigoroser durchgeführt werden als im sowjetischen Besatzungsraum.

Als Belgrad aber in Südosteuropa eine eigene Außenpolitik zu führen beginnt und 1947 sich gar in einer geplanten »Balkan-Föderation« mit Bulgarien und Albanien zusammenschließen will, reagiert Moskau 1948 mit dem Abbruch der Beziehungen und einem wilden Propagandakrieg gegen den »Titoismus und seine imperialistischen Helfershelfer«. Vordergründig spielen darin ideologische Abweichungen der jugoslawischen Kommunisten die Hauptrolle, doch in Wirklichkeit geht es um die Macht. Der sowjetrussische Führungsanspruch im Ostblock ist durch Titos außenpolitischen Alleingang und durch sein Pochen auf Souveränität und einen »Sozialismus des eigenen Weges« in allergrößter Gefahr. Jugoslawien wird daher aus der kommunistischen Weltgemeinschaft, dem Kominform (Kommunistische Informationszentrale) ausgeschlossen. Im Sowjetbereich fallen daraufhin potentielle Tito-Anhänger großangelegten »Säuberungen« zum Opfer.

Bulgarien wird unter strengste Moskauer Kuratel gestellt, der erste kommunistische Staatschef in Sofia, Georgi Dímitrov, ein Freund Titos, stirbt bald darauf während eines Urlaubs in Rußland unter ungeklärten Umständen. Enver Hodschas Albanien, das bis 1948 sich gar an Jugoslawien anschließen wollte, wird von Moskau auf strammsten Stalin-Kurs gesetzt und fungiert von da ab als permanentes Sprachrohr gegen die »Spottgeburten des Revisionismus« in Belgrad. 1951 droht gar eine militärische Eskalation dieses sogenannten »Kominform-Konflikts«.

Noch ist der Adria-Anrainer Jugoslawien für West wie Ost von enormer strategischer Bedeutung. Der Westen, der sich mittlerweile dem »Roll-back«, der politisch-strategischen Zurückdrängung, und dem »Containment«, der Eindämmung gegenüber dem offensiven Sowjetkommunismus, verschrieben hat, weist auf Churchills »Fifty-Fifty-Regelung« im »Prozentabkommen« hinsichtlich des Einflusses in Jugoslawien hin und droht unmißverständlich mit militärischen Aktionen. Trotzdem besteht seitdem das Menetekel einer bewaffneten sowjetischen Intervention in Jugoslawien, als eine außenpolitische Konstante bis in die achtziger Jahre.

Die Wirtschaftsblockade der Ostblockstaaten gegenüber dem abtrünnigen kommunistischen Balkanstaat führt auch bald zu Konsequenzen, die das Schicksal Jugoslawiens bis heute bestimmen. Belgrad wendet sich an den Westen und erhält bereitwillig hohe Wirtschaftshilfen, ja selbst Militärhilfe. Von 1949 bis in den Bürgerkrieg von 1991 hinein wird die Dauerunterstützung erst der USA, dann der EWG und der EG das Fundament sein, das Tito und seinen Epigonen das Lavieren zwischen Ost und West und die Politik der »Blockfreiheit« überhaupt ermöglicht.

Außenpolitisch ist Jugoslawien durch den »Balkanpakt« von 1953 mit den NATO-Staaten Athen und Ankara de facto in das westliche Bündnissystem eingebunden. Dafür nimmt Tito den Eisernen Vorhang bis zur Donau zurück, stellt den Propagandakrieg mit Italien um

Triest ein und zieht sich aus dem griechischen Bürgerkrieg zurück. Durchlässige Grenzen und verschiedene sozialistische Experimente (»Arbeiterselbstverwaltung«) nehmen in der Folgezeit dem nach wie vor kommunistischen Staatswesen in westlichen Augen viel von seinem totalitären Charakter.

Nach dem Tod Stalins 1953 und der von Chruschtschow seit 1955 eingeleiteten Entstalinisierung bricht auch in Südosteuropa das »Tauwetter« aus. Die Throne der von Stalin eingesetzten »Moskowiter« wanken. In Ungarn wird der besonders unpopuläre Staats- und Parteichef Mátyás Rákosi 1955 von Moskau fallengelassen und in einem nationalrevolutionären Volksaufstand 1956 endgültig gestürzt. Als dem neuen Ministerpräsidenten Imre Nagy, einem Nationalkommunisten, die Revolution aus dem Ruder läuft und er den Austritt aus dem Warschauer Pakt ankündigt, walzen die Sowjetpanzer den Aufstand nieder. Nach einer fünfjährigen Phase der Repression und der Abrechnung gelingt aber dem neuen Staatschef János Kádár eine gewisse innenpolitische Entspannung. Das Lockern der Zügel und vorsichtige Wirtschaftsreformen erkauft sich Budapest durch demonstrative und bedingungslose außenpolitische Loyalität. Die sowjetische Truppenstationierung im Lande – bis Anfang 1991! – wird bewußt nicht in Frage gestellt. Den Einmarsch der Sowjettruppen und Warschauer-Pakt-Truppen nach Prag 1968 macht Kádár geflissentlich mit. Auf diese Weise kommt in Ungarn eine kontinuierliche Entwicklung hin zu einer Art Reformkommunismus in Gang, die im Lande ein vergleichsweise liberales Klima schafft (Chruschtschow prägte dafür die Bezeichnung »Gulasch-Kommunismus«). Ungarn gilt in den siebziger Jahren als die »fröhlichste Baracke im Ostblock« und entgleitet ab 1985 relativ sanft dem sowjetischen Herrschaftsbereich.

Auch in Rumänien wirkt der ungarische Schock von 1956 tief. Die alte stalinistische Garde tritt ab. Die neue »nationale« kommunistische Führungsclique versucht den äußeren Handlungsspielraum gegen Moskau zu vergrößern. 1958 erreicht Bukarest den Abzug der Sowjettruppen. Innenpolitisch aber wird das Primat der Kommunistischen Partei und der kommunistischen Umgestaltung rücksichtslos aufrechterhalten. Nicolae Ceauşescu ist der Exponent eines »spezifischen rumänischen Weges zum Sozialismus«. Da sein eigenwilliger Nationalkommunismus durchaus antisowjetische Züge trägt, gelingt ihm mit alten Nationalparolen bald eine gewisse Solidarisierung seines Landes gegen den traditionell ungeliebten großen russischen Nachbarn im Nordosten. Und auch der Westen weiß das zu schätzen: Ceauşescu wird zum gefeierten Gast in westeuropäischen Hauptstädten. Er erhält umfassende EG-Hilfe und bekommt von Washington regelmäßig die Meistbegünstigungsklausel im Handel eingeräumt. Im Schatten des innerkommunistischen Ideologiekonflikts zwischen Moskau und Peking taktiert er geschickt zwischen allen Machtblöcken und Ideologie-Systemen. Den Höhepunkt seiner extravaganten Souveränitätspolitik bildet die offen gegen Moskau gerichtete massive Verurteilung der Invasion der Warschauer-Pakt-Staaten in die ČSSR 1968. Die laut nach außen getönte Unabhängigkeitsrhetorik Bukarests wird freilich im Innern konterkariert durch den Aufbau eines gnadenlosen Repressionsapparates.

Mit westlichen Krediten versucht Ceauşescu vergeblich, das rückständige Agrarland Rumänien zu industrialisieren. Das ist der Weg in das Desaster; das ausgepowerte Land, dem es in den fünfziger und sechziger Jahren nicht schlecht gegangen war, rutscht nach der Ölkrise von 1973 in eine gigantische Verschuldung. Ceauşescu verordnet dem Volk ein rigoroses Armuts- und Sparprogramm; er selbst wandelt sich zu einem bizarren Dritte-Welt-Despoten. 1985 ist das Pro-Kopf-Einkommen der einstigen Kornkammer Rumänien auf das (neben Albanien) niedrigste Niveau in ganz Europa gesunken.

Das traditionell rußlandfreundliche Bulgarien bleibt

auch nach 1956 der Musterknabe Moskaus, sarkastisch die »DDR des Balkans« genannt. In vorauseilendem Gehorsam macht Sofia alle – auch mitunter widersprüchlichen – Winkelzüge Moskaus auf dem Balkan mit. Garant dafür ist Todor Schiwkow, Staatschef seit 1964, der im Westen lange Zeit das Image eines relativ pragmatischen Politikers aufrechterhalten kann. Doch auch er mutiert während seiner langen Regierungszeit zu einem abgehobenen Balkandespoten, der das Land im Stile eines Clan-Chefs regiert. Das Scheitern der kommunistischen Kommandowirtschaft führt in Bulgarien Mitte der achtziger Jahre zur höchsten Pro-Kopf-Verschuldung im Ostblock.

1955 wird Tito von Chruschtschow ideologisch rehabilitiert. Der sowjetische Partei- und Staatschef erkennt das »Prinzip der Gleichberechtigung der sozialistischen Staaten« ausdrücklich an. Doch nur für kurze Zeit, denn nach dem ungarischen Volksaufstand von 1956 zieht der Kreml in Südosteuropa wieder die Schrauben an. Es gilt, ein nationalkommunistisches und antisowjetisches Gespann Tito-Ceauşescu zu verhindern. Titos Staat soll zu diesem Zweck destabilisiert werden.

Moskau greift zum bewährten Nationalitäten- und Minderheitenhebel und reaktiviert das alte Makedonienproblem zwischen Bulgarien und Jugoslawien. Es ermuntert sein Satellitenregime in Sofia immer wieder zu direkten Gebietsansprüchen auf Jugoslawiens südlichstes, erst durch Tito als eigene Teilrepublik geschaffenes makedonisches Territorium. Doch alle Pressionen Moskaus nützen nichts – im Gegenteil: Tito – innenpolitisch unumstritten – profitiert von der Rolle des sowjetimperialistischen Opfers. Der Westen verstärkt seine Hilfe, um nur ja den Vielvölkerstaat zusammenzuhalten und um ein Balkan-Chaos, in das Moskau hineinstoßen könnte, zu verhindern.

1962 drängt Moskau aber wieder auf eine Normalisierung des Verhältnisses. Der weltweite Konflikt zwischen Moskau und Peking um die Führungsrolle im Weltkommunismus sowie die Eskalation des Kalten Krieges nach dem Bau der Berliner Mauer 1961 und nach der Kuba-Krise 1962 sind die Gründe.

Die Sowjetunion braucht nun Ruhe an den europäischen Fronten. Doch damit ist es 1968 vorbei, als der »Prager Frühling« ausbricht und ihm der Warschauer Pakt ein gewaltsames Ende bereitet. Auch Tito fühlt sich von der Doktrin des sowjetischen Staatschefs Leonid Breschnew von der »begrenzten Souveränität der Staaten des sozialistischen Lagers« bedroht und mobilisiert gegen einen drohenden Einmarsch.

Ab 1969 kommt es dann im Zuge der internationalen Ost-West-Entspannung auch zu einer Wiederannäherung der Moskauer und Belgrader Standpunkte. Das Mißtrauen bleibt aber bestehen, zumal die Sowjets offensichtlich ihre Absicht der Heimholung der jugoslawischen Genossen in die sozialistische Staatengemeinschaft nur auf die Zeit nach Tito verschieben.

Das kleine Albanien hat die Entstalinisierung nach 1956 nie mitgemacht. Enver Hodscha hält den innenpolitischen stalinistischen Kurs aufrecht und schlägt sich ab 1960 vorbehaltlos auf die Seite der chinesischen Gegner Moskaus. Die Sowjets ziehen ab, ja brechen sogar die diplomatischen Beziehungen ab – ein einmaliger Vorgang im sozialistischen Lager. Mao Zedong gibt propagandistische Hilfe. Aber bald sieht sich Peking in eine größer werdende Wirtschaftshilfe verstrickt. Tirana wird wieder Sprachrohr, diesmal einer grotesken Polemik gegen die »Moskauer Koexistenzler, Sozialimperialisten und Agenten des Großkapitals«. Mit dem Austritt aus dem Warschauer Pakt 1968 erreicht der albanisch-sowjetische Konflikt seinen Höhepunkt.

Bei dem von Enver Hodscha postulierten Aufbau des »ersten sozialistisch-atheistischen Idealstaates« sind politpathologische Züge nicht zu übersehen. Als es Ende der siebziger Jahre zu einer sowjetisch-chinesischen und – für Hodscha noch schlimmer! – zu einer chinesisch-jugoslawischen Annäherung kommt, kappt Tirana auch die – für

Peking längst lästig gewordene – Verbindung zur Volksrepublik China. Ab 1978 wird eine strikte Isolationspolitik verordnet. Enver Hodscha gibt die Parole »Alles aus eigener Kraft« aus. Sie führt das 30 Jahre lang deformierte Land direkt in die ökonomische und soziale Katastrophe.

Der »Rote Balkan« war also keineswegs ideologisch und politisch ein monolithischer Block. Die Uneinigkeit des Balkans zeigt sich hier in der Ausprägung verschiedener Sozialismen: Die engste Affinität zum Sowjetmodell beobachten wir in Bulgarien, in Ungarn finden wir die Sonderform des relativ liberalen »Gulasch-Kommunismus«, in Rumänien und in Jugoslawien jeweils eine dezidierte Form eines nationalen Kommunismus, wobei in Jugoslawien bisweilen gar reformkommunistische Ansätze aufschimmern. Und in Albanien herrscht noch 30 Jahre über die Entstalinisierung hinaus das Modell eines Kriegskommunismus. Eine gemeinsame Linie gibt es nicht, nur der Druck Moskaus hält in wechselnder Intensität und Form das sozialistische Länderkonglomerat in Südosteuropa zusammen.

Hat das wie auch immer geartete kommunistische System in Südosteuropa eigentlich die »nationale Frage« gelöst? Immerhin war doch die Minderheiten- und Nationalitätenproblematik die eigentliche große Existenzfrage dieses Raums in der Zwischenkriegszeit gewesen. Die Frage können wir heute mit Nein beantworten. In allen diesen Staaten wurde die nationale Frage mit einem großen doktrinären Tabu belegt. Für die marxistische Theorie ist der Nationalismus eine überholte »bürgerliche« politische Triebkraft. Gemäß der Leninschen Formel »Aufhebung der nationalen Widersprüche durch sozialistischen Fortschritt« wird er vom »proletarischen Internationalismus« abgelöst. Die Balkan-Nationalismen werden daher ignoriert und in den Untergrund der Volkspsyche gedrängt. Dort schwären sie unbehandelt 40 Jahre lang weiter und vergiften unter dem brüchigen Verband des aufoktroyierten Sozialismus die Beziehungen der Balkanvölker untereinander. Exemplarisch können wir das in Titos Staat nachvollziehen. Eine Vergangenheitsbewältigung nach den mörderischen Nationalkonflikten während des Zweiten Weltkriegs fand nicht statt. Mit der Parole »Bratstvo-Jedinstvo-Jugoslovenstvo« (Brüderlichkeit-Einheit-Jugoslawentum) hat man versucht, aus den vielen Nationen, Sprachen, Religionen und Kulturen ein sozialistisches Einheitsstaatsvolk zu konstruieren, natürlich vergeblich. Das ist gut ablesbar an dem weiterbestehenden Nord-Süd-Gefälle vom »mitteleuropäischen« Slowenien bis hinunter zum »orientalischen« Kosovo. Die Albaner, nach den Serben und den Kroaten das drittgrößte Volk, konnten als Nicht-Slawen mit der »Jugoslovenstvo« ohnehin nichts anfangen. Um ein Gleichgewicht im Bundesstaat herzustellen, hat Tito Serbiens traditionelle Vorherrschaft durch rigoroses Ausschalten der nationalserbischen Opposition und durch Ausgliederung des albanisch-besiedelten Kosovo und der zur Hälfte ungarisch besiedelten Vojvodina – als ab 1974 eigene autonome Gebiete – aus dem Staatsgebiet Serbiens zurechtzustutzen versucht. Makedonien, früher ein Teil Serbiens, wurde 1946 als eigene Teilrepublik gegründet. Aber auch der latente kroatische Nationalismus, der zunächst durch das Ustaša-Regime völlig desavouiert war, wurde von Tito kompromißlos unterdrückt. Im sogenannten »Kroatischen Frühling« und im »Sprachenstreit« von 1971, als sich in Zagreb zaghafte Anzeichen eines Separatismus mehrten, brachte Tito die Opposition mit der unverblümten Drohung eines Militäreinsatzes zum Schweigen. Nach Titos Tod 1980 gerät die ganze komplizierte Nationalitäten-Balance sofort aus den Fugen. Der Kosovo, wo die albanische Mehrheit eine eigene Republik fordert, explodiert schon 1981. Serbien reagiert mit Gewalt und Repression und gliedert sich das unter Tito autonome Kosovo-Gebiet an – ein klarer Bruch der Verfassung von 1974 und der Anfang vom Ende des Einheitsstaates Jugoslawien.

Auch in Rumänien und Bulgarien schwillt die nationalistische Grundwoge an, als die inneren Schwierigkeiten nach der Ölkrise von 1973 unüberwindlich werden. Schürung des Chauvinismus und damit Ablenkung von den realen Problemen gehört schließlich zum Standardrepertoire an Maßnahmen der Machterhaltung der alten kommunistischen Führungskaste. In Sofia facht Schiwkow die alten Ressentiments gegen die dominante zehnprozentige türkisch-islamische Minderheit wieder an, und Ceauşescu versucht, den wachsenden Unmut der Rumänen auf die ungarische Minorität in Siebenbürgen umzuleiten.

Bis zum Beginn der Ära Gorbatschow 1985 hat der große sowjetische Bruder die nationale balkanische Uneinigkeit wenn nicht provoziert, so doch stets weidlich ausgenutzt, um weiterhin »teilen und herrschen« zu können.

Und der Balkan der »Freien Welt«? In Griechenland bestimmen nach der Niederwerfung der kommunistischen Volksbefreiungsarmee 1949 die Amerikaner. Die Türkei, Landbrücke zwischen Europa und dem Nahen Osten und Horchposten am Südrand der UdSSR, ist für den Westen von herausragender strategischer Bedeutung. Beide Staaten sind nach 1953 in den Nordatlantikpakt (NATO) integriert. Doch das hat den Ausbruch offener Feindseligkeiten zwischen Athen und Ankara keineswegs verhindert. Wegen Zypern und dem Ägäisraum stehen sich die beiden vom Westen zwangsverbündeten Staaten Gewehr bei Fuß gegenüber. Das westliche Krisenmanagement hat in diesem Raum bis heute regelmäßig versagt. Innenpolitisch konstatieren wir in Athen und Ankara eine Abfolge von Staatskrisen und Militärdiktaturen. Die ideologische und politische Zerrissenheit des Balkans setzt sich auch in seinem sogenannten demokratischen Teil fort.

Pläne zur Zusammenarbeit aller Balkanstaaten jenseits der Bündnisse gab es nur im allgemeinen Rahmen der – von Ost wie West gleichermaßen initiierten – Schlußakte der Konferenz über Sicherheit und Zusammenarbeit in Europa (KSZE) von 1973, die den Status quo in Europa in beiderseitigem Interesse zementieren sollte. Aber es ist bezeichnend, daß der einzige Nichtunterzeichner ein Balkanstaat – Albanien – war. Eigene Balkan-Initiativen zur Kooperation endeten regelmäßig in reiner Deklamatorik, wie etwa die großangelegte »Balkankonferenz« in Athen 1976.

Die gewaltigen Umwälzungen im Sowjetsystem nach dem Amtsantritt Michail Gorbatschows 1985 verändern die politische Landkarte Südosteuropas fundamental. Gorbatschow versucht die Sowjetunion, die wieder in die traditionelle Rolle Rußlands als »marodes Riesenreich auf tönernen Füßen« zurückgefallen war, im Innern durch »Perestroika« (Umbau) und »Glasnost« (Offenheit) zu reformieren. Außenpolitisch soll dieser Reformprozeß durch eine Art Gesundschrumpfung des Imperiums begleitet werden. Unter Außenminister Eduard Schewardnadse zieht sich die Sowjetmacht ab 1988 aus den Ostblockstaaten zurück; Moskau gibt sein europäisches Glacis auf.

Den Höhepunkt dieser auch heute noch fast unglaublichen Entwicklung bildet die sang- und klanglose Selbstauflösung des Warschauer Pakts im Juni 1991. Erst allmählich und nach dem endgültigen Zerfall der Sowjetunion Ende 1991 liegen die Gründe für diesen im Westen nicht in diesem Ausmaß vorhergesehenen Vorgang auf der Hand: Der dogmatisch erstarrte Osten ist gegenüber dem dynamisch sich fortentwickelnden Westen und Fernen Osten in einen in allen Bereichen hoffnungslosen Rückstand und große Unterlegenheit geraten. Gorbatschow wird von der Eigendynamik der von ihm in Gang gesetzten Perestroika überrollt: Eine Reform des Sowjetkommunismus ist nicht mehr möglich – nur noch seine radikale Abschaffung.

1989 verzichtet Gorbatschow mit seiner Formel vom »europäischen Haus« offiziell auf die Sowjetisierung Ost- und Südosteuropas. Der Kreml zeigt kein Interesse mehr an der Aufrechterhaltung kommunistischer Strukturen in den ehemaligen Vasallenstaaten und stellt jegliche Unterstützung für die abgewirtschafteten Regimes ein. Ob er dort die Ablösung der erstarrten reformfeindlichen Kräfte nicht nur offen favorisiert, sondern sogar regelrecht in die Wege leitet, ist eine heute noch unbeantwortbare Frage. Aber vieles spricht dafür.

Für Südosteuropa übernimmt Ungarn die Vorreiterrolle der »Ent-Sowjetisierung«. Der Systemwechsel war hier schon lange im Gang. Kádár, der den Reformern in seiner Partei keinen Widerstand entgegengesetzt hatte, tritt 1988 ab. Ein deutliches Zeichen für den politischen Klimawechsel ist die Rehabilitierung des (kommunistischen!) Volkshelden der Revolution von 1956, Imre Nagy. Der Eiserne Vorhang fällt in Ungarn zuerst – mit den bekannten Folgen für das Schicksal der DDR. Doch auch der Reformkommunismus hat hier keine Chance mehr. Nach den ersten freien Parlamentswahlen im März 1990 stellen Bürgerlich-Nationale unter Ministerpräsident Joszef Antall die Regierung.

Was in Ungarn eine kontinuierliche Entwicklung von zwei Jahrzehnten war und daher zu einem zivilisierten Modus des Macht- und Systemwechsels geführt hat, verkürzt sich in Bulgarien auf etliche Monate und überstürzt sich in Rumänien innerhalb von ein paar Tagen – in beiden Fällen mit schlimmen innenpolitischen Folgen. Vergeblich hat man in Sofia und Bukarest auf einen sowjet-orthodoxen Umschwung in Moskau gehofft. Im November 1989 wird Schiwkow, der im Ostblock am längsten amtierende Staatschef, zum Rückzug gezwungen, um einer an Gorbatschow orientierten Regierung Platz zu machen. Massendemonstrationen erzwingen aber im Juni 1990 freie Parlamentswahlen. Noch behauptet sich die ehemalige Staatspartei, die sich nach bewährtem Muster in »Sozialistische Partei« umetikettiert hat. Und bei den Präsidentenwahlen im Januar 1992 kann sich der Kandidat der Bürgerlichen und Sozialdemokraten, Schelju Schelew, nur mit Mühe gegen die alte Clique durchsetzen.

In Rumänien setzen moskautreue Kräfte um den in Ungnade gefallenen ehemaligen Kronprinzen Ceaușescus, Ion Iliescu, Ende 1990 einen gewaltsamen Putsch in Szene, der mit der auffallend schnellen Hinrichtung Ceaușescus endet. Das ist eine Palastrevolution, aber keineswegs ein echter Systemwechsel. Das Ergebnis der Parlamentswahl vom Mai 1990, 85 Prozent für Iliescu, ruft im Westen zu Recht höchst nachdenkliche Gesichter hervor.

Auch in Albanien hat es einen Machtwechsel an der Führungsspitze gegeben, aber noch keinen Systemwechsel. Der mangels demokratischer Opposition frei gewählte Staatschef Ramiz Alía war noch von dem Diktator Enver Hodscha, der 1985 starb, als Nachfolger eingesetzt worden. Das Land, das sich außenpolitisch zögernd öffnet – Beitritt zur KSZE 1991 –, kämpft praktisch ums Überleben. Inwieweit die Flüchtlingswellen über die Adria nach Italien vom Regime inszeniert waren – um westliche Hilfe zu erzwingen –, kann man noch nicht sagen. Parlamentswahlen im März 1992 bringen eine demokratische Mehrheit an die Macht. Staatschef Sali Berisha sieht sich der wohl schwierigsten wirtschaftlichen und innenpolitischen Lage in ganz Europa gegenüber.

Die weitaus dramatischste Entwicklung, die schließlich in eine große internationale Krise mündet, findet in Jugoslawien statt. Nach Titos Tod 1980 zerfällt der föderative Einheitsstaat. Auf die Forderung der Kosovo-Albaner nach weitergehender Autonomie antwortet Belgrad ab 1981 mit Kriegsrecht und der Annexion dieses Gebiets. Die nördlichste und entwickeltste Teilrepublik, Slowenien, entledigt sich bereits Mitte der achtziger Jahre des Primats der kommunistischen Partei und stellt eine bürgerliche Regierung, die offen separatistische Tendenzen verfolgt. Die übernationale titoistische Einheitspartei verschwindet in allen Teilrepubliken. In Serbien und Montenegro gehen jedoch die alte kommunistische Nomenklatura und das zentralistische Militär mit dem wieder mächtig auftrumpfenden groß-serbischen Nationalismus eine brisante Verbindung ein. Der Hauptvertreter dieser Richtung ist seit 1987 der serbische Präsident Slobodan Milošević. Unter der Parole »Serbien ist überall da, wo Serben leben« betreibt er unverhüllt und mit militärischer Gewalt die Annexion der serbisch besiedelten Gebiete in Kroatien und Bosnien, sowie die Annexion des als »Südserbien« betitelten Makedoniens, also die Änderung der – noch – innerjugoslawischen Grenzen. Auch in Kroatien wird die nationalistische Forderung »Los von Belgrad« und »Weg vom Balkan« immer stärker. Freie Wahlen im Mai 1990 bringen in Zagreb eine gemäßigte, aber entschieden nationalistische und separatistische Regierung ans Ruder. Zagreb ändert die Verfassung Kroatiens und schränkt die Sonderrechte der dominanten serbischen Minderheit (etwa 11–12 Prozent) ein. Mit von der Armee bewaffneten Freischärlern startet Belgrad daraufhin eine Terrorkampagne in den teils serbisch besiedelten Gebieten Ostkroatiens. Und unmittelbar nach den einseitigen Unabhängigkeitserklärungen Sloweniens und Kroatiens – beide am 25. Juni 1991 – bricht schlagartig der offene und von Belgrad schon längst geplante Bürgerkrieg aus. Das Militär, das sich zur serbischen Armee wandelt, übernimmt in Serbien das Kommando. Aus Slowenien zieht sich die Armee bald zurück, Kroatien aber wird unter den Augen einer konsternierten europäischen Öffentlichkeit im Stile eines Eroberungskrieges ein halbes Jahr lang systematisch verheert. Anfang 1992 ist ein Drittel des kroatischen Staatsgebiets unter der Kontrolle der serbischen Militärs, und Belgrad eröffnet eine neue Bürgerkriegsfront in der labilen Vielvölkerrepublik Bosnien.

Mit der Sezession Sloweniens und Kroatiens, den etwas späteren Unabhängigkeitserklärungen des Kosovo, Makedoniens und Bosniens hört der Bundesstaat Jugoslawien de facto auf zu bestehen. De jure wird das besiegelt durch die widerrechtliche Usurpation der noch bestehenden jugoslawischen Bundeseinrichtungen durch den »Serbischen Block« und das serbisch bestimmte Militär im Oktober 1991.

Das zivilisierte und saturierte Westeuropa reagiert nach 45jähriger Friedenszeit wie gelähmt auf die exzessive balkanische Gewaltbereitschaft. Die europäische Staatengemeinschaft setzt vom Beginn der sich abzeichnenden Eskalation weiterhin auf den Einheitsstaat Jugoslawien und ermuntert damit Belgrad zur bewaffneten Intervention. Ein Kredit aus Brüssel unmittelbar nach den Unabhängigkeitserklärungen Sloweniens und Kroatiens wird ausdrücklich vom weiteren Erhalt des Einheitsstaates abhängig gemacht. Eine Friedenskonferenz der EG in Den Haag umwirbt in erster Linie das unbekümmert kriegführende Belgrad. Auch das demonstrative Desinteresse Washingtons an dieser genuin »europäischen Angelegenheit« bis Anfang 1993 interpretiert Belgrad als stillschweigende Unterstützung. Doch die öffentliche Meinung in Deutschland, Österreich und Italien erzwingt angesichts der fortgesetzten Aggression Serbiens und bekannt gewordener Menschenrechtsverletzungen Belgrads einen Kurswechsel der EG-Politik.

Ab Herbst 1991 setzt Bonn eindeutig auf die Anerkennung Sloweniens und Kroatiens als souveräne Staaten und damit auf die Aufgabe des Bundesstaats Jugoslawien. Belgrad provoziert daraufhin taktisch geschickt diplomatische Verstimmungen zwischen Bonn einerseits und Paris und London andererseits, indem es auf die historische Verantwortung Frankreichs und Großbritanniens für Jugoslawien hinweist und den deutschen und den sich anschließenden italienischen Anerkennungskurs als wiederaufgewärmte »Achsenpolitik« und deutsche Großmachtpolitik diffamiert.

Im Dezember 1991 erlangt der deutsche Außenminister Hans-Dietrich Genscher gegen schwere Bedenken Londons und Paris' die Zustimmung aller EG-Staaten zur Anerkennung derjenigen jugoslawischen Republiken, »die es wünschen und die einen Kriterienkatalog der EG (Unverletzlichkeit der Grenzen, Minderheitenschutz usw.) erfüllen«. Belgrad setzt daraufhin verstärkt auf die UNO und versucht, beide Friedensvermittler – die EG und die UNO – gegeneinander auszuspielen. Das Ziel ist die Sanktionierung der territorialen Kriegsgewinne in Kroatien und Bosnien. Am 15. Januar 1992 erfolgt die Anerkennung Kroatiens und Sloweniens durch die Europäische Gemeinschaft.

Die völkerrechtliche Anerkennung der Souveränität Bosniens am 6. April 1992 durch die EG und die USA beantwortet Belgrad unmittelbar darauf mit der Provokation des taktisch seit geraumer Zeit vorbereiteten Bürgerkrieges in Bosnien-Herzegowina. Das serbische Kriegsziel dabei ist die Vernichtung und Vertreibung der muslimischen Bevölkerungsgruppe (»ethnische Säuberungen«), die Schaffung eines Landkorridors zu den eroberten Gebieten in Kroatien und der Zugang zur Adria. Erst das Übergreifen der Kriegshandlungen auf die Republik Bosnien ruft während des Jahres 1992 die EG und die UNO verstärkt auf den Plan. Die Uneinigkeit des westlichen Bündnisses in der Balkanfrage hat aber bisher (Juli 1993) jede energische friedenstiftende Reaktion verhindert.

Der Lebensstandard in den ehemaligen Ostblockstaaten ist seit 1985 ständig gesunken. Wachsende Arbeitslosigkeit, politische Lethargie und rapide Verarmung, dazu das Gefühl, von der Geschichte zum Hinterhof Europas verdammt zu sein, werden den Südosten noch lange Jahre in sozialer Unruhe halten. Es muß bezweifelt werden, daß das westliche demokratische Regierungsmodell und die Freie Marktwirtschaft geeignete Perspektiven für die Entwicklungs- und Schwellenländer in Südosteuropa sein können. Die ungelösten nationalen Spannungen aber bergen die Gefahr, daß der Balkanraum wieder in seine unheilvolle historische Rolle als »Pulverfaß Europas« zurückfällt.

Nach dem rumäniendeutschen Schriftsteller Richard Wagner »wirft das Verschwinden des Kommunismus die Völker Südosteuropas auf ihre alten Mythen zurück«, auf Mythen, die einerseits in nationalen Traumata schwelgen, andererseits in nationaler Größe, in religiöser Abgrenzung und in einer geradezu autistischen Selbstbezogenheit auf die eigene Geschichte. Alle nationalen Probleme sind so wenig gelöst wie 1945, der militante Nationalismus ist überall wieder im Aufwind. Die Kompensation innerer Misere durch nationale Abenteuer hat Tradition.

Selbst im relativ befriedeten Ungarn werden die Grenzen von Trianon (1920) im Hinblick auf die seitdem serbische Vojvodina und das seitdem rumänische Siebenbürgen in Frage gestellt. In Rumänien wird die anti-ungarische Propaganda weitergeführt, derzeit ist sie allerdings von der Vereinigungsrhetorik zwischen Rumänien und der ehemaligen Sowjetrepublik Moldawien, dem historischen Bessarabien völlig überdeckt. Sollte es wirklich zu einer »rumänischen Wiedervereinigung« kommen, wäre das System von Jalta hier aus den Angeln gehoben.

Bulgarien sieht sich mit einer selbstbewußten türkischen Minderheit konfrontiert, die Rückhalt in der immer stärker werdenden Türkei findet.

Die EG-Mitgliedschaft Griechenlands – seit 1981 – und die EG-Assoziierung der Türkei – seit 1963 – hat die Spannungen zwischen diesen beiden NATO-Staaten in der Ägäis bis heute nicht mindern können.

Der Zerfall des jugoslawischen Bundes ist nach der EG-Anerkennung Kroatiens, Sloweniens und Bosniens nicht mehr aufzuhalten. Sollte Serbien seine groß-serbischen Pläne verwirklichen können, wäre hier ein Präzedenzfall für eine gewaltsame Verschiebung der Grenzen entgegen der KSZE-Schlußakte gegeben.

Im albanisch besiedelten Kosovo herrscht seit zehn Jahren latenter Bürgerkrieg, der jederzeit zu einem Konflikt zwischen Belgrad und Tirana eskalieren kann.

Eine akute Krise aber braut sich in Makedonien, dem historischen Brandherd des Balkan, zusammen. Belgrad, Sofia und Athen sind sich darüber einig, daß es keine eigene makedonische Nation gibt, welche die Unabhängigkeit beanspruchen könnte. Der Streit des 19. Jahrhunderts, ob die Makedonier Südserben, Westbulgaren oder slawisierte Griechen sind, flammt wieder auf – und mit ihm die Teilungspläne. Verstärkt wird dieses Konfliktpotential noch durch die Tatsache, daß heute fast 20 Prozent der Einwohner Makedoniens islamische Albaner sind, die sich mit dem Kosovo vereinigen wollen.

Auf die Unabhängigkeitserklärung Makedoniens am 20. November 1991 reagiert Griechenland mit einem entschiedenen Veto, das die Anerkennung durch die EG bis heute verhindert hat.

Über eines sollte sich der Westen im klaren sein: Rußland wird – in welcher Staatsform auch immer – auf den Balkan zurückkehren. Schon dreimal war Rußlands machtpolitische Stellung schwer erschüttert, 1856 nach dem Krimkrieg, 1878 nach dem Berliner Kongreß und 1918 nach der Oktoberrevolution – es ist als Hegemonialmacht immer wieder nach Südosteuropa zurückgekehrt.

Die Europäische Gemeinschaft muß sich auf eine unruhige Nachbarschaft im Südosten einrichten.

Bessarabien – Moldova
von Ekkehard Völkl

Die Landschaft zwischen Dnjestr (rum. Nistru), Pruth (rum. Prut), dem Schwarzen Meer und dem nördlichen Mündungsarm der Donau, ca. 45 000 qkm umfassend, wurde 1812 unter dem Namen Bessarabien (rum. Basarabia; russ. Besarabija) dem Russischen Reich angegliedert und nach vorheriger Trennung wieder zusammengefaßt:

1) der östliche Teil des rumänischen Fürstentums Moldova (dt. Moldau, Moldawien) und die von diesem Teil abgetrennten Gebiete, nämlich

2) im Südosten der Küstenbereich (»Südbessarabien«) mit den Festungen (Ismail, Chilia, Cetătea Albă) und das Hinterland (bis Bender), die 1484 bzw. 1538 unter direkte osmanische Verwaltung kamen,

3) im Norden die Festung Hoţin (russ./ukrain. Chotin) samt Umland, ab 1713 unter osmanischer Verwaltung stehend.

Der Sonderweg der beiden letzteren Gebiete im 20. Jahrhundert, d.h. ihre erneute Abtrennung, war damals bereits vorgezeichnet. Eine Abgrenzung im Nordwesten, wo die östliche Moldau in die nördliche Moldau übergeht, erfolgte 1774, als Österreich die nördliche Moldau (Bukowina) annektierte und eine Staatsgrenze zog.

Vom 16. Jahrhundert bis 1812 war mit »Bessarabien« nur der südöstliche Bereich, von türkischer Seite »Bucak« [Budschak] (Ecke, Winkel), genannt, gemeint. Der Name »Bessarabien« leitet sich wohl vom Fürstengeschlecht der Walachei ab; Basarab I. (1310–1352) hatte seine Herrschaft hierher ausgedehnt.

Bessarabien war jahrhundertelang ein Grenzgebiet zum dünn besiedelten und politisch instabilen nördlichen Schwarzmeerraum sowie ein Durchzugsgebiet für Völkerschaften aus dem Osten. Im 12. Jahrhundert erstreckte sich hierher der Herrschaftsbereich der Kumanen und im 13. Jahrhundert derjenige des Tatarenchanats der Goldenen Horde.

In der zweiten Hälfte des 14. Jahrhunderts entstand das Fürstentum Moldau und steckte im Osten seine Grenzen am Dnjestr und an der Schwarzmeerküste ab. Damit war das spätere Bessarabien bis 1812 politisch, wirtschaftlich, kulturell und von der Bevölkerung her ein fester Bestandteil dieses Fürstentums, mit Ausnahme der ab 1484 und ab 1713 abgetrennten Gebiete.

Die Siedlungen reichten zum Teil weiter zurück. Überregionale Bedeutung gewannen im 14. Jahrhundert diejenigen Orte, in denen die Genuesen Handelsniederlassungen einrichteten: Moncastro (Weißenburg; rum. Cetătea Albă; türk. Akkermann; russ. Belgorod-Dnestrovskij), Chilia (russ. Kilija), Ismail, Tighina (türk. Bender; russ. Bendery), Soroca (russ. Soroki) und Hoţin (russ. Chotin). Seit dem 15. Jahrhundert sind Orhei (russ. Orgeev) und das erstmals 1466 erwähnte Chişinău (russ. Kišinev) nachgewiesen. Andere Orte folgten. Bedeutung hatte im 15. Jahrhundert die Handelsstraße, die von Lemberg aus durch die Moldau zum Schwarzen Meer führte; in Tighina verzweigte sie sich in Richtung Cetătea Albă und in Richtung Krim. Der Nationalheilige der Moldau, Johann der Neue (Ioan cel Nou), lebte und wirkte in Moncastro, wo der in Trapezunt geborene Grieche 1332 von Tataren getötet wurde. 1402 überführte Alexander der Gute die Reliquien in die moldauische Residenzstadt Suceava.

Die Ostmoldau wurde seit dem ausgehenden 16. Jahrhundert durch Plünderungszüge von Tataren aus dem Bucak in Mitleidenschaft gezogen. Weitere Schäden verursachten die Einfälle der Kosaken. Als Folge verschlechterte sich die Lage in diesem Gebiet noch mehr als in der übrigen Moldau. Reisende berichteten vom desolaten Zustand des Landes. Um die Mitte des 18. Jahrhunderts schwanden diese Bedrohungen, weil Istanbul die Tataren aus dem Bucak aussiedelte und weil Rußland durch sein

Vordringen an die Schwarzmeerküste die Kosaken unter Kontrolle nahm. Somit konnte in den letzten Jahrzehnten der Zugehörigkeit zum Fürstentum eine Beruhigung in der Ostmoldau einsetzen, erkennbar an einer Bevölkerungszunahme, die von Rumänen und von Ukrainern getragen wurde. Anfang des 19. Jahrhunderts kamen Gagauzen, die wegen ihres christlichen (orthodoxen) Glaubens aus den bulgarischen Gebieten des Osmanischen Reiches emigrierten. Von der Sprache her stellen sie eine türkische Gruppe dar; ob es sich vom Ethnikum her um Türken oder um Bulgaren handelt, ist umstritten.

Bessarabien im Russischen Reich (1812–1917)

Im Frieden von Bukarest 1812 trat der Sultan – als Souverän über die rumänischen Fürstentümer – Bessarabien an das Russische Reich ab, das sich damit zur Donau vorschob. Nach dem Krimkrieg verlor Rußland im Frieden zu Paris (1856) diesen Zugang und mußte einen Gebietsstreifen an der Donaumündung an das Fürstentum Moldau zurückgeben, den es beim Berliner Kongreß 1878 wieder erhielt.

Ab 1812 und ausgeprägter 1818 bis 1828 (niedergelegt 1818 in einem eigenen *ustav* = Statut) bestand in Weiterführung der bisherigen Strukturen eine Verwaltungsautonomie; dann wurde die Provinzverwaltung des Russischen Reiches eingeführt, mit Kišinev als Hauptstadt (1828). Die weitere Entwicklung unterschied sich nicht wesentlich von derjenigen vergleichbarer Provinzen im Zarenreich.

Die wichtigsten Änderungen ergaben sich durch die Zunahme der Bevölkerung und durch die Verschiebungen in ihrer Zusammensetzung. Ab 1814 wanderten Deutsche ein, meist aus Südwestdeutschland, bis 1842 im Rahmen einer staatlich gelenkten Kolonisierung, dann eigenständig. Sie siedelten hauptsächlich im Süden. Des weiteren kamen Russen, Ukrainer, Bulgaren sowie Juden. Letzteres ist darauf zurückzuführen, daß Bessarabien innerhalb des im Russischen Reich für die jüdische Bevölkerung gezogenen Ansiedlungsrayons lag.

Nach einer Erhebung sollen 1817[1] insgesamt 483 000 Menschen in Bessarabien gelebt haben, davon 86 Prozent Rumänen. Nach der Volkszählung von 1897[2] sah die Aufteilung folgendermaßen aus: Von 1,935 Millionen Einwohnern waren ca. 921 000 Rumänen (47,6 Prozent), 382 000 Ukrainer (19,7 Prozent), ca. 228 000 Juden (11,8 Prozent), ca. 158 000 Russen (8 Prozent), ca. 103 000 Bulgaren (5,3 Prozent), ca. 60 000 Deutsche (3,1 Prozent), ca. 57 000 Gagauzen (2,9 Prozent), ca. 28 000 Angehörige sonstiger Gruppen (1,4 Prozent).

Das Land erhielt insbesondere ab der zweiten Hälfte des 19. Jahrhunderts in vieler Hinsicht ein russisches Gesicht, vorwiegend in der Administration und durch die Amtssprache. An der Spitze der orthodoxen Kirche (1813 wurde Bessarabien zum Bistum erhoben) standen ab 1821 russische Amtsinhaber. 1867 wurde das Russische in den Schulen als Unterrichtssprache vorgeschrieben. Die Russifizierung konnte allerdings die große Masse der Bevölkerung wegen der Defizite im Schulwesen nicht erreichen (Analphabeten 1897: bei den Deutschen 47 Prozent, bei den Juden 63,6 Prozent, bei den Russen 68,5 Prozent, bei den Ukrainern 90,8 Prozent, bei den Gagauzen 93,2 Prozent und bei den Rumänen 93,9 Prozent).

Einige bedeutende Persönlichkeiten der rumänischen Geistesgeschichte stammten aus Bessarabien, zuvorderst der Schriftsteller und Poet Constantin Stamati (1786–1869), der Philologe und Historiker Bogdan-Petriceicu Hasdeu (1838–1907) sowie der Politiker und Vertreter einer Bauernideologie Constantin Stere (1865–1936).

---

[1] Alexander Suga, Die völkerrechtliche Lage Bessarabiens in der geschichtlichen Entwicklung des Landes. Bonn 1958, S. 27. – Diese und die übrigen im vorliegenden Beitrag wiedergegebenen Bevölkerungszahlen dürften Unschärfen enthalten.

[2] Suga, Die völkerrechtliche Lage Bessarabiens, S. 114.

Durch die Bevölkerungszunahme und durch die politische Stabilität ließen sich die natürlichen Ressourcen zunehmend nutzen. Am Ende des 19. Jahrhunderts gab es in Bessarabien eine ertragreiche Landwirtschaft; es wurde vorwiegend Getreide, daneben Baumwolle, Tabak und Wein angebaut.

Nach dem Zusammenbruch der Monarchie (März 1917) entwickelten die Völker des Russischen Reiches Eigenständigkeitsbestrebungen. Als in Petrograd die Provisorische Regierung vor dem Ende stand, fanden sich Anfang November 1917 in Kišinev Vertreter verschiedener Gruppierungen zusammen und einigten sich auf die Einsetzung eines *Sfat Țării* (Landesrat), eines provisorischen Parlamentes.

Bessarabien als Teil Rumäniens (1918–1940, 1941–1944)

Die weitere Entwicklung wurde durch die Machtergreifung Lenins (7. November 1917), durch die Versuche einer Bolschewisierung auch Bessarabiens sowie durch die Unabhängigkeitserklärung der benachbarten Ukraine (11. Januar 1918) vorangetrieben. Am 15. Dezember 1917 rief der *Sfat Țării* die autonome »Republica democratică Moldovenească« und am 7. Februar 1918 die Unabhängigkeit aus. Zwischenzeitlich (Januar 1918) war die rumänische Armee ins Land geholt worden, um die innere Ordnung zu sichern. Am 9. April 1918 erklärten der *Sfat Țării* einerseits und der rumänische König andererseits die Vereinigung von Bessarabien und Rumänien. Den formalen Abschluß erhielt dieser Vorgang, als ein gesamtrumänisches Parlament gewählt worden war und dieses am 29. Dezember 1919 dem Zusammenschluß zustimmte.

Die außenpolitische Konstellation war günstig. Sowjetrußland hatte keine Möglichkeit, den Zusammenschluß zu verhindern, weil die damals souverän gewordene Ukraine dazwischen lag. Die Ukraine zeigte ebenfalls an Bessarabien Interesse, aber die ukrainische Westgrenze wurde im Separatfrieden mit Deutschland (9. Februar 1918) auf den Dnjestr festgelegt. Die Mittelmächte, die Rumänien im Dezember 1917 zum Waffenstillstand und zur Aufnahme von Friedensverhandlungen gezwungen hatten, ließen die Unabhängigkeit Bessarabiens und den Anschluß an Rumänien zu.

Seitens der Westmächte gab es allerdings auf der Pariser Friedenskonferenz Schwierigkeiten, vor allem aus Rücksicht auf Rußland. Neben der rumänischen Delegation erschien im September 1919 eine »Delegation Bessarabienne«. Dem Bedenken, der *Sfat Țării* habe keine demokratische Legitimierung gehabt, setzten sie entgegen, anderswo (etwa in Polen) sei der Unabhängigkeit, weil sie eine Selbstverständlichkeit darstelle, ebensowenig eine Volksabstimmung vorhergegangen. In einem Vertrag »concernant la Bessarabie« vom 28. Oktober 1920 erkannten Großbritannien, Frankreich, Italien und Japan die Zugehörigkeit Bessarabiens zu Rumänien an, wobei Rumänien bestimmte Verpflichtungen einging (u.a. das Recht der in Bessarabien geborenen Bewohner, die rumänische Staatsbürgerschaft ohne Formalitäten zu erhalten; die Einhaltung des Minderheitenschutzvertrages; die Übernahme eines Teiles der Staatsschulden des vormaligen Russischen Reiches)[3].

Moskau verweigerte die Anerkennung, was die Beziehungen zwischen beiden Staaten die gesamte Zwischenkriegszeit hindurch belastete. Einer de-facto Anerkennung kam es allerdings gleich, als sich Rumänien und die Sowjetunion anläßlich der Aufnahme diplomatischer Beziehungen (9. Juni 1934) verpflichteten, die beiderseitige Souveränität zu respektieren. Um das Weiterbestehen ihres Anspruches zu demonstrieren, hatte die Sowjetunion im Oktober 1924 innerhalb der Ukrainischen SSR eine

---

[3] (C. F. Martens), Nouveau Recueil Général des Traités, serie 3. Bd. 12, Leipzig 1923, Nr. 100.

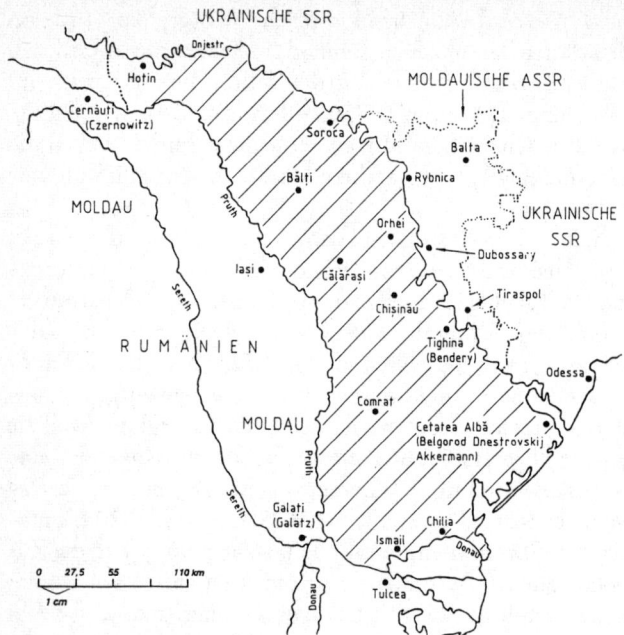

Bessarabien in der Zwischenkriegszeit

»Republica Autonomă Sovietică Socialistă Moldovenească« gegründet; sie umfaßte einen Gebietsstreifen östlich des Dnjestr (1926 mit 569 000 Einwohnern) mit Tiraspol und mit Balta als Hauptstadt.

Bessarabien übernahm die Staats-, Wirtschafts- und Rechtsordnung Rumäniens. Als Gebietseinheit existierte es nicht weiter. Vielmehr wurde es in Kreise aufgegliedert, die der Zentralverwaltung in Bukarest unterstellt waren. Das lateinische Alphabet für die rumänische Sprache, das sich in Rumänien bereits im 19. Jahrhundert durchgesetzt hatte, fand nun auch hier Eingang. Das nördliche und das südliche Bessarabien wurden, auf Kosten des Bistums Chişinău, durch eigene Bistümer (Hoţin und Ismail) aufgewertet.

Sozialpolitische Änderungen hatten bereits im Umbruchsjahr 1917 eingesetzt: Spontane Landbesetzungen durch Bauern führten zu Enteignungen und Aufteilungen von Großgrundbesitz. Der *Sfat Ţării* hatte sich hinter diese Entwicklung gestellt und anläßlich des Anschlusses an Rumänien ihre Sanktionierung und Weiterführung ausbedungen. Rumänien, dessen König 1917 eine Bodenreform zugesagt hatte, übernahm diese Bedingungen und kleidete sie 1920 in Gesetzesform; so wurde daraus das erste Gesetz der in ganz Rumänien anlaufenden Bodenreform.

Nachdruck legte Rumänien auf die Verstaatlichung und den Ausbau des Schulwesens. Des weiteren entstand 1926 in Chişinău eine theologische Akademie, die später zu einer Fakultät der Universität Iaşi (Moldau) erhoben wurde. 1933 siedelte die landwirtschaftliche Hochschule Iaşi nach Chişinău über. Mit der Schul- und Kulturpolitik war eine deutliche Tendenz zur Rumänisierung verbunden, wie ein Erlaß vom 1. September 1923 zeigt, der das Rumänische in Bessarabien generell als Unterrichtssprache vorschrieb. Dies ging zu Lasten der russischen und der anderen Schulen; auch die deutschen Schulen waren mit der Zeit als solche kaum mehr erkennbar.

Landesausbau und -entwicklung schritten jedoch nicht voran. Bessarabien kam aus seiner halbvergessenen Randlage nicht heraus und wurde sogar zu einem Problemgebiet. So ließ König Carol II. (1930–1940) nach seinem Amtsantritt mehrere Jahre verstreichen, bis er es der Mühe wert fand, diesem Teil seines Landes einen Besuch abzustatten.

Die unsichere Lage gegenüber der Sowjetunion erwies sich als Hindernis. Das Verhalten der rumänischen Verwaltung sowie der Romanisierungsdruck führten dazu, daß sich der Blick von Russen und von Ukrainern – fast ein

Viertel der Bevölkerung – in einer vagen Nostalgie auf das »Mutterland« richtete, auch wenn dort inzwischen die Kommunistische Partei an die Macht gekommen war. Rumänien sah darin die Gefahr einer Bolschewisierung aufkommen. In der Tat entstanden Untergrundorganisationen mit Verbindungen zur »Kommunistischen Internationale«. Der gegen alles Kommunistische allergische rumänische Staat reagierte hart; ein »Rebellen-Dorf«, Tatar Bunar (Südbessarabien), wurde 1924 militärisch, sogar unter Luftwaffeneinsatz, erobert[4]. Auch wenn man nicht von einer ernsthaften kommunistischen Bedrohung sprechen konnte, reichte der Gedanke daran aus, das Mißtrauen Rumäniens gegenüber dieser Region zu verstärken. Überhaupt galt Bessarabien bis etwa 1928 als Verteidigungszone mit militärischem Sonderstatus, Militärgerichtsbarkeit und Pressezensur.

Die Volkszählung von 1930 ergab: Zahl der Bewohner insgesamt 2,86 Millionen, davon 1,61 Millionen Rumänen (56,2 Prozent), 351 912 Russen (12,3 Prozent), 314 211 Ukrainer (11 Prozent), 204 858 Juden (7,2 Prozent), 163 726 Bulgaren (5,7 Prozent), 81 089 Deutsche (2,8 Prozent), 136 856 sonstige (4,8 Prozent)[5].

Durch den Hitler-Stalin-Pakt 1939 wurde für Moskau der Weg zu einer Annexion frei. Im Zusatzabkommen (Artikel 3) betonte die sowjetische Seite ihr Interesse und die deutsche Seite ihr Desinteresse an Bessarabien. Am 26. Juni 1940 forderte Moskau von Rumänien die kurzfristige Übergabe Bessarabiens und der Nordbukowina. In der Begründung hieß es, Bessarabien sei 1918 Rußland abgezwungen worden. In dieser ausweglosen Lage räumte Rumänien die Gebiete innerhalb weniger Tage unter dem

---

[4] Der zuständige Unterstaatssekretär im Innenministerium, Gheorghe Tătărescu, erstattete 1925 dem Parlament über die kommunistischen »Umtriebe« einen Bericht (Georges Tataresco, Bessarabie et Moscou. Bukarest 1926; Nachdr. in: Rumania. Nendeln 1973; Seeds of Conflict Series 1).

[5] Suga, Die völkerrechtliche Lage Bessarabiens, S. 115.

Druck der nachrückenden Roten Armee. Deren Einmarsch ging so zügig vor sich, daß sie stellenweise die Rumänen überholte und ihnen Waffen sowie Gerät abnahm.

Im Norden wurde fast der ganze Distrikt Hoțin und im Süden wurden die Distrikte Cetătea Albă und Ismail der Ukrainischen Sowjetrepublik eingegliedert. Aus dem übrigen Bessarabien, erweitert um fast die Hälfte der bisherigen »Autonomen Moldau-Republik« (einschließlich Tiraspol), entstand am 2. August 1940 die »Moldauische Sozialistische Sowjetrepublik« (Republica Sovietică Socialistă Moldovenească) mit einer Größe von ca. 33 700 qkm, Hauptstadt wurde Kišinev. Der östliche Teil der »Autonomen Moldau-Republik« mit Balta fiel an die Ukraine zurück.

Diese Zeit (1940/1941) war durch die Aufnötigung des sowjetischen Staats-, Wirtschafts- und Gesellschaftssystems sowie durch den Abzug der deutschen Bevölkerung gekennzeichnet. Auf den Umsiedlungsvertrag zwischen dem Deutschen Reich und der Sowjetunion vom 5. September 1940 hin verließen ca. 93 000 Menschen das Land – das Ende der Bessarabien-Deutschen in Bessarabien.

Der Gebietsverlust war für Rumänien umso härter, als wenig später Abtretungen an Ungarn und an Bulgarien folgten. Somit war die Rückgewinnung durch die Teilnahme am deutschen Angriff auf die Sowjetunion willkommen. »... Befreit unsere geknechteten Brüder vom roten Joch des Bolschewismus!« rief der rumänische Staatschef Antonescu seinen Soldaten bei Kriegsbeginn zu.

Bereits Ende Juli 1941 waren Bessarabien und die Nordbukowina besetzt und wurden staatsrechtlich wieder eingegliedert. Letzteres betraf nicht die Gegend östlich des Dnjepr, also den noch verbliebenen Streifen der vormaligen »Autonomen Moldau-Republik«; er wurde »Transnistrien« zugeschlagen, einem durch Rumänien 1941–1944 neugeschaffenen Besatzungsgebiet weiter östlich zwischen Dnjestr und Bug, mit Odessa als Mittelpunkt.

Mit dem rumänischen Einmarsch begann die Verfolgung der jüdischen Bevölkerung Bessarabiens. Bereits während der sowjetischen Okkupation 1940 waren Juden in die Sowjetunion deportiert worden; andere waren mit der Sowjetmacht abgezogen. Gegen die Zurückgebliebenen gingen die rumänischen Truppen und die Behörden rigoros vor. Pogromen und Massakern während der ersten Wochen des Krieges fielen Tausende zum Opfer. Die jüdische Bevölkerung wurde ausgeraubt, zusammengetrieben (»ghettoisiert«) und über den Pruth nach »Transnistrien« verschleppt. Die Deportationen, zum Teil Fußmärsche, wurden mit einer solchen Rücksichtslosigkeit durchgeführt, daß eine sehr große Zahl von Menschen an Hunger, Entkräftung, Mißhandlungen starb oder durch Erschießungen ums Leben kam. Es werden wohl bis zu 100 000 Menschen gewesen sein, die nach »Transnistrien« getrieben wurden; von ihnen dürfte annähernd die Hälfte ums Leben gekommen sein. Wieviele geblieben, rückgewandert oder neu zugezogen sind, läßt sich ebensowenig zuverlässig ermitteln[6].

Als im Frühjahr 1944 die Front an den Dnjestr zurückgedrängt worden war, errichteten deutsche und rumänische Verbände entlang der rumänischen Ostgrenze eine Verteidigungslinie. Diese brach unter den am 20. August 1944 beginnenden sowjetischen Großangriffen zusammen, und die »Rote Armee« kämpfte sich über Bessarabien und die Bukowina weiter nach Rumänien vor.

Die Pruth-Grenze, d. h. die Abtretung Bessarabiens sowie auch der Nord-Bukowina, war unverhandelbarer Bestandteil der Bedingungen für einen Waffenstillstand, der am 12. September 1944 mit der Sowjetunion, die auch im Namen der Westalliierten handelte, abgeschlossen wurde. Im Friedensvertrag von Paris (1947) wurde die Grenze sanktioniert.

---

[6] Vgl. die Angaben bei Krista Zach, Rumänien. In: Dimension des Völkermords. Hg. Wolfgang Benz, München 1991, S. 381–409.

Die Moldau-Republik ab 1944

Die moldauische Sowjet-Republik (1944–1990)

Die administrative Einteilung von 1940/1941 wurde erneuert. Während mit der Sowjet-Republik Moldau eine staatliche und in gewisser Hinsicht auch kulturelle sowie ethnische Identität weiterbestand, gingen der Norden und der Süden Bessarabiens in der Ukraine auf.

In dem zur Ukraine gekommenen »Südbessarabien« wurde die Industrialisierung vorangetrieben. In der Moldau-Republik lag das Gewicht auf der Weiterentwicklung der Landwirtschaft (auch Wein und Obst wurden nun verstärkt angebaut) sowie der dazugehörenden Verarbeitungsindustrie, so daß das Wort vom »Gemüsegarten Moskaus« aufkam. 1946 entstand die Universität Kišinev. Das Bistum »Kišinev und Moldova« wurde dem Moskauer Patriarchat unterstellt und mit russischen (bzw. russisch-sprachigen) Bischöfen besetzt. Die 23 orthodoxen Klöster, kirchliche Mittelpunkte und oftmals Zeugnisse der rumänischen Kultur, wurden mit einer Ausnahme geschlossen.

Wie 1940 wurden auch ab 1944, nun unter dem Vorwurf von »Kollaboration« und »Nationalismus« sowie im Rahmen der sogenannten »Entkulakisierung«, zahlreiche Personen verhaftet und deportiert. Ihre Gesamtzahl könnte bis zu 200 000 betragen haben. Eine hohe Zahl an Todesopfern forderte in den ersten Nachkriegsjahren eine Hungerkatastrophe. 1955 erfolgte eine planmäßige Abwerbung in andere Gebiete der Sowjetunion. Ab 1965 liefen Aufrufe zur Neulandgewinnung in Kasachstan. Anschließend wurden Angehörige der Intelligenz und der technischen Berufe abgeworben bzw. versetzt. Andererseits kamen Russen und Ukrainer als Verwaltungspersonal, Soldaten, Veteranen, Arbeiter und Kolonisten in die bessarabischen Gebiete; sie übernahmen vielfach wichtige Positionen.

Die Deportationen und Migrationen brachten einen prozentualen Rückgang der Moldauer (Rumänen), dem allerdings ein Geburtenzuwachs entgegenwirkte und der nach der neuesten Zählung (1989) zum Stillstand gekommen ist. Dies gilt jedoch nicht für die der Ukraine angegliederten Gebiete. Angaben liegen nur für die Moldau-Republik und nur für die letzten Jahrzehnte vor: 1959 wurden 2,88 Millionen Einwohner gezählt[7]: 1,88 Millionen Moldauer, d. h. Rumänen (65 Prozent), 420 000 Ukrainer (14,6 Prozent), 292 000 Russen (10,2 Prozent),

---

[7] Zahlen und – für die Zeit vor 1959 – Schätzungen bei George Cioranescu, Bessarabia. Disputed Land between East and West. München 1985, S. 209–228.

95000 Gagauzen (3 Prozent), 95000 Juden (3 Prozent), 61000 Bulgaren (2,1 Prozent). 1979 waren es 3,95 Millionen Einwohner, davon 63,9 Prozent Moldauer (Rumänen) und 12,8 Prozent Russen.

1989 setzte sich die auf 4,34 Millionen angewachsene Bevölkerung folgendermaßen zusammen: 2,8 Millionen Moldauer (64,5 Prozent), ca. 600000 Ukrainer (14 Prozent), ca. 560000 Russen (13 Prozent), ca. 153000 Gagauzen (3,5 Prozent) und andere.

Zur Abgrenzung gegenüber Rumänien wurde eine eigene moldauische Nation, deren Entstehung auf das 14. Jahrhundert zurückgehe, postuliert. Das hier gesprochene Rumänisch wurde zu einer selbständigen Sprache (Moldauisch) erklärt, kenntlich gemacht durch die Einführung des kyrillischen Alphabets. (Eigentlich war es eine Wiedereinführung, weil das Rumänische insgesamt bis etwa zur Mitte des 19. Jahrhunderts mit kyrillischen Buchstaben geschrieben worden war.) Diese bereits in der Zwischenkriegszeit vertretenen Auffassungen erhielten offiziell in Politik und Wissenschaft Gültigkeit. Ausgefallene philologische Kriterien sowie der Hinweis auf jahrhundertelange kulturelle Berührungen mit den Ostslawen mußten zur Argumentation herhalten. De facto übernahm das Russische die Rolle der Staatssprache.

Die erzwungene Isolierung von Rumänien wirkte stagnierend auf das Geistes- und Kulturleben. 1957 hatten auch die turksprachigen Gagauzen das lateinische Alphabet aufzugeben; es wurde durch ein Alphabet auf der Grundlage der Kyrilliza ersetzt.

»Moldauer« wurde die Benennung für eine ethnische und eine sprachliche Zugehörigkeit. Beides muß sich nicht immer decken, wie die sowjetischen Volkszählungen zeigten, bei denen getrennt nach Nation und nach Sprache gefragt wurde. Es gab auch »Moldauer« mit der Muttersprache »Russisch«. Auch für die in der Ukraine sowie in anderen Teilen der Sowjetunion lebende Bevölkerung rumänischer Sprache und Herkunft wurde die Bezeichnung

»Moldauer« verwendet, gelegentlich trat auch – nach unverständlichen Kriterien – die Kategorie »Rumänen« auf. Mit der unabhängigen Moldau-Republik ist »Moldauer« nun auch die Bezeichnung für eine Staatsangehörigkeit. Überdies gibt es Mißverständnisse durch Verwechslungen mit den Moldauern in Rumänien.

Weil in Bessarabien demnach keine Rumänen, sondern »Moldauer« lebten, war Rumänien die Möglichkeit entzogen, als Mutterland für einen im Ausland lebenden Bevölkerungsteil einzutreten. Überdies blieben die Grenzen versperrt. In den offiziellen Beziehungen zwischen Moskau und Bukarest hatte die Bessarabien-Frage als abgeschlossen zu gelten. Dennoch wurde hin und wieder verbrämt sichtbar, daß ein Anspruch Rumäniens auf Bessarabien weiterbestand. Spektakulär wurde 1964 die Veröffentlichung von Schriften, in denen Karl Marx die Annexion Bessarabiens durch Rußland angeprangert hatte[8].

Die unabhängige Moldau-Republik (seit 1990)

Die Auflösungserscheinungen in der Sowjetunion setzten auch in der Moldau-Republik ein und steigerten sich zu Massenkundgebungen – Zeichen einer aufgestauten Unzufriedenheit. Im Mai 1989 formierte sich die »Volksfront« (Front Popular), hervorgegangen aus den oppositionellen Organisationen »Mişcare Democratică Moldovenească« und »Cenaclul Literar-Muzical Alexe Mateevici« (benannt nach dem Dichter und Geistlichen Mateevici, 1888–1917) sowie aus anderen Gruppierungen. Die »Volksfront« trat an mit der Forderung nach einer »Wiedergeburt« der Moldauer, d.h. der Rückgewinnung ihrer Identität, und sie weitete die Ziele aus: Machtübernahme durch nichtkommunistische und »einheimische« Kräfte, Unabhängigkeit des

---

[8] Marx, Insemnări despre Români – manuscrise inedite. Hg. A. Oţetea u. S. Schwann, Bukarest 1964; dt. München 1977.

Landes, Rückgliederung der an die Ukraine gefallenen Landesteile. 1991 verlangte sie sogar die Wiedervereinigung mit Rumänien. Der Oberste Sowjet der Republik reagierte im August 1989 damit, daß er das »Moldauische«, also das Rumänische, jetzt wieder in lateinischer Schrift, zur Staatssprache und das Russische lediglich zur Kommunikationssprache erklärte. In dieser Aufbruchstimmung erhielt in Kišinev das Denkmal des moldauischen Fürsten Ştefan cel Mare (Stefan der Große, 1457–1504, der wegen seiner Rolle bei der Türkenabwehr eine zentrale Position in der moldauischen und der rumänischen Geschichte einnimmt), demonstrativ mit Blumen geschmückt, eine symbolhafte Bedeutung, während das unweit davon entfernt stehende Lenin-Denkmal von der Polizei bewacht werden mußte.

Die Parlamentswahlen im Februar/März 1990 brachten der »Volksfront« ca. 40 Prozent der Sitze; ca. 30 Prozent entfielen auf Parteien und Vertreter, die ähnliche Ziele verfolgten. Staatspräsident wurde Mircea Snegur, früher ein Vertreter der kommunistischen Parteiherrschaft, dann ein entschiedener Reformer. Er wurde im September 1990 durch das Parlament gewählt und im Dezember 1991 durch eine Volkswahl bestätigt. Die Grenzen zu Rumänien wurden 1990 geöffnet, Verbindungen aufgenommen und intensiviert. Von rumänischer Seite erklangen lautstark Töne zur Wiedervereinigung, die seither in ruhigere Form übergingen.

Am 23. Juni 1990 erklärte sich die Republik für souverän. Die Gesetze der Sowjetunion bedurften fortan der Zustimmung des Landes; insbesondere wurde der Aufbau einer eigenen Armee beschlossen. An die Stelle der grünroten Landesfarben mit Hammer und Sichel trat die Trikolore blau-gelb-rot (die Farben Rumäniens sowie der Unabhängigen Moldau-Republik 1917–1918) mit dem Wappen (Ochsenkopf) des frühneuzeitlichen Fürstentums Moldau. Per Gesetz wurden die Positionen von KP-Angehörigen und von »Nicht-Moldaviern« abgebaut und der Staat »entsowjetisiert«. Dem August-Putsch in Moskau folgte am 27. August 1991 durch die Loslösung von der Sowjetunion die völlige Unabhängigkeit. 1992 wurde eine eigene Währung, ein »Koupon-« Geld, als Vorstufe für den *leu* (die in Rumänien gültige Währung) eingeführt.

Die Rumänisierung und die Perspektive einer Vereinigung mit Rumänien stieß bei der nichtrumänischen Bevölkerung auf Ablehnung. Aus dieser Konstellation ergab sich eine Interessengemeinschaft mit denjenigen, die ein Weiterbestehen der bisherigen Ordnung befürworteten, d.h. vor allem mit den Anhängern der Kommunistischen Partei. Ein ethnischer, nationaler und in Einheit damit ein ideologischer Konflikt brach aus: Die Slawen und die »Türken« (Gagauzen) befürchteten, benachteiligt zu werden und reagierten damit, daß sie in zwei Landesteilen, in denen sie die Mehrheit bilden, ihren eigenen Weg gingen; Chişinău entglitt dort die Kontrolle.

Die Gagauzen (ca. 3,5 Prozent der Gesamtbevölkerung) riefen am 19. August 1990 im Süden des Landes, in Komrat (Comrat), eine »Gagauzische Sowjetrepublik« aus. Vorhergegangen war, daß das moldauische Parlament die Gagauzen nicht als Nation und damit nicht als gleichberechtigt, sondern nur als ethnische Gruppe anerkannt hatte[9].

Seitens der Russen und der Ukrainer konzentrierte sich der Widerstand auf das Gebiet östlich des Dnjestr, einen Teil der »Autonomen Moldau-Republik« der Zwischenkriegszeit. Für dieses Gebiet kamen die Namen »Dnjestr-Republik« und »Transnistrien« in Gebrauch. (Letzteres ist aber nicht deckungsgleich mit dem 1941–1944 unter rumänischer Verwaltung bestehenden »Transnistrien«.) Die Bevölkerung setzt sich, nach der Volkszählung von 1989, aus 40,1 Prozent Moldauern, 28,3 Prozent Ukrainern und 25,5 Prozent Russen zusammen[10]; es dominiert jedoch das Russentum. Am 2. September 1990 wurde in Tiraspol eine »Dnjestr-Sowjetrepublik« proklamiert.

[9] Zahlenangaben sowie Informationen über die Gagauzen bei Vladimir Socor, in: Report on the USSR, 7. 9. 1990.
[10] Socor, in: RFE/RL Research Report, 17. 1. 1992.

Beide Regionen hielten Wahlen für einen Obersten Sowjet ab (28. Oktober bzw. 21./25. November 1990), bauten eine Eigenstaatlichkeit auf und organisierten bewaffnete Verbände. Ein Jahr später (Dezember 1991) stimmte ihre Bevölkerung mit überwiegender Mehrheit für eine Loslösung von der Moldau-Republik und für einen Beitritt zu einer neu zu gestaltenden Sowjetunion.

Im Konflikt um die »Dnjestr SSR« steigerten sich die Schärfe und die Feindseligkeit. Der Propagandakrieg zwischen »Faschisten« und »Separatisten« spitzte sich zu einem Kampf zwischen Sowjetideologie und »westlicher« Staats- und Gesellschaftsordnung, mehr noch – sehr tiefgehend – zu einem Kampf zwischen Rumänentum und Slawentum (konkreter: Russentum) zu. Die Auseinandersetzungen nahmen 1991/1992 einen blutigen Charakter an und griffen über den Dnjestr auf die Stadt Bender über.

Die starke Position der »Dnjestr-Republik« hängt mit der Hilfestellung und dem Schutz durch die 14. (ehemalige Sowjet-)Armee zusammen, die sich einen eigenen Spielraum verschaffte und sich als russischer Vorposten am Dnjestr versteht. Noch komplizierter wurde die Situation und sie drohte vollends zu entgleiten, als auf beiden Seiten irreguläre Bewaffnete eigenständig eingriffen, darunter aus Rußland angereiste Kosaken.

Um eine Eskalation zu verhindern, schlug Chişinău einen behutsameren Kurs ein. Die »Volksfront« verlor an Popularität und durch Austritte von Abgeordneten an Gewicht, ihre Aktivitäten wurden eingeschränkt, im Parlament wurde sie in die Opposition gedrängt. Präsident Segur setzte seine realpolitische Linie durch: Zusammenarbeit mit Rumänien auf der Grundlage der Tatsache, daß es sich um ein gemeinsames Volk handelt, aber kein staatlicher Zusammenschluß; Beitritt zur GUS (Dezember 1991), allerdings unter bestimmten Bedingungen, vor allem einer freien Verfügung über die eigenen Streitkräfte. Für die Absage an eine derzeitige Vereinigung mit Rumänien spricht die Einsicht, daß sich nur auf diese Weise die territoriale Integrität des Staates bewahren läßt; für den Beitritt zur GUS sprechen handfeste wirtschaftliche Notwendigkeiten.

Über den Konflikt wurde zwischen den direkt und indirekt beteiligten Staaten verhandelt. Snegur und Jelzin vereinbarten am 21. Juli 1992 in Anwesenheit des Präsidenten der »Dnjestr-Republik«, Igor Smirnov, einen Waffenstillstand, und sie setzten im August 1992 in den Brennpunkten friedenssicherndes Militär sowie eine Kontrollkommission ein. Das Abkommen erlaubt der »Dnjestr-Republik«, ihren eigenen Weg zu gehen, sofern sich die staatlichen Verhältnisse (gemeint ist ein Anschluß der Moldau an Rumänien) ändern.

Die Situation hielt sich seither in der Schwebe. Damit ist aber noch nicht die Gefahr abgewendet, daß der Großraum Rußland – Ukraine – Moldova – Rumänien in Auseinandersetzungen hineingezogen wird, die sich aus Gebietsstreitigkeiten ergeben könnten. Problematisch ist etwa ein eventueller Anschluß der »Dnjestr-Republik« an Rußland, was seitens der Ukraine kaum hingenommen werden kann. Von der Ukraine aus werden die Vorgänge um die Moldau ohnehin mit Sorge betrachtet, insbesondere Gebietsforderungen auf Nord- und Südbessarabien, die in der Tat in Rumänien und in der Moldau-Republik bekundet wurden. Ein weiteres Problem ist – auf längere Sicht – eine eventuelle Vereinigung der Moldau-Republik mit Rumänien.

Literaturhinweise

Arbure, Zamfir C.: Basarabia în secolul XIX. Bukarest 1898.
Art. ›Bessarabien‹. In: Handwörterbuch des Grenz- und Auslandsdeutschtums. Bd. 1, Breslau 1933.
Boldur, Alexandru: Istoria Basarabiei. 2. Aufl., Bukarest 1992.
Bruchis, Michael: Nations-Nationalities-People. A Study of the Nationalities Policy of the Communist Party in Soviet Moldavia. New York 1984.

Cioranescu, George: Bessarabia. Disputed Land between East and West. München 1985.
Dima, Nicholas: From Moldavia to Moldova. The Soviet-Romanian Territorial Dispute. 2. Aufl., Boulder, Col. 1991.
Götz, Roland u. Uwe Halbach: Politisches Lexikon GUS. München 1992.
Heitmann, Klaus: Rumänisch: Moldauisch. In: Lexikon der Romanischen Linguistik. Bd. 3, Tübingen 1989, S.508–521.
Jachomowski, Dirk: Die Umsiedlung der Bessarabien-, Bukowina- und Dobrudschadeutschen. München 1984.
Manoilu-Manea, Maria (Hg.): The Tragic Plight of a Border Area. Bassarabia and Bucovina. Los Angeles 1983.
Nistor, Ion: Istoria Basarabiei. Cernăuţi 1924; Nachdr. Bukarest 1991.
Suga, Alexander: Die völkerrechtliche Lage Bessarabiens in der geschichtlichen Entwicklung des Landes. Bonn 1958.
Völkl, Ekkehard: Bessarabien am Ausgang des 18. Jahrhunderts. In: Der Donauraum 22 (1977), S.40–49.
Mehrere Beiträge von Vladimir Socor in Report on the USSR 1990–1991 und in RFE/RL Research Report 1992.

Siebenbürgen
von Harald Roth

Das Gebiet des historischen Siebenbürgen (lat. Transsylvania; rum. Ardeal oder Transilvania; ung. Erdély) ist, einer natürlichen Festung gleich, von den Gebirgszügen des Karpatenbogens umgeben (Ostkarpaten, Südkarpaten oder Transsylvanische Alpen, Siebenbürgisches Erzgebirge). Die meist hügelige Landschaft hat Hochlandcharakter (300–800 m über dem Meeresspiegel), das Acker- und Weideland ist fruchtbar. An Bodenschätzen sind insbesondere Salz und – in früherer Zeit – Gold zu nennen. Bedeutende Flüsse sind im Norden die beiden Samosch (rum. Someş; ung. Szamos), im Innern des Landes der Mieresch (Mureş; Maros) und die beiden Kokeln (Tîrnava; Küküllő), im Süden der Alt (Olt). Einige wichtige historische Landschaften sind das Kalotaszeg westlich von Klausenburg (Cluj; Kolozsvár), das Nösnerland um Bistritz (Bistriţa; Beszterce) im Norden, das Szeklerland im Osten, das Mieresch-Gebiet in der Mitte, das Burzenland um Kronstadt (Braşov; Brassó) im Südosten, das Fogarascher Land und die Hermannstädter Provinz im Süden sowie das Bergbaugebiet des Erzgebirges im Westen. Benachbarte Landschaften wie die Marmarosch (Maramureş; Maramaros) und Sathmar (Satu Mare; Szatmár) im Norden oder das Kreischgebiet (Crişana; Körös vidék) im Westen werden ebenfalls oft als Siebenbürgen zugehörig angesehen. Eine ausgesprochene Hauptstadt kannte Siebenbürgen nur selten: im Mittelalter nahm Weißenburg (ab dem 18. Jahrhundert Karlsburg; Alba Iulia; Gyulafehérvár) eine herausragende Stellung ein, während der letzten Jahrhunderte waren es abwechselnd Klausenburg und Hermannstadt (Sibiu; Nagyszeben).

Von den heute rund sechs Millionen Einwohnern auf dem Gebiet des historischen Siebenbürgen (ca. 62 000 qkm)

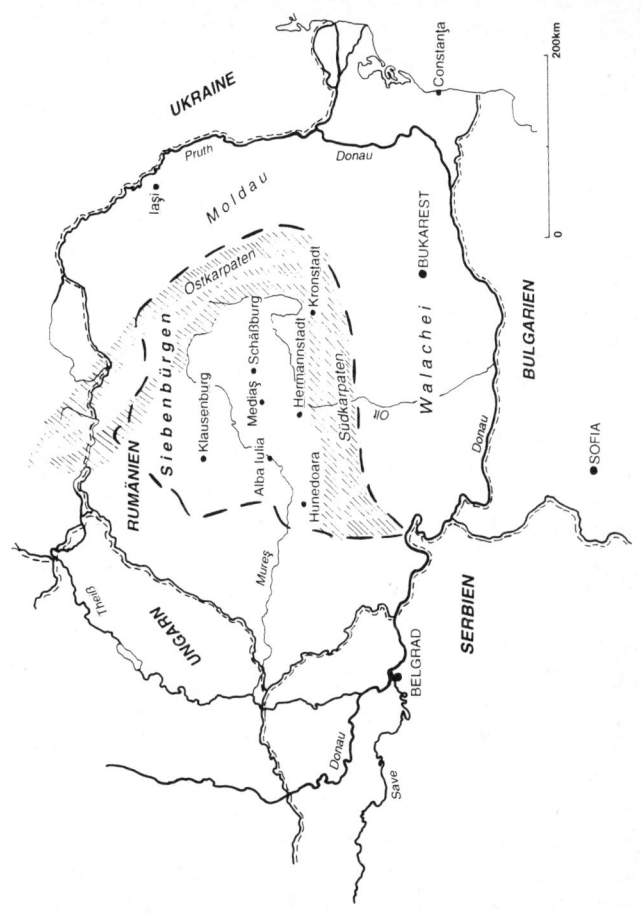

stellen die Rumänen die absolute Mehrheit, gefolgt von den Ungarn (einschließlich der Szekler) als größter nationaler Minderheit (etwa 1,5 Millionen in Siebenbürgen, schätzungsweise 2 bis 2,5 Millionen in ganz Rumänien) und den Roma, deren Zahl sich nicht mit Bestimmtheit angeben läßt (für ganz Rumänien werden zwei Millionen geschätzt). Hinzu kommen noch eine Restgruppe von etwa 40 000 Deutschen (Sachsen) sowie weitere Splittergruppen.

Am Schnittpunkt von Verbindungswegen zwischen Mitteleuropa und dem Balkan, dem Orient und Asien gelegen, war Siebenbürgen seit jeher Durchzugsgebiet, Treffpunkt und Kampfplatz zahlreicher Stämme und Völkerschaften. Erste Ansiedlungen reichen bis in die Altsteinzeit zurück. Ab dem 2. Jahrhundert v.Chr. begannen die Daker, ein thrakischer Stamm, sich im Donau-Karpaten-Raum auszubreiten. Dem Dakerkönig Burebista (70–44 v.Chr.) gelang es, die Dakerstämme zu einen und ein Großreich zu gründen, dessen Hauptstadt Sarmizegetusa im südwestlichen Siebenbürgen lag und dessen Südgrenze die Donau bildete. Dann begannen die Auseinandersetzungen der Daker mit dem Römischen Reich. Nach mehreren erfolglosen Versuchen, Dakien zu erobern, gelang es Kaiser Trajan, in den Jahren 105 bis 106 n.Chr. Sarmizegetusa einzunehmen und Dakien zur römischen Provinz zu erklären. Nun setzte die wirtschaftliche und militärische Erschließung des Landes ein, begleitet von der Ansiedlung römischer Kolonisten. Bereits nach wenigen Jahrzehnten begann jedoch der Ansturm germanischer Völker auf diese Provinz. Nach einem Teilrückzug um die Mitte des 3. Jahrhunderts ließ Kaiser Aurelian die Provinz 271 räumen. Das vormalige Dacia geriet unter die Herrschaft der Goten (3.–4. Jahrhundert).

An diesem Punkt beginnen bereits die Probleme der siebenbürgischen Geschichte, die bis in die Gegenwart hineinspielen: Zogen die Römer die gesamte Bevölkerung ab oder nur die administrative und militärische Oberschicht? Blieb ein wesentliches Substrat einer bereits romanisierten Bevölkerung im Land zurück – und zwar nicht nur südlich der Karpaten, sondern auch innerhalb des Karpatenbogens, in Siebenbürgen? Und sind diese romanisierten Autochthonen als Vorfahren der heutigen Rumänen anzusehen? Diese Frage der Kontinuität des rumänischen Volkes bildet seit dem nationalen Erwachen im Donau-Karpaten-Raum, verstärkt seit dem Anschluß Siebenbürgens an Rumänien, das Kernproblem siebenbürgischer Politik.

Der nur anderthalbhundertjährigen römischen Herrschaft folgten nicht weniger wechselvolle Jahrhunderte. Die Goten (Westgoten) wurden im 4. Jahrhundert von den aus Asien nach Europa gelangenden Hunnen verdrängt. Das Hunnenreich wurde nach weiteren hundert Jahren vom gotischen Stamm der Gepiden zerschlagen, die 567 den Awaren weichen mußten. Was für eine Bevölkerung das Land bewohnte, als ab dem 7. Jahrhundert slawische Stämme einzudringen begannen, ist angesichts der bunten Völkerschar, die durch das Karpatenbecken zog und ihre Spuren hinterließ, schwer zu sagen. Bevor die aus ihren Sitzen im Osten verdrängten Ungarn (Magyaren) Ende des 9. Jahrhunderts Besitz von der Region ergriffen, stand das südliche Siebenbürgen zu Beginn jenes Jahrhunderts auch kurzzeitig unter bulgarischer Herrschaft.

Siebenbürgen im Mittelalter

Die Ungarn schließlich, nachdem ihrem Vordringen nach Westen Einhalt geboten wurde (955 Schlacht am Lechfeld), konnten ihre Herrschaft im Karpatenbecken auf Dauer festigen. Mit der Annahme des Königstitels und des Christentums durch den Fürsten Stephan im Jahre 1000 wurde die Anbindung des ungarischen Reiches an den Westen begründet. Siebenbürgen wurde nun von Westen her allmählich eingenommen und in das Verteidigungssystem des Landes eingebaut. Nach der Niederwerfung regionaler Selbständigkeitsbestrebungen konnten die ungarischen Könige ihre Herrschaft in Siebenbürgen während des 11. Jahrhunderts festigen. Zur Sicherung des Landes siedelten sie Hilfsvölker an den Grenzen des Reiches an: im Osten Siebenbürgens waren es die Szekler, ein Volksstamm ungarischer Sprache und Kultur, jedoch mit ausgeprägtem

Eigenständigkeitsbewußtsein, dessen ethnische Herkunft umstritten ist; im Süden und teilweise auch im Norden waren es ab der Mitte des 12. Jahrhunderts vor allem deutsche Siedler aus der Gegend um Rhein und Mosel, die »Siebenbürger Sachsen«, wie sie später genannt wurden.

Die Szekler und ein Großteil der Sachsen wurden vom König mit besonderen Privilegien ausgestattet. Die Szekler, die – obwohl in Friedenszeiten überwiegend Bauern – als Volk eine Art Adelsstatus besaßen, kannten eine vielgliedrige Sozialstruktur. Ihre Verpflichtung gegenüber dem Landesherrn bestand primär in der Heeresfolge, abgestuft nach gesellschaftlicher Stellung. Die Sachsen, die neben der Landwirtschaft eine ausgeprägte städtische Kultur entwickelten, waren für den Landesherrn vor allem als Steuerzahler von Bedeutung. Der Großteil ihres Siedlungsgebietes, der sogenannte Königsboden, erlangte als eigenständige Körperschaft eine unmittelbar dem König untergeordnete Stellung. Ihre die Selbstverwaltung einschließenden und gewisse demokratische Grundzüge enthaltenden Freiheiten wurden 1224 von König Andreas II. (1205–1235) im sogenannten ›Andreanum‹ bestätigt.

Zu Beginn des 13. Jahrhunderts wurden Rumänen (Walachen) zum ersten Mal urkundlich in Siebenbürgen erwähnt. Über ihre Zahl und Verbreitung kann es nur Vermutungen geben. Jedenfalls besaßen sie weder politischen noch wirtschaftlichen Einfluß. Ihre rechtliche Stellung blieb weit hinter jener der Szekler oder Sachsen zurück. Die politisch einflußreichste Gruppe im mittelalterlichen Siebenbürgen war der ungarische Adel, der Herr der sieben Komitate des Landes war, also desjenigen Teils, das weder Szeklern noch Sachsen gehörte und etwas über die Hälfte des Territoriums ausmachte. Auf das Drängen des Adels, der sich 1222 weitgehende Rechte garantieren ließ, ist wohl auch die Vertreibung des Deutschen Ordens 1225 aus dem Burzenland im südöstlichen Siebenbürgen zurückzuführen, da dieser sich selbständig zu machen drohte. Der Orden war 1211 von Andreas II. ins Land gerufen worden, um jenen Teil der Grenze gegen die Kumanen zu schützen. Gleichzeitig siedelte der Orden Deutsche in dem ihm anvertrauten Gebiet an, die nach seiner Vertreibung im Land blieben und sich später als Kronstädter Distrikt – ebenso wie die Sachsen des Nösnerlandes – dem Hermannstädter Rechtsgebiet anschlossen und gemeinsam mit diesem die »Sächsische Nation« bildeten.

Damit sind die drei »Nationen« Siebenbürgens vorgestellt, die als staatstragende Stände aus der mittelalterlichen Entwicklung des Landes hervorgingen und bis ins 19. Jahrhundert verfassungsbestimmend bleiben sollten: der ungarische Adel, die Szekler und die Sachsen, wobei der Begriff »Nation« einen Rechtsstatus beschreibt und mit Volkszugehörigkeit zu diesem Zeitpunkt noch nichts zu tun hat. Der Zusammenschluß dieser drei Stände in der »Unio trium nationum« (erstmals 1437) wurde im 15. Jahrhundert durch Aufstände unfreier Bauern auf dem Gebiet des Adels gefördert; es muß hervorgehoben werden, daß es sich dabei nicht um nationale, sondern um soziale Unruhen handelte. Das Bündnis der drei Stände richtete sich in gleicher Weise gegen die Osmanen, die Siebenbürgen zunehmend bedrohten.

Die Rumänen lebten zu diesem Zeitpunkt überwiegend als Hirten in Gebirgsgegenden oder als grundhörige Bauern auf Adelsland, gleich zahlreichen Ungarn und auch Sachsen. Eine dem ungarischen Adel ähnliche Stellung konnten Rumänen nur im Fogarascher Land im Süden Siebenbürgens erlangen. Es entstand eine gewisse Wanderungsbewegung aus den Nachbarprovinzen Moldau und Walachei, wo sich im 14. Jahrhundert Wojwodschaften unter wechselnden Oberhoheiten gebildet hatten. Gründe dafür waren einerseits die Flucht vor kriegerischen Auseinandersetzungen etwa mit den Tataren oder ab dem 14. Jahrhundert mit den Osmanen sowie andererseits die besonders harte Unterdrückung der Bauern durch die Bojaren dieser Wojwodschaften. Auf diese Weise erfuhren die meist an unterster Stelle der sozialen Leiter stehenden Rumänen in Siebenbürgen eine gewisse Verstärkung. Zu Beginn des 15. Jahrhunderts tauchte ein weiteres Volk erstmals im Lande auf, das sich ebenfalls auf Dauer einrichten sollte: die Zigeuner. Wie überall in Europa blieben sie die Parias der Gesellschaft, hier vielleicht mit der Besonderheit, daß ihre Zahl stets hoch war.

Die Bedrohung durch die sich auf dem Balkan ausbreitenden Osmanen hatte vielfache Folgen. Die im Süden Siebenbürgens besonders exponierten Sachsen befestigten ihre inzwischen durch den Fernhandel zu Reichtum gelangten Städte und auf dem Land – ebenso wie häufig auch die Szekler – ihre Kirchen; daher ist auch heute noch die größte Konzentration von Kirchenburgen und Wehrkirchen auf verhältnismäßig engem Raum in diesem Teil Europas zu finden. Seit dem Beginn des 15. Jahrhunderts galt die Aufmerksamkeit der Türkenabwehr, Kaiser Sigismund (1387/1410–1437), zugleich ungarischer König, organisierte sie eine Zeitlang von Kronstadt aus. Dem ungarischen Reichsverweser Johannes Hunyadi (1446–1452) gelang es, die Türken für mehrere Jahrzehnte zurückzuschlagen. Dessen Sohn, König Matthias Corvinus (1458–1490), legte den Schwerpunkt seiner Politik zwar nicht auf die Türkenabwehr, stärkte dafür aber das Reich und die königliche Macht im Innern. Unter seinen Nachfolgern schwächten jedoch Thronstreitigkeiten, interner Zwist und die Widerspenstigkeit des Adels Ungarn: 1526 wurden König Ludwig II. (1516–1526) und sein Heer von den Türken bei Mohács vernichtend geschlagen, der König fiel. Die Folge war noch nicht die Besetzung des Landes durch die Osmanen, sondern ein Bürgerkrieg zwischen den Anhängern des siebenbürgischen Wojwoden Johann Zápolya und des Habsburgers Ferdinand, die beide den ungarischen Königstitel beanspruchten. Vielleicht war es der Umstand, daß sich Zápolya dabei mit den Osmanen verbündete, daß diese Siebenbürgen auch nach der osmanischen Eroberung Ofens (Budas) 1541 und der Besetzung Süd- und Zentralungarns eine weitgehende Selbständigkeit unter der Oberhoheit des Sultans gewährten.

Das autonome Fürstentum Siebenbürgen

Während ein Streifen Westungarns und Oberungarn unter die Herrschaft der Habsburger kam, das Reich also dreigeteilt war, wurde Siebenbürgen zusammen mit einigen ostungarischen Komitaten, den »Partes«, als autonomes Fürstentum Zufluchtsort des an der ungarischen Staatsidee festhaltenden Adels. So gingen denn während der folgenden anderthalb Jahrhunderte in erster Linie gegen die Habsburger, seltener gegen die Osmanen gerichtete Aggressionen des Adels von diesem Territorium aus. Schon von Anfang an mußte der Fürst daher eine Schaukelpolitik zwischen der Pforte und Wien betreiben, die Siebenbürgen allmählich eine staatsrechtliche Zwischenstellung zwischen den beiden Großmächten brachte. Der Fürst wurde aus den Reihen des ungarischen Adels vom siebenbürgischen Landtag gewählt, in dem die drei Stände (Nationen) des Adels, der Szekler und der Sachsen gleichberechtigt waren und jeweils eine Stimme besaßen. Beschlüsse konnten nur einhellig gefaßt, eine Nation nicht von den beiden anderen überstimmt werden.

Eine entscheidende Entwicklung setzte mit dem Durchbruch der Reformation in Siebenbürgen ein. Als erste nahmen die Sachsen – sowohl jene auf freiem »Königsboden« als auch jene in den Komitaten des Adels – in den 1540er Jahren das Augsburger Bekenntnis, also das Luthertum an. Ungarn und Szekler schlossen sich bald dem Kalvinismus an, von dem sich schließlich die Antitrinitarier (Unitarier) – insbesondere unter dem Adel – abspalteten. Der Katholizismus hatte bis zu der Ende des 16. Jahrhunderts einsetzenden Gegenreformation nurmehr eine kleine Anhängerschaft. Glaubensstreitigkeiten hätte sich das konfessionell facettenreiche Land in einer Zeit äußerster

Bedrängnis nicht leisten können: Habsburgische und osmanische Interessen stießen hier aufeinander, die Handelsplätze im Osten und Südosten waren zum Großteil verloren, die Verbindung nach Westen stark beeinträchtigt, das Land vom Krieg zerstört und wirtschaftlich ruiniert. So wurde in Siebenbürgen als einem der ersten europäischen Länder ab der zweiten Hälfte des 16. Jahrhunderts konfessionelle Toleranz geübt. Die Konfessionen der Katholiken, Lutheraner, Kalvinisten und Unitarier galten gemäß der Beschlüsse der Landtage als »rezipiert«, also gleichwertig und anerkannt. Die orthodoxe Konfession der Rumänen hingegen galt lediglich als »toleriert«, war nicht mit den gleichen Rechten ausgestattet, wurde in ihrer Ausübung aber nicht behindert. Zwar hatte die Reformation auf die Rumänen keinen unmittelbaren Einfluß, doch hat ihr die rumänische Kultur zahlreiche Anstöße zu verdanken (etwa die ersten Drucke in rumänischer Sprache, Übersetzungen religiöser Schriften u.a.). Im Reformationsjahrhundert begann sich für Siebenbürgen der Grundsatz der Übereinstimmung von Bekenntnis- und Volkszugehörigkeit herauszubilden, der in späteren Jahrhunderten eine bedeutende Rolle spielen sollte.

Die von den Osmanen garantierte Religionsfreiheit sollte künftig eines der wichtigsten Momente im Kampf zur Sicherung der siebenbürgischen Verfassung werden, insbesondere gegenüber den die Gegenreformation fördernden Habsburgern. Dies zeigte sich in zahlreichen Auseinandersetzungen, in die oftmals auch der protestantische Adel Oberungarns verwickelt war. Demgemäß beteiligte sich Siebenbürgen unter seinem Fürsten Gabriel Bethlen (1613–1629) auf seiten der protestantischen Mächte am Dreißigjährigen Krieg.

Außer der Regierungszeit des letztgenannten Fürsten brachte das ausgehende 16. und das 17. Jahrhundert wenig Prosperität, da Kriege, tatarische und türkische Raubzüge, Hungersnöte und Seuchen einander in kurzer Folge ablösten. Während des »fünfzehnjährigen« osmanisch-habsburgischen Krieges 1593–1606 gelang es dem Wojwoden der Walachei, Michael dem Tapferen (1593–1601), kurzzeitig auch die Moldau und Siebenbürgen (1600) unter seine Herrschaft zu bringen. In der rumänischen Historiographie wird dieser Akt meist als der erste Zusammenschluß der »drei rumänischen Länder« interpretiert, als eine Vorwegnahme der Schaffung Großrumäniens nach 1918. Übersehen wird dabei jedoch, daß dieser Vereinigung der Herrschaft – nicht der Länder – in einer Person keinerlei nationaler Antrieb, sondern politische Taktik, mal von den Osmanen, mal von den Habsburgern gefördert, und wohl auch ein gewisses Maß an Machtstreben innewohnte. Eine Änderung der rechtlichen Situation der Rumänen hatte dieses Intermezzo jedenfalls nicht zur Folge.

Von den Völkern Siebenbürgens entwickelten die Sachsen als erste ein ausgeprägtes Nationalbewußtsein: Wer nicht deutscher Herkunft war, konnte in ihren Orten auf Königsboden keinen Grund und, entscheidender, keine politischen Rechte erwerben. Diese seit dem späten Mittelalter geltende Bestimmung richtete sich während der ersten Jahrhunderte nicht so sehr gegen die zahlenmäßig überlegenen Rumänen, Szekler oder Ungarn; vielmehr sollte dadurch ein Seßhaftwerden des ungarischen Adels auf Königsboden, vor allem aber in den Städten verhindert werden, da dieser dort die unter den Sachsen nicht existierenden Adelsprivilegien, etwa Steuerfreiheit, hätte geltend machen können. Zudem wollten sich die Sachsen die politische Macht, die ihnen der Besitz der Städte verlieh, nicht beschneiden lassen. Später wurde aus dieser Ausschließlichkeitsbestimmung ein Mittel zur Abwehr nationaler Überfremdung, obgleich sich insbesondere auf dem Land zahlreiche Rumänen ansässig machen durften, jedoch ohne das Recht zur politischen Mitbestimmung.

Die Konfessions- und Vielvölkerlandschaft Siebenbürgens wurde während dieser Jahrhunderte noch bunter: Aus dem Westen kamen immer wieder Glaubensflüchtlinge ins Land, die vor der Gegenreformation oder vor der Verfolgung ihrer Sekte flohen. Aus dem Osten zogen Armenier zu, erhielten besondere Rechte und ließen sich dauerhaft nieder. In Hermannstadt und Kronstadt blühten griechische Kaufmannskolonien. Die Juden waren gering an Zahl und hatten lediglich in Weißenburg Niederlassungsrecht; ihre Zahl nahm erst im 19. Jahrhundert deutlich zu.

Siebenbürgen unter Habsburg

Die Zeit des autonomen Fürstentums fand mit der Zurückdrängung der osmanischen Herrschaft durch die Habsburger Ende des 17. Jahrhunderts ihren Abschluß. Im Leopoldinischen Diplom 1690/1691 rangen die Stände Siebenbürgens Kaiser Leopold I. (1657–1705) als neuem Landesherrn die Zusicherung der Landesverfassung ab, darunter als wichtigster Punkt die Religionsfreiheit. Der regierende Habsburger, zugleich König Ungarns, sollte künftig auch Fürst Siebenbürgens sein. Als solcher setzte er einen Gouverneur zur Führung des Kronlandes Siebenbürgen (seit 1765 Großfürstentum) an seiner Statt ein, der zusammen mit dem Kommandierenden General der kaiserlichen Truppen die eigentliche Macht innehatte. Stände und Landtag bestanden zwar weiter, nahmen in ihrer Bedeutung jedoch ab und vergeudeten ihre Kräfte oft in der Auseinandersetzung mit der Siebenbürgischen Hofkanzlei in Wien.

Ende des 17. Jahrhunderts setzte eine weitere folgenreiche Entwicklung ein: 1697 sprach eine vom orthodoxen Metropoliten in Weißenburg einberufene Synode die Union mit Rom aus. Dieser unierten oder »griechisch-katholischen« Kirche schlossen sich weite Teile der rumänischen Geistlichkeit Siebenbürgens an. Die Förderung durch die Habsburger sowie die enge und befruchtende Anlehnung an Rom ließ diese Kirche zu einer Pflanzstätte rumänischer Kultur und rumänischen Nationalbewußtseins werden. In diesem Kreis entwickelte sich die sogenannte »Siebenbürgische Schule«, hier wurde man sich der Romanität der Rumänen bewußt, von hier aus wurden während des 18. Jahrhunderts, oft unter Federführung der Bischöfe, wiederholte Versuche unternommen, den Rumänen, die um diese Zeit jedenfalls schon die relative Mehrheit in Siebenbürgen besaßen, politische Rechte beim Wiener Hof zu erwirken – stets vergebens.

Auch auf Seiten der Ungarn ist ab dem 18. Jahrhundert eine Zunahme nationalen Empfindens zu beobachten, beginnend mit den gegen die Habsburger Herrschaft gerichteten Kuruzzenkriegen zu Beginn des Jahrhunderts. Verstärkt wurde diese Tendenz durch die Neigung der Habsburger zur Zentralisierung, der häufigen Nichtbeachtung ungarischer Selbständigkeit und ungarischer Eigeninteressen oder etwa durch die Reformen Josephs II. (1765/1780–1790), die in Ungarn und Siebenbürgen auf allergrößten Widerstand stießen. Dennoch ist – vor allem bei dem ethnisch oft heterogenen ungarischen Adel – zu diesem Zeitpunkt noch von einem ausgeglichenen Verhältnis nationalen und ständischen Empfindens auszugehen: nationalungarisches Bewußtsein überwog noch nicht gegenüber der übernationalen ungarischen Staatsidee.

Siebenbürgen erhielt nun zunehmend den Charakter einer Randprovinz in einem Riesenreich. Ein weitgehend veraltetes Wirtschaftssystem, nur unzulänglich an die Märkte der Monarchie angeschlossen, eine hohe Schuldenlast, unsichere Verhältnisse im Innern und instabile Nachbarländer ließen eine ökonomische Erholung nicht zu. Ganz anders entwickelte sich etwa die südwestliche Nachbarprovinz Banat, die zu einem wirtschaftlichen Musterland des Habsburgerreiches ausgebaut wurde. In Siebenbürgen wirkten die sich hartnäckig behauptenden feudal-mittelalterlichen Strukturen modernisierungshemmend. Die Aufklärung fand lediglich in Teilen der ohnehin dünnen Intellektuellenschicht Anhänger. Die »Nationen«

des Landes bangten um ihre ständischen Rechte und Privilegien. Die Preisgabe auch nur einzelner ererbter Positionen hätte in ihren Augen das hergebrachte bewährte Ordnungsgefüge ernsthaft gefährdet.

Die rumänische Bevölkerung begann, sich ihrer sozialen Benachteiligung immer deutlicher bewußt zu werden und ihre Forderungen nach Verbesserung zu artikulieren. Sie sahen im Reformkaiser Joseph II., der die Verwirklichung einer »siebenbürgischen Nation« anstrebte, »ihren« Kaiser und rechneten mit seiner Unterstützung etwa bei dem großen Bauernaufstand von 1784, angeführt von Horea, Cloşca und Crişan. Diesem Aufbegehren, das sich hauptsächlich gegen den ungarischen Adel richtete, wohnte neben dem sozialen bereits ein nationaler Antrieb inne. Joseph II. nahm sich der Sache der rumänischen Bauern jedoch nicht an, vielmehr ließ er die Erhebung gnadenlos unterdrücken und die Anführer hinrichten.

Wenige Jahre später begann der Kampf der Siebenbürger Rumänen um gleiche politische Rechte wie die der drei ständischen Nationen und um Vertretung im Landtag entsprechend ihrem Bevölkerungsanteil. Diese Forderungen wurden erstmals 1791 von orthodoxen und unierten Bischöfen im sogenannten ›Supplex Libellus Valachorum‹ an den Wiener Hof gerichtet, ohne während der nächsten Jahrzehnte irgendwelche Erfolge zu erzielen. Selbst die Aufhebung der Leibeigenschaft – eine jener Reformen, die Joseph II. am Sterbebett nicht zurücknahm – hatte in Siebenbürgen keine nennenswerten Auswirkungen.

Vielmehr konsolidierten sich die alten Kräfte nach den durch Josephs Reformen verursachten Irritationen unter seinen Nachfolgern wieder, und der nach den Wirren der Napoleonischen Kriege entstehende Metternichsche Staat ließ erst recht keine Neuerungen zu. Der endgültige Durchbruch nationalen Erwachens während dieser Zeit äußerte sich bei den verschiedenen Völkerschaften in unterschiedlicher Weise. Die Ungarn wurden sich ihrer verlorengegangenen bevölkerungsmäßigen Mehrheit bewußt und begannen, nicht mehr nur den Reichsgedanken, sondern auch das völkische Element zu fördern: dies schloß das Bemühen mit ein, nichtungarische Volksgruppen dem Ungarntum näherzubringen und letztlich zu magyarisieren – eine Tendenz, die ihren Höhepunkt um die Wende vom 19. zum 20. Jahrhundert erreichte und die staatsablehnende Haltung der nichtungarischen Bevölkerung katalysierte.

Die Sachsen, die kleinste Gruppe, sahen zur Sicherung ihrer Existenz gegenüber den ihre eigene Zahl um ein Vielfaches übersteigenden Rumänen wie auch gegenüber den sie bedrängenden Ungarn neben dem hartnäckigen Festhalten an der alten Selbstverwaltung nur einen Ausweg: sie mußten ihren Mitvölkern kulturell und wirtschaftlich weit überlegen sein und den inneren Zusammenhalt der Gemeinschaft festigen. Die Gründung einer Vielzahl von Vereinen, Gesellschaften, Banken oder Genossenschaften sowie die allmähliche Entwicklung der lutherischen Kirche zum Identifikationssymbol des gesamten sächsischen Volkes waren Äußerungen dieses Bestrebens.

Die Siebenbürger Rumänen ihrerseits verstärkten ihre Bemühungen um den Aufbau eines kulturellen Lebens etwa durch die Gründung von Vereinigungen oder von Periodika sowie von politischen Parteien, erforschten ihre Geschichte und deren Ursprünge, betonten zunehmend ihre Romanität und intensivierten ihren Austausch mit Mittel- und Westeuropa.

Bestrebungen von ungarischer Seite, Siebenbürgen gänzlich mit Ungarn zu vereinigen oder Ungarisch als offizielle Landessprache einzuführen, wurden nur vom Adel und von den Szeklern unterstützt, Sachsen und Rumänen stellten sich derlei Bestrebungen entschieden entgegen. In der Auseinandersetzung mit national-ungarischen Ambitionen sollten Sachsen und Rumänen in der Folgezeit häufig gemeinsam zur Verteidigung ihrer Interessen auftreten. Während der Revolution von 1848/1849 kam es zu einer ausgesprochenen Polarisierung der Standpunkte bei den

Völkern Siebenbürgens. Die Ungarn Siebenbürgens und die Szekler unterstützten die antihabsburgische ungarische Revolution und erklärten die Union der beiden Länder. Die Rumänen Siebenbürgens sprachen sich auf ihren legendären Versammlungen in Blasendorf (Blaj; Balázsfalva) für die Befreiung von der Grundhörigkeit, für die Gewährung von politischen Rechten und gegen die Union mit Ungarn aus. Schließlich riefen sie zu einer Bewaffnung der rumänischen Bevölkerung auf, um gegen die vordringende ungarische Revolution zu kämpfen. Währenddessen standen die habsburgtreuen, militärisch jedoch machtlosen Sachsen oft zwischen den Fronten der streitenden Parteien.

Die Differenzen zwischen den Völkern Siebenbürgens sollten während der zweiten Jahrhunderthälfte – nach der Niederschlagung der ungarischen Revolution 1848/1849 durch die vereinigten Kräfte der österreichischen und russischen Armeen – an Schärfe zunehmen. Die Rumänen erhielten eine gewisse Rückendeckung durch die Vereinigung der Fürstentümer Moldau und Walachei 1859 zum Staat Rumänien, der sich künftig auch ihrer Interessen annehmen sollte. Der letzte Landtag Siebenbürgens 1863–1864, der von den Ungarn weitgehend boykottiert wurde, strebte mehr Autonomie für das Fürstentum an, erkannte die Rumänen als gleichberechtigte Nation und drei offizielle Landessprachen an: Ungarisch, Rumänisch und Deutsch. An eine Verwirklichung dieser an sich notwendigen Neuerungen war kaum zu denken, da der Österreichisch-Ungarische Ausgleich 1867 eine völlig neue Situation schuf: Ungarn erhielt weitgehende Selbständigkeit, vollzog die Union mit Siebenbürgen und führte Verwaltungsreformen durch. Die alte Verfassung Siebenbürgens hörte damit gänzlich zu bestehen auf, die Sachsen verloren ihre Selbstverwaltung, die Rumänen blieben extrem benachteiligt, die Ungarn wurden absolut dominierend. Ein vom Grundsatz her liberales Minderheitengesetz von 1868 wurde in der Praxis nur halbherzig angewandt und erfuhr nach und nach Einschränkungen, so daß der Magyarisierungspolitik der ungarischen Regierungen wenig Hindernisse im Weg standen. Das Übergewicht der Ungarn im Reichstag war durch ein ausgeklügeltes Wahlsystem gewährleistet, das sich an Steuerleistung und Bildung orientierte. So konnte es etwa auch kommen, daß die kleine Gruppe der Sachsen weit mehr Abgeordnete stellte als die inzwischen die Hälfte der Bevölkerung Siebenbürgens ausmachenden Rumänen. Die Sachsen verstanden es auch, ihr Los während der Zeit des Dualismus dadurch zu erleichtern, daß sie mit ungarischen Regierungsparteien paktierten und sich absprachegemäß nicht für die anderen Deutschen in Ungarn oder etwa für die Rumänen einsetzten.

Seit den 1880er Jahren entwickelten die Rumänen Siebenbürgens eine rege Parteientätigkeit. Ihre Programme sahen unter anderem Autonomie für Siebenbürgen und rechtliche Gleichstellung vor. Führende Vertreter arbeiteten an Föderationsplänen für die Donaumonarchie mit. Der Gedanke einer Vereinigung Siebenbürgens mit dem Königreich Rumänien kam eigentlich erst unmittelbar vor seiner Verwirklichung in die Diskussion. Für den in der modernen rumänischen Historiographie vielfach beschworenen jahrhundertealten Traum von der nationalstaatlichen Einheit der Rumänen gibt es in der Geschichte jedenfalls keine Grundlage. Gegen Ende des Ersten Weltkriegs wurde der Ruf nach Vereinigung Siebenbürgens mit Rumänien unter rumänischen Politikern laut, und während des Zusammenbruchs der Donaumonarchie erklärte eine rumänische Nationalversammlung am 1. Dezember 1918 in Karlsburg den Anschluß der von Rumänen bewohnten Landesteile Ungarns (Siebenbürgen, Banat, Marmarosch, Sathmar, Kreischgebiet) an das Königreich Rumänien.

Siebenbürgen bei Rumänien

Dieser Anschluß – 1920 im Vertrag von Trianon sanktioniert – wurde von den Sachsen auf Drängen der Rumänen unterstützt, von den Ungarn (und den Szeklern, die im Folgenden als Teil der ungarischen Minderheit angesehen werden) jedoch innerlich abgelehnt. Ein großer Teil des ungarischen Adels Siebenbürgens entschied sich für den Verbleib in Restungarn, bestand aber auf der Entschädigung für seine durch die Agrarreform Anfang der zwanziger Jahre enteigneten Güter. Dieser »Optantenstreit« sollte – genauso wie revisionistische Tendenzen der ungarischen Politik – die rumänisch-ungarischen Beziehungen der Zwischenkriegszeit nachhaltig belasten. Negativ wirkte sich auch die rumänische Besetzung Ungarns nach der Niederwerfung des kommunistischen Regimes Béla Kuns 1919 auf das beiderseitige Verhältnis aus.

Der neue großrumänische Staat war zentralistisch aufgebaut und ließ keine Sonderstellung einzelner Provinzen zu. Dabei hatten sich sowohl Territorium als auch Bevölkerung Rumäniens durch die Gebietsgewinne von 1918 bis 1920 mehr als verdoppelt: neben den bereits erwähnten vormals ungarischen Landesteilen fielen die Bukowina und Bessarabien ebenfalls Rumänien zu, dessen Gesamtbevölkerung nun zu rund 30 Prozent aus nationalen Minderheiten bestand. Die größte Gruppe bildeten die Ungarn einschließlich der Szekler mit 1,7 Millionen (hauptsächlich in Siebenbürgen), gefolgt von den Deutschen, die im gesamten Staatsgebiet knapp 800 000, in Siebenbürgen selbst etwa 230 000 ausmachten.

Die vormals habsburgischen Landesteile waren wirtschaftlich und gesellschaftlich weitaus höher entwickelt als das nun dominante Altrumänien. Die offizielle Bukarester Politik orientierte sich jedoch nicht an deren Niveau, vielmehr erfolgte eine Nivellierung nach unten. Diese Politik zielte – offen oder verdeckt – auf eine allgemeine Vereinheitlichung des Staates ab, für regionale Belange oder für

Anliegen einzelner Minderheiten brachten die Altreichpolitiker kein Verständnis auf. So wurden etwa die Bestimmungen des 1919 von Rumänien mit den Alliierten abgeschlossenen Minderheitenschutzvertrages kaum je ernst genommen und fanden auch keine Aufnahme in die Verfassung von 1923. Sowohl in Rumänien, einer konstitutionellen Monarchie mit einem eher an einen demokratischen Versuch erinnernden Zwei-Kammern-Parlament, wie auch in Ungarn begann die »Siebenbürgische Frage« zu einem Dauerthema der Politik, der Publizistik und der Wissenschaft zu werden. Auf beiden Seiten waren Behörden, Redaktionen und Institute damit beschäftigt, die Politik ihrer jeweiligen Regierung nach außen hin – teilweise unter wissenschaftlichem Deckmantel – propagandistisch zu begründen. Die rumänische Regierung bemühte sich um die nachdrückliche Rechtfertigung des immensen Gebietszuwachses: Der Anspruch auf die neugewonnenen Gebiete sei nicht nur aufgrund der bevölkerungsmäßigen Verhältnisse, sondern auch historisch legitimiert. Darüber hinaus wurde eine stets entgegenkommende und korrekte Minderheitenpolitik vorgegeben. Die ungarische Seite sprach während der Zwischenkriegszeit ganz offen von Revision des als Unrecht empfundenen Vertrags von Trianon und bezeichnete die rumänische Minderheitenpolitik als ausgesprochen ungarnfeindlich. Die Abtretung Siebenbürgens als eines der ungarischen Kernländer traf die Ungarn von allen Territorialverlusten am schmerzlichsten.

In diesem ungarisch-rumänischen Gegensatz standen die Sachsen – die politisch führende Gruppe unter den Deutschen in Rumänien – meist abseits; sie fanden Wege, sich mit dem neuen Staat zu arrangieren, etwa durch Wahlbündnisse mit rumänischen Parteien, um die Existenz ihrer kleinen Gruppe zu sichern. Unzufriedenheit machte sich jedoch auch unter ihnen breit: Die weitgehende Enteignung ihres Gemeinschafts- und Kirchenbesitzes, die Benachteiligung in wirtschaftlichen und lokalpolitischen Fragen sowie innere Differenzen aufgrund sozialen Wandels ließen die Anhängerschaft jener Strömungen zunehmen, die eine Erneuerung der Gemeinschaft anstrebten und sich dabei der deutschen nationalsozialistischen Ideologie anschlossen. Die insbesondere seit den 1870er Jahren zu beobachtende Anlehnung der Sachsen an Deutschland erfuhr durch diese Entwicklung eine weitere Verstärkung; die Anbindung an Deutschland sollte ihren Höhepunkt während der Jahre 1940 bis 1944 in der vollkommenen Gleichschaltung der »Deutschen Volksgruppe in Rumänien« mit dem Nationalsozialismus und der Unterstellung unter das Dritte Reich finden.

Die Ungarn Rumäniens nahmen seit 1921 aktiv am politischen Leben des Landes teil. Dies war nicht zuletzt wegen der Verteidigung der eigenen Interessen gegenüber den rumänischen Regierungen eine Notwendigkeit, da diese etwa das ungarische Schulwesen oder die Rechte der Kirchen zunehmend beschnitten. Ein einziges Mal, 1927, kam es zu einem politischen Bündnis zwischen Deutschen und Ungarn in Rumänien, zum Minderheitenblock, da die Deutschen ansonsten wegen der tendenziell antiungarischen, nicht jedoch antideutschen Bukarester Politik vor zu engen Kontakten mit der ungarischen Minderheit, deren Forderungen auch oft zu radikal schienen, zurückschreckten. Lediglich im kulturell-intellektuellen Bereich fand ein begrenzter deutsch-ungarischer Austausch statt.

Die gegen ungarische Revisionsansprüche gerichtete rumänische Politik fand ihren Ausdruck unter anderem in der aktiven Teilnahme Rumäniens in der Kleinen Entente (gemeinsam mit der Tschechoslowakei und Jugoslawien). Die gegen die Ungarn im Lande gerichtete Stimmung nahm mit dem Aufkommen der nationalistisch-faschistischen Bewegungen wie etwa der »Eisernen Garde« bedeutend zu. Obwohl sich die Mehrheit der Siebenbürger Ungarn allmählich mit der Zugehörigkeit zu Rumänien abgefunden hatte und eine konstruktive Haltung dem Staat gegenüber einnahm, war es keine Frage, daß sie die 1940 von den Achsenmächten Deutschland und Italien im zweiten

Wiener Schiedsspruch erzwungene Abtretung Nordsiebenbürgens und des Szeklerlandes an Ungarn begrüßten. Die geschlossenen ungarischen Siedlungsgebiete, zwischen denen jedoch auch zahlreiche Rumänen und die Nordsiebenbürger Sachsen lebten, blieben bis nach Kriegsende Teil Ungarns. Dieser Umstand nährte die ungarisch-rumänische Antagonie, da sich die den Ungarn Revanchismus vorwerfenden Rumänen in ihrer ablehnend-skeptischen Haltung bestätigt sahen.

Im kommunistischen Rumänien

Sowohl Rumänien als auch Ungarn waren Verbündete Deutschlands im Krieg gegen die Sowjetunion, beide Staaten wurden von rechtsgerichteten autoritären Regimen geleitet. Rumänien vollzog den Seitenwechsel zuerst: Am 23. August 1944 ließ König Michael den Staatsführer Antonescu verhaften, löste das Bündnis mit Deutschland und suchte ein Arrangement mit den Sowjets, deren Truppen schon rumänisches Territorium erreicht hatten. Bis Ende Oktober 1944 besetzten sie nahezu das ganze Land einschließlich Siebenbürgens. Damit begann ein neuer Abschnitt in der Geschichte des Landes: Die vormals unbedeutenden Kommunisten konnten die bürgerlichen Parteien mit Unterstützung der Sowjets allmählich zurückdrängen und durch Massenverhaftungen unliebsame Persönlichkeiten ausschalten.

Aus diesem politischen Wandel ergaben sich zunächst unterschiedliche Konsequenzen für die einzelnen Nationalitäten. So strebte der kommunistische Premier Petru Groza ein gutes Auskommen mit der ungarischen Minderheit an, die während der vierziger Jahre – relativ gesehen – einige Verbesserungen ihrer Lage erfuhr. Gefördert wurde diese Entwicklung zunächst auch durch die Mitgliedschaft mehrerer Ungarn in der kommunistischen Führung. Eine ganz andere Situation ergab sich für die Deutschen. Als

»Hitleristen« diffamiert, deren waffenfähige Männer nach wie vor in der deutschen Waffen-SS kämpften, in die sie Anfang der vierziger Jahre eingereiht worden waren, wurden sie kollektiv als schuldig betrachtet, aus bisher nicht geklärten Gründen jedoch nicht vertrieben. Lediglich die Nordsiebenbürger Sachsen flüchteten noch im September 1944 vor den herannahenden sowjetischen Truppen nach Westen. Die verbliebenen Deutschen vor allem in Südsiebenbürgen und im Banat wurden durch die Deportation ihrer arbeitsfähigen Bevölkerung zur Zwangsarbeit in die Sowjetunion sowie die weitgehende Enteignung ihres Besitzes stark geschwächt. Ihr gesellschaftliches, wirtschaftliches und kulturelles Leben kam praktisch zum Erliegen, rechtlich wurden sie für mehrere Jahre zu Bürgern zweiter Klasse.

1947 kam es zur offiziellen Rückgliederung Nordsiebenbürgens an Rumänien. Im gleichen Jahr erfolgte die erzwungene Abdankung des Königs; Rumänien wurde zur Volksrepublik. Das darauffolgende Jahr brachte nicht nur einen rumänisch-ungarischen Freundschaftsvertrag im Sinne kommunistischer Verbrüderungsideologie, der bestehende Animositäten verdecken und vielleicht auch abbauen sollte, sondern 1948 begann auch eine Intensivierung der Verfolgung von Religion und Kirche. Neben der Unierten Kirche, die aufgelöst beziehungsweise mit der orthodoxen Kirche zwangsvereinigt wurde, richteten sich diese Maßnahmen primär gegen die Kirchen der nationalen Minderheiten, also gegen die Katholiken und Protestanten. Die orthodoxe Kirche begann hingegen auch unter dem kommunistischen Regime allmählich die Rolle einer Staatskirche einzunehmen: Sie wurde als die Kirche der Staatsnation nicht nur geduldet, sondern sie ließ sich auch für nationalistische Propaganda mißbrauchen und kooperierte mit der Nomenklatura.

Auf sowjetischen Druck hin erfolgte 1952 die Einrichtung einer autonomen ungarischen Region, hauptsächlich das Szeklerland im mittleren und östlichen Teil Siebenbürgens mit der Hauptstadt Neumarkt am Mieresch (Tîrgu Mureș; Marosvásárhely) umfassend. Zwar war dieses Gebiet nur mit wenigen autonomen Rechten ausgestattet, doch bot es zumindest einen bescheidenen Rahmen für ein eigenständiges kulturelles Leben der Siebenbürger Ungarn. Dieser Rahmen wurde ab 1956, als es während der Revolution in Ungarn auch in Rumänien gerade unter den Ungarn zu zahlreichen Sympathiekundgebungen kam, zunehmend eingeengt. Nach dem Tode Grozas 1958, der sich noch für ein freundschaftliches Verhältnis zwischen Rumänen und Ungarn eingesetzt hatte, war eine deutliche Zunahme nationalistischer Tendenzen zu beobachten.

Dieser nationalrumänische Kurs, von Parteichef Gheorghe Gheorghiu Dej eingeschlagen und ab 1965 von dessen Nachfolger Nicolae Ceaușescu fortgeführt, äußerte sich insbesondere in gegen die Minderheiten gerichteten Restriktionen im Bildungswesen, in der Ansiedlung von Rumänen aus den Altreich-Provinzen in den Minderheitengebieten, dem Aufkommen und der Förderung nationalistischer Ideologien. Anders als in den übrigen Ländern des Ostblocks erfolgte in Rumänien keine Abkehr vom Stalinismus, vielmehr wurden alte Strukturen und Ideologien beibehalten und durch die chauvinistische Komponente ergänzt. Der Assimilationsdruck nahm während der sechziger Jahre weiter zu. Versuche freier Meinungsäußerung wurden weitaus brutaler unterdrückt als in den meisten Nachbarländern, dies nicht zuletzt dank eines die gesamte Gesellschaft tentakelartig umfassenden geheimdienstlichen Spitzelapparates, in dem die nationalen Minderheiten überproportional stark vertreten waren.

Unter Ceaușescu, der die Volksrepublik schon 1965 zur Sozialistischen Republik machte, begann sehr bald ein für den Westen inszeniertes Täuschungsmanöver. Die Eliminierung der Autonomen Ungarischen Region durch eine Verwaltungsreform 1968 wurde schon bald nach Ceaușescus Kritik an der Niederschlagung des »Prager Frühlings« und der Nichtbeteiligung Rumäniens am Einmarsch in der

Tschechoslowakei vergessen. Eine scheinbar den Moskauer Direktiven zuwiderlaufende Außenpolitik, eine gewisse wirtschaftliche Öffnung und ein zeitweiliges Entgegenkommen gegenüber den Minderheiten (etwa im Bereich der Kultur oder durch die Einrichtung der »Räte der Werktätigen« der verschiedenen ethnischen Gruppen als deren Alibi-Wortführer) Ende der sechziger und Anfang der siebziger Jahre brachten Rumänien das Ansehen eines nach mehr Unabhängigkeit von der Sowjetunion strebenden Landes ein, das der Westen auf seinem Sonderweg zu unterstützen suchte. Der Westen blieb jedoch blind für die Vorgänge im Innern Rumäniens während der folgenden zwei Jahrzehnte. Die Erneuerung des rumänisch-ungarischen Freundschaftsvertrags 1972 und die staatlich verordnete Verbrüderung der Nationalitäten mit dem Staatsvolk konnten diese Tendenz nur verstärken.

Währenddessen griffen die rumänischen Kommunisten alte Ideologien auf, die sie zu ergänzen und neu zu beleben suchten. Das Grunddogma bildete dabei – bildet bis heute – die eingangs erwähnte und seit der Zwischenkriegszeit zunehmend stärker propagierte »Kontinuitätstheorie«: der Glauben an eine direkte Abstammung der Rumänen von den romanisierten Dakern des Altertums, die fast das gesamte Gebiet des heutigen Rumänien bewohnt haben sollen – auch Siebenbürgen also, das als uralter rumänischer Volksboden bezeichnet wird. Genau genommen geht es dabei um die Frage: Wer war zuerst in Siebenbürgen, wer hat ein Recht auf dieses Land und wer war demnach wessen Unterdrücker? In diesem Zusammenhang wird von zweitausend Jahren Staatlichkeit auf dem Boden Rumäniens und stets von den »drei rumänischen Ländern« gesprochen, Siebenbürgens über acht Jahrhunderte während Zugehörigkeit zu Ungarn möglichst übergangen. Die Kontinuitätspolemik dient der Stärkung des rumänischen Selbstwertgefühls und richtet sich dabei in erster Linie gegen die angeblich entstellende und revisionistische ungarische Historiographie. Diese betrachtet Siebenbürgen in der historischen Darstellung nicht nur als ungarisches Land, sondern liefert auch Argumente gegen die Kontinuität: Wie sollte es möglich sein, daß sich ausgerechnet die Dako-Romanen nach all den Völkerstürmen, die über Siebenbürgen zogen, unvermischt erhalten hätten? Weshalb gibt es keine kontinuierlich bis heute erhaltenen Toponyme, die auf Daker oder Römer zurückgehen? Weswegen keine dakischen Überreste in der rumänischen Sprache? Warum sind die Rumänen orthodoxer Konfession, obwohl Siebenbürgen gänzlich im Einflußbereich der römischen Kirche lag? Und so weiter. Die Vorfahren der Rumänen schließlich werden von Kontinuitätsgegnern in einem allmählich in den heutigen Siedlungsraum eingesickerten balkanromanischen Volkselement gesehen, das ab dem Hochmittelalter auch in Siebenbürgen eindrang.

Wir wollen hier keine Entscheidung für oder wider die Kontinuität fällen. Auch Rumänen oder Ungarn entscheiden in dieser Frage schwerlich objektiv. Für und wider die Kontinuitätstheorie ist beiderseits der Karpaten eine Glaubensfrage, an der sich die Geister scheiden: Es wird sich wissenschaftlich kaum jemals eindeutig feststellen lassen, wer nun wirklich zuerst in Siebenbürgen war – und eigentlich sollte diese Frage heute keine große Rolle mehr spielen, denn die demographischen Verhältnisse sprechen für sich und sollten zur Herrschaftslegitimation ausreichen.

Gerade da liegt jedoch das Problem: insbesondere die planmäßig in Siebenbürgen angesiedelten Rumänen aus dem Altreich sind von ihrem Vorrecht auf das Land überzeugt, bringen dem überkommenen Vielvölkercharakter dieser Landschaft kein Verständnis entgegen – und übertragen diese Haltung auf die einheimischen Volksgenossen. Die Ungarn wiederum können die zahlreichen Zuzügler und die oft großen kulturellen Unterschiede schwer akzeptieren, so daß das zwischennationale Verhältnis von zwei Seiten her belastet, die Stimmung angeheizt wird.

Während der Ceaușescu-Zeit hat sich in Siebenbürgen ein weiterer folgenschwerer Wandel vollzogen: Mehrere Ethnien verschwanden nahezu völlig von der Bildfläche, die Farbigkeit dieses Landstriches nahm konstant ab. Die Siebenbürger Sachsen suchten sich – in der Konsequenz ihrer Anlehnung an das Mutterland – dem Identitätsverlust und dem Assimilationsdruck durch Auswanderung in die Bundesrepublik Deutschland ab Anfang der siebziger Jahre zu entziehen. 1978 wurde die Auswanderungsquote aufgrund eines zwischenstaatlichen Abkommens kontingentiert, die Bundesrepublik zahlte für jeden deutschen Aussiedler eine Art Lösegeld. Als Folge dieser Tendenz lebte beim Sturz Ceaușescus bereits ein Großteil der Sachsen in Deutschland. Ebenfalls verschwunden sind die Juden, die fast restlos von Israel freigekauft wurden und auswanderten. Kleinere Volksgruppen wie die Armenier emigrierten oder wurden assimiliert. Geblieben sind die Zigeuner, die sich ausgesprochener Förderung durch das Ceaușescu-Regime erfreuten. Meist dem rumänischen Volkstum nahestehend, etwa in der orthodoxen Konfession, bedeutete die Förderung der Roma auf lange Sicht eine Stärkung des Rumänentums, dem anzugehören sie bei Volkszählungen häufig angeben.

Die Nationalitätenfrage wandelte sich demnach in Siebenbürgen während der beiden letzten Jahrzehnte zu einem Konflikt zwischen zwei Völkern, zwischen Rumänien und Ungarn, während die Roma bisher ein unberechenbarer Faktor geblieben sind. Mit zunehmender Bedrängnis der Ungarn in Rumänien, die Opfer einer nationalchauvinistischen Bildungs- und Kulturpolitik wurden und gegen deren Siedlungsgebiete die Politik der Dörferzerstörung, »Systematisierung« genannt, gerichtet war, brach auch der sich langsam öffnende Staat Ungarn sein Schweigen und entdeckte seine Rolle als Schutzmacht der Auslandsungarn neu, nachdem Nationalitätenprobleme im Ostblock im Sinne sozialistischer Ideologie jahrzehntelang geleugnet worden waren. Nicht zuletzt wurden die ungarischen Politiker zu deutlicher Kritik am rumänischen Nachbarn durch die Mitte der achtziger Jahre einsetzende Massenflucht von Angehörigen der ungarischen Minderheit über die grüne Grenze nach Ungarn genötigt. Die Schließung des ungarischen Konsulats in Klausenburg noch kurz vor der Wende war ein weiteres Zeichen der sich rapide verschlechternden Beziehungen.

Erst zu diesem Zeitpunkt schien die Weltöffentlichkeit zu erwachen und ihre Aufmerksamkeit Ceauşescus überdimensionalem Gefängnis des Elends zuzuwenden. Dessen forcierte Industrialisierungspolitik, die Vernachlässigung der Landwirtschaft, Mißwirtschaft und eine irrationale Besessenheit, sämtliche Auslandsschulden zurückzuzahlen, brachte dem Land den wirtschaftlichen Ruin. Nach mehreren äußerst harten Wintern in Folge kam es – nach dem Fall der Regime in Ost-Berlin und in Prag – im Dezember 1989 schließlich zu einer Erhebung der Bevölkerung, ausgelöst durch das gegen die Repressalien des Staates protestierende Verhalten eines ungarischen reformierten Pfarrers in Temeswar (Timişoara; Temesvár). Am Ende dieser vom Banat auf Siebenbürgen und dann auf die Hauptstadt Bukarest übergreifenden sogenannten Revolution, während der es zu einer Verbrüderung von Rumänen und Ungarn kam, wurde das kommunistische Regime Ceauşescus gestürzt, eine neokommunistische Führungsriege konnte sich etablieren.

Siebenbürgen nach dem Sturz Ceauşescus

Die Entwicklung Rumäniens zu einem pluralistischen demokratischen Staat geht etwas zögernder voran als in anderen Ländern des vormaligen Ostblocks, die alten Strukturen und Mentalitäten lassen einen raschen Wandel nicht zu. Die sich inzwischen »sozialistisch« oder sozialdemokratisch ausrichtenden früheren Kommunisten, die sich bei den Wahlen vom Mai 1990 als stärkste Kraft mit absoluter Mehrheit und mit Ion Iliescu als Präsidenten durchsetzen konnten, zeigen eine augenfällige Neigung zur Zusammenarbeit mit neuerstehenden nationalistischen ultrarechten Strömungen. Während die Ungarn, deren Partei im Mai 1990 mit etwas über 6 Prozent zur zweitstärksten Parlamentsfraktion (und größten Oppositionspartei) wurde, ihr politisches und kulturelles Gemeinschaftsleben wieder aufzubauen beginnen, haben die Regierenden nichts unternommen, um die nationalen Spannungen abzubauen. Die schon während der Ceaușescu-Zeit vorhandenen, jedoch unterdrückten Animositäten brachen bald nach der Euphorie der Revolutionstage wieder durch und bestimmten das politische Leben in Siebenbürgen heute zu einem guten Teil. Im März 1990 entlud sich diese Spannung in Neumarkt am Miersch in blutigen Zusammenstößen zwischen Rumänen und Ungarn, wobei schwer zu entscheiden ist, welche Gruppe die Eskalation, die acht Tote und 64 Schwerverletzte forderte, provozierte. Im Sommer 1992 ließ eine Verfügung der rumänischen Regierung selbst die nationalen Wogen wieder hoch schlagen, als sie die ungarischen Präfekten zweier mehrheitlich von Ungarn bewohnter Kreise durch Rumänen ersetzte.

Die bedeutendste der rumänischen nationalistischen Bewegungen, die »Vatra Românească« (Rumänische Heimstatt), schürt den Haß gegen die Ungarn systematisch, ihr publizistisches Organ ›România Mare‹ (Großrumänien) tritt in einer an die »Blut-und-Boden«-Ideologie erinnernden Art und Weise für ein Ungarn-freies, rumänisches Siebenbürgen ein. Der Kandidat dieser Bewegung bei den Präsidentschaftswahlen im September 1992, zugleich Bürgermeister von Klausenburg, erhielt beachtenswerte 25 Prozent der in Siebenbürgen abgegebenen Stimmen. Zwar gibt es auch auf ungarischer Seite nationalistische Tendenzen, doch sind diese weitaus leiser und moderater als bei den Radikalen der Gegenseite. Vor allem werden weder unter den Ungarn in Rumänien, noch unter den Politikern in Ungarn ernsthafte Stimmen laut, die von einer Revision der Grenzen sprechen. Die Ungarn in Rumänien sind vielmehr um eine konstruktive Mitarbeit am politischen Leben des Staates bemüht und streben den Ausbau ihres Bildungswesens und ihrer Kultureinrichtungen mit großem Eifer an. In diesem letztgenannten Bestreben sehen radikale Rumänen den Ausdruck eines ungarischen Nationalismus, wohl auch aus dem Gefühl eigener Minderwertigkeit heraus. Das politische Forum der Ungarn ist der Demokratische Verband der Ungarn in Rumänien, der bei den Parlamentswahlen im September 1992 landesweit 7,4 Prozent der Stimmen erhielt.

Die anderen Minderheiten zerfallen in Splittergruppen. Von den Deutschen ist nach einem Auswanderungsboom unmittelbar nach der »Revolution« noch ein Restbestand von landesweit vielleicht 100 000 zurückgeblieben. Diesen kleinen Gruppen, die die Hürde von 3 Prozent der Stimmen bei Wahlen für den Einzug ins Parlament nicht erreichen würden, garantiert die neue Verfassung einen Vertreter in der Abgeordnetenkammer. Ungewiß bleibt die Rolle der Zigeuner, die den Ungarn an Zahl landesweit wahrscheinlich sogar überlegen sind, sich politisch jedoch nicht zusammenschließen. Der Erfolg ihrer Integration in die Gesellschaft oder ihre mögliche Instrumentalisierung durch nationalistische Agitatoren könnte künftig ein bestimmender Faktor werden.

Rumäniens Weg zu Demokratie, Marktwirtschaft und Prosperität, der Weg nach Europa ist weit und beschwerlich. Aus den Wahlen im Herbst 1992 ging der Kreis um Ion Iliescu mit knapp 30 Prozent erneut als stärkste Kraft hervor, Iliescu selbst wurde wieder zum Präsidenten gewählt; die Bildung einer arbeitsfähigen Regierungskoalition im Parlament erwies sich als ausgesprochen schwierig. 1993 sollte sich der Hang der Partei des Präsidenten zu ultranationalen Strömungen durch deren Einbeziehung bei Regierungsumbildungen bestätigen. Ob das jüngst eingerichtete staatliche Amt für Minderheitenangelegenheiten nur Augenwischerei ist, um die europäischen Gremien, in die Rumänien drängt, und die eigenen Nationalitäten zu beruhigen, oder ob es tatsächlich eine Rolle beim Abbau der Spannungen zwischen den verschiedenen Völkerschaften spielen wird, muß sich noch herausstellen.

Charakteristisch sind die Unterschiede der Wahlergebnisse vom September 1992 nach Provinzen: Während der Alt- und Neukommunist Iliescu in den Provinzen des Altreiches – mit der Ausnahme Bukarest – 60 Prozent und mehr der Stimmen erhielt, kam er in den vormals habsburgischen Landesteilen nirgends über 30 Prozent; sein bürgerlicher Gegenkandidat, der Europäer Constantinescu, erhielt hier hingegen nahezu 50 Prozent – auch dies ein Zeichen der politisch, kulturell und konfessionell quer durch Rumänien verlaufenden Grenze. Die Zukunft Rumäniens und der innere Frieden des Landes werden stark davon abhängen, welche der beiden Kulturen – die ostmitteleuropäische oder die eher orientalische – sich wird durchsetzen können. In Siebenbürgen stoßen die Gegensätze jedenfalls besonders deutlich aufeinander. Das auch heute noch sichtbare mitteleuropäische Erbe dieser Region gibt jedoch Anlaß zur Hoffnung.

Literaturhinweise

Cadzow, John F., Andrew Ludanyi u. Louis J. Elteto (Hg.): Transylvania. The Roots of Ethnic Conflict. Kent, Oh. 1983.
Daicoviciu, Constantin u. Miron Constantinescu (Hg.): Brève histoire de la Transylvanie. Bukarest 1965.
Gabanyi, Anneli Ute: Die unvollendete Revolution. Rumänien zwischen Diktatur und Demokratie. München, Zürich 1990.
Georgescu, Vlad: The Romanians. A History. Hg. Matei Calinescu, Columbus, Oh. 1991.
Heltmann, Heinz u. Gustav Servatius: Reiseführer Siebenbürgen. Thaur 1993.
Illyés, Elemér: Nationale Minderheiten in Rumänien. Siebenbürgen im Wandel. Wien 1981.
Köpeczi, Béla (Hg.): Kurze Geschichte Siebenbürgens. Budapest 1990.

Nelson, Daniel N. (Hg.): Romania after Tyranny. Boulder, San Francisco, Oxford 1992.
Pascu, Stefan: Ce este Transilvania? – Was ist Siebenbürgen? Siebenbürgen im Rahmen der rumänischen Kultur. Cluj-Napoca 1983.
Pascu, Stefan: A History of Transylvania. Detroit 1982.
Schenk, Annemie: Deutsche in Siebenbürgen. Ihre Geschichte und Kultur. München 1992.
Schönfeld, Roland: Zur Lage in Rumänien. In: Südosteuropa Mitteilungen 32 (1992), S. 203–218.
Sugar, Peter F. (Hg.): A History of Hungary. Bloomington, Ind. 1990.
Wagner, Ernst (Hg.): Quellen zur Geschichte der Siebenbürger Sachsen 1191–1976. 2. Aufl., Köln, Wien 1981.

Dobrudscha
von Andrea Schmidt-Rösler

Der Name (rum. Dobrogea; bulg. Dobrudža) ist vermutlich auf das kumanische Herrschergeschlecht der Dobrotici (14. Jahrhundert) zurückzuführen. Die Dobrudscha umfaßt das Gebiet zwischen dem Schwarzen Meer bei Balcic, dem Donaudelta und dem Unterlauf der Donau bis westlich der Stadt Tutrakan. Nach Süden, in Richtung Bulgarien, besteht keine natürliche Grenze. Die Hauptorte sind der Schwarzmeerhafen Konstanza (rum. Constanţa) und auf bulgarischer Seite Varna. Die Dobrudscha gliedert sich seit 1878 in zwei Teile: die Norddobrudscha (rum. Dobrogea Veche) mit den Städten Tulcea und Konstanza und die Süddobrudscha (rum. Dobrogea Nouă oder Cadrilater = Viereck, abgeleitet von der französischen Bezeichnung Quadrilatère) mit den Zentren Silistra und Balcic. Charakteristisch für das Gebiet (bis 1940) ist ein Bevölkerungsgemisch aus Bulgaren, Tataren, Rumänen, Russen, Ukrainern, Griechen, Armeniern, Juden und Deutschen. Die Norddobrudscha ist rumänisch, das Cadrilater bulgarisch und muslimisch geprägt.

Zuerst war die Dobrudscha Teil der römischen Provinz Moesia (Mösien) und gehörte dann nach der Entstehung des Ersten Großbulgarischen Reiches (681 n.Chr.) mehr oder weniger fest zu Bulgarien. In der zweiten Hälfte des 14. Jahrhunderts erreichte sie unter dem kumanischen Herrscher Dobrotica eine gewisse Eigenständigkeit. Von 1400 bis 1878 gehörte die Dobrudscha zum Osmanischen Reich. Aus dieser Zeit stammt der hohe muslimische Bevölkerungsanteil, der durch die Zuwanderung von Krimtataren nach der Eroberung der Krim durch das Russische Reich 1783 verstärkt wurde. Parallel zum Zerfall des Osmanischen Reiches in der zweiten Hälfte des 19. Jahrhunderts wurde die Dobrudscha in den sich formierenden bulgarischen Staat einbezogen; ab 1870 unterstand sie dem neu errichteten bulgarischen Exarchat und ab 1876 übernahm Bulgarien nach einem Beschluß der internationalen Botschafterkonferenz die Zivilverwaltung.

Zum Spannungsgebiet entwickelte sich die Dobrudscha nach dem russisch-türkischen Krieg 1877 bis 1878, in dessen Folge das Osmanische Reich aus Europa verdrängt und auf dem Berliner Kongreß die Souveränität der Balkanstaaten anerkannt wurde[1]. Die nun auftretenden Konflikte zwischen Rumänien und Bulgarien um den Besitz der Dobrudscha sind als Folgen der unzureichend gelösten und ethnisch problematischen Aufteilung der osmanischen Erbmasse in Europa zu sehen. 1878, nach der Kriegsniederlage des Osmanischen Reiches, wurde das ursprünglich einheitliche Gebiet der Dobrudscha bis 1913 zwischen Rumänien und Bulgarien geteilt. Im Vorfrieden von San Stefano am 3. März 1878 trat das Osmanische Reich das Sandjak Tulcea (Norddobrudscha) zunächst an Rußland ab. Auf dem Berliner Kongreß setzte jedoch Rußland im Juli 1878 gegen den Willen Rumäniens den Tausch der Norddobrudscha gegen das von Rumänien besetzte und eher zu Rumänien passende Südbessarabien durch. Die Süddobrudscha mit der Stadt Dobrič (heute Tolbuhin) wurde dem nominell noch dem Osmanischen Reich unterstehenden, aber autonomen Fürstentum Bulgarien zugesprochen. Die Grenze verlief zwischen Silistra an der Donau und Ilanlâk an der Küste. Erste Spannungen zwischen Rumänien und Bulgarien entstanden, als beide Länder die ihnen zugefallenen Teile der Dobrudscha von den russischen Besatzungstruppen übernahmen. Der Grund war die von beiden Parteien beanspruchte, strategisch und wirtschaftlich wichtige Donaufestung Silistra, die schließlich – dank russischer Intervention – bis 1913 bei Bulgarien blieb.

---

[1] Zur Bedeutung des Berliner Kongresses für Südosteuropa: Der Berliner Kongreß von 1878. Die Politik der Großmächte und die Probleme der Modernisierung in Südosteuropa in der zweiten Hälfte des 19. Jahrhunderts. Hg. Ralph Melville u. Hans-Jürgen Schröder, Wiesbaden 1982.

Der rumänische Widerstand gegen die Übernahme der Norddobrudscha[2] anstelle von Südbessarabien war ethnisch und wirtschaftlich begründet. Wirtschaftlich war die Dobrudscha ein unterentwickeltes Gebiet, das zudem durch die Donau von Rumänien getrennt war und dessen einziger Vorteil die Schwarzmeerküste war. Ethnisch kann von einer absoluten Bevölkerungsmehrheit der Bulgaren und Muslime gegenüber der rumänischen Bevölkerung ausgegangen werden[3]. Ab 1880 begann Rumänien mit dem Ausbau der Infrastruktur und der Kolonisationstätigkeit. Politisch wurde die Norddobrudscha durch die ›Legea pentru organizarea Dobrogei‹ vom 9. März 1880[4] und die ›Legea pentru imobiliarea în Dobrogea‹ (1882) neu organisiert. Die Dobrudscha wurde unter die Verwaltungsherrschaft von Präfekten gestellt; politische Rechte gab es nicht, so daß von einer Art Ausnahmezustand gesprochen werden kann. Durch die Aufhebung der Kirchen- und Schulautonomien aus der Zeit des Osmanischen Reiches, durch die Einführung des Rumänischen als Staatssprache, die Romanisierung des gesamten öffentlichen Lebens und durch Enteignungen (75 Prozent des Landes wurden vom rumänischen Staat ohne oder mit nur geringen Entschädigungen übernommen) wurde Druck auf die bulgarische und muslimische Bevölkerung ausgeübt. Dies hatte zur Folge, daß erhebliche Bevölkerungsteile das Land verließen. Gleichzeitig begann eine syste-

---

[2] Die Proteste führender rumänischer Politiker und der rumänischen Presse sind abgedruckt in: Georges Desbons, La Bulgarie après le Traité de Neuilly. Paris 1930, S. 77–85.

[3] Genaue Zahlen für diese Zeit fehlen, und bulgarische und rumänische Angaben weichen stark voneinander ab. Am objektivsten scheinen folgende Angaben für 1879: Judeţul Tulcea 32 Prozent Rumänen, 29 Prozent Bulgaren; Judeţul Constanţa 56 Prozent Muslime, 15 Prozent Bulgaren, 12 Prozent Rumänen. Vgl. Emmanuel de Martonne, La Dobroudja. In: Comité des Etudes, Questions Européennes. Bd. 2, Paris 1919, S. 644–661, hier S. 649.

[4] Alle angegebenen rumänischen Gesetze finden sich im entsprechenden Jahrgang des Codul General al României. Hg. C. Hamangiu.

matische Kolonisation durch Rumänen aus dem Altreich und aus Siebenbürgen. Der Bevölkerungsproporz verschob sich bis 1909 auf 54,7 Prozent Rumänen zu 14,3 Prozent Bulgaren, 10,8 Prozent Muslime und 10 Prozent Russen und Ukrainer. Auf Grund dieser für Rumänien positiven Entwicklung wurde 1909 mit dem ›Gesetz über die Oktroyierung von politischen Rechten an die Dobrudscha‹ der Ausnahmezustand gelockert.

Rumänien meldete seine Ansprüche auf Teile der Süddobrudscha zum ersten Mal offen im Laufe des Ersten Balkankrieges 1912 bis 1913 an[5]. Der Grund lag darin, daß Rumänien Kompensationen für den bulgarischen Gebietszuwachs haben wollte. Trotz seiner Neutralität im Krieg konnte Rumänien am 8. Mai 1913 durch einen Schiedsspruch der Großmächte das seit 1878 umstrittene Silistra gewinnen. Im Zweiten Balkankrieg stand Rumänien ab dem 10. Juli 1913 auf der Seite Griechenlands, Serbiens und Montenegros gegen Bulgarien. Durch den raschen militärischen Vorstoß Rumäniens bis kurz vor Sofia konnte Bulgarien zu einem Friedensschluß gezwungen werden. Die Verhandlungen in Bukarest unter dem Vorsitz des rumänischen Ministerpräsidenten Maiorescu endeten am 10. August 1913 mit dem Frieden von Bukarest[6], durch den Bulgarien das Cadrilater an Rumänien abtreten mußte (Art.2). Eine ethnische Rechtfertigung der Annexion gab es nicht, da die Rumänen nur 2 Prozent der Bevölkerung stellten. Die erzwungene Abtrennung des Gebietes von Bulgarien (bis zur Linie Tutrakan – Ekrene) mit einer Bevölkerung von 42 Prozent Bulgaren (neben 47 Prozent

---

[5] Zur rumänischen Haltung gegenüber Bulgarien und zu den rumänischen Ansprüchen auf die Süddobrudscha 1883 bis 1913: Ernst Ebel, Rumänien und die Mittelmächte von der russisch-türkischen Krise 1877/78 bis zum Bukarester Frieden vom 10. August 1913. Berlin 1939 (ern. als Historische Studien, Heft 351, 1965).

[6] Die erwähnten internationalen Verträge (bis 1944) finden sich im jeweiligen Jahrgang von Martens, Nouveau Recueil Général des Traités, serie 3. Leipzig.

Muslimen) war die Quelle für weitere rumänisch-bulgarische Spannungen und für die Entstehung eines bulgarischen Irredentismus. Dazu kam, daß das rumänische Anschlußgesetz vom 1. April 1914 die bereits seit 1878 in der Norddobrudscha verfolgte Romanisierungs- und Unterdrückungspolitik in verschärftem Maße auf die Süddobrudscha ausdehnte.

Der rumänisch-bulgarische Konflikt um die Süddobrudscha trat im Ersten Weltkrieg offen zu Tage. Bulgarien ließ sich bei seinem Kriegseintritt auf seiten der Mittelmächte am 12. Oktober 1915 in einer Geheimkonvention mit dem Deutschen Reich die Süddobrudscha zusichern[7]. Rumänien hingegen erhielt von den Ententemächten für die Aufgabe seiner Neutralität im Geheimvertrag vom 27. August 1916 die Garantie des territorialen Bestandes, worunter auch die Zugehörigkeit des Cadrilater zu Rumänien fiel. Am 27. August 1916 trat Rumänien auf seiten der Alliierten in den Krieg ein[8]. Bereits im September 1916 besetzten deutsche, bulgarische und türkische Truppen der Mittelmächte unter dem Oberbefehl von General Mackensen die Dobrudscha und bis zum Dezember 1916 ganz Rumänien mit Ausnahme der nördlichen Moldau. Die Dobrudscha wurde unter Militärverwaltung gestellt. Im Frieden von Bukarest vom 7. Mai 1918 zwischen Rumänien und den Mittelmächten[9] kam das Cadrilater an Bulgarien zurück (Art.10). Bereits 1916 hatte Bulgarien Ansprüche auf die gesamte Dobrudscha angemeldet; dieser Forderung kamen die mit ihm verbündeten Mittelmächte jedoch nicht nach. Um sich wirtschaftliche Vorteile zu sichern und einen bulgarisch-türkischen Konflikt zu vermeiden, wurde die Norddobrudscha in ein Vier-Mächte-Kondominium

[7] Wolfgang Uwe Friedrich, Bulgarien und die Mittelmächte 1913–1915. Stuttgart 1985.
[8] Zu Rumänien im Ersten Weltkrieg vgl. u. a. Pamfil Şeicaru, La Roumanie dans la Grande Guerre. Paris 1963 und Victor Atanasiu, România în primul război mondial. Bukarest 1973.
[9] Elke Bornemann, Der Frieden von Bukarest. Frankfurt a. M. 1978.

Bulgariens, Deutschlands, Österreich-Ungarns und der Türkei umgewandelt. Eine Übergabe an Bulgarien wurde für den Fall ins Auge gefaßt, daß Bulgarien sich zu Gebietsabtretungen an die Türkei im Maritza-Gebiet (Thrakien) und zur Zusicherung wirtschaftlicher Privilegien für die Mittelmächte bereit erklärte. Der rumänische König Ferdinand verweigerte die Unterzeichnung des Friedensvertrages, so daß die rechtliche Gültigkeit umstritten ist.

Der Offensive der Alliierten im September 1918 von Saloniki aus hielt Bulgarien nicht stand; am 29. September 1918 schloß es einen Waffenstillstand mit den Alliierten, der die Bestimmung enthielt, daß bulgarische Truppen in der Dobrudscha bleiben durften. Um Bulgarien von diesem Kriegsaustritt, der die Position der Mittelmächte am Balkan entscheidend schwächte, abzuhalten, hatten die Mittelmächte am 25. September 1918 in Berlin ein Protokoll unterzeichnet, das Bulgarien die gesamte Dobrudscha zusprach. Wegen der militärischen Lage erhielt dies jedoch keine Bedeutung und wurde mit dem Ausscheiden Bulgariens aus dem Krieg hinfällig.

Den Einschnitt in der Dobrudscha-Frage brachte der Waffenstillstand der Alliierten mit Deutschland am 11. November 1918, der in Artikel XV den umstrittenen Frieden von Bukarest (7. Mai 1918) annullierte. Rechtlich gesehen stand nun Rumänien – entsprechend dem territorialen Status quo von 1914 – die gesamte Dobrudscha zu. Bulgarien mußte sein Militär und seine Verwaltung aus der Dobrudscha zurückziehen, und englische, italienische und französische Einheiten übernahmen im Auftrag der »Armées Aliiées en Orient« die Nord- und Süddobrudscha, um die Dobrudscha-Frage bis zur Entscheidung der Pariser Friedenskonferenz offen zu halten. Bereits im Dezember 1918 durfte Rumänien jedoch unter alliierter Oberhoheit eine eigene Verwaltung in der Dobrudscha aufbauen. Im Mai 1919 wurde die Norddobrudscha Rumänien übergeben; das Cadrilater blieb weiter unter alliierter Besatzung.

Obwohl auch die Süddobrudscha bereits vor dem Weltkrieg zu Rumänien gehört hatte, erwogen die Siegermächte auf der Pariser Konferenz 1919 eine Rückgabe des Cadrilater an Bulgarien[10]. Den rechtlichen, historischen, strategischen und wirtschaftlichen Argumenten Rumäniens[11] hielten vor allem die USA das ethnische Prinzip entgegen (1910 stellten die Rumänen nur 2,2 Prozent der Bevölkerung) und plädierten für die Wiederherstellung der leicht zugunsten Rumäniens modifizierten Grenze von 1878. Da die Süddobrudscha jedoch zum territorialen Vorkriegsbestand Rumäniens gehörte und einem Verbündeten nicht zuzumuten sei, ein Gebiet an einen Kriegsverlierer abzutreten, beschloß der Oberste Rat im September 1919 den Verbleib der Dobrudscha bei Rumänien. Durch den Friedensvertrag von Neuilly mit Bulgarien (27. November 1919) wurde der territoriale Status quo vom 1. August 1914 wiederhergestellt (Art. 27,5) und Rumänien übernahm am 8. Dezember 1919 die gesamte Dobrudscha.

Nach dieser Entscheidung der Großmächte prägten rumänisch-bulgarische Spannungen um die Dobrudscha die Zwischenkriegszeit (1919–1940)[12]. Unruhe stifteten vor allem die verschiedenen Dobrudscha-Vereine, die im Dachverband »Dobrudžanska organizacija« zusammengefaßt waren und ihre Zentren in Varna und Rusčuk hat-

[10] Vgl. die Verhandlungsprotokolle in: Conférence de la Paix. Recueil des Actes de la Conférence. Partie IV, C 4: Commission des Affaires Roumaines et Yougo-Slaves. Paris 1919 und Partie IV C 8: Questions territoriales. Paris 1927.
[11] Rumänien und Bulgarien gaben 1918/19 eine Reihe von Darstellungen zur Legitimation ihrer Ansprüche heraus. Stellvertretend seien genannt für Rumänien: Nicolae Petrescu-Comnen, La Dobroudja. Paris 1918 und für Bulgarien Atanas Iširkov, La Dobroudja et les révendications roumaines. Lausanne 1918.
[12] Eine Bilanz von rumänischer Seite: Cadrilaterul. Publicaţie festivă. După un pătrar de secol 1913–1938 de stapânire civilizatoare românească. Cernăuti 1939; aus bulgarischer Sicht: Antonina Kuzmanova, Ot N'oj do Kraiova. Văprosăt za Južna Dobrudža v meždunarodnite otnošenija 1919–1940. Sofia 1989.

ten. Sie verfolgten unter dem Deckmantel der humanitären Hilfe für die ca. 40 000 Dobrudscha-Flüchtlinge, die sich vor allem in Nordbulgarien aufhielten, eine irredentistische Politik. Neben diesen Exilorganisationen bestand seit 1919 – vergleichbar der IMRO – die »Innere Revolutionäre Dobrudscha-Organisation« (VDRO), die unter der Führung von Petăr Vičev mit terroristischen und propagandistischen Mitteln für die »Befreiung« der Süddobrudscha kämpfte. Die VDRO baute von Bulgarien aus ein konspiratives Netz im Cadrilater auf und auf ihre Organisation sind wohl die zahlreichen Bandeneinfälle zurückzuführen, die das Grenzgebiet unsicher machten und das rumänisch-bulgarische Verhältnis belasteten[13]. Bukarest beschuldigte die bulgarische Regierung, die Aktionen zu billigen; Sofia hingegen wies diesen Vorwurf zurück und gab der harten rumänischen Minderheitenpolitik und dem Flüchtlingselend die Schuld an den Unruhen. Die bulgarische Kritik an Rumänien richtete sich daher vor allem gegen die Minderheitenpolitik in der Dobrudscha[14]. Angegriffen wurde die Praxis der Enteignungen durch die Agrar- und Immobiliengesetze (1914, 1921, 1924, 1930), in deren Folge 70 Prozent des Landes enteignet und vom rumänischen Staat beinahe entschädigungslos übernommen wurden[15]. Die Umverteilung erfolgte hauptsächlich an

---

[13] Mit diesem Thema befaßte sich auch der Völkerbund. Vgl. dazu die Berichte in der Völkerbundszeitung ›Journal Officiel‹, 1921–1922.

[14] Ergebnis der Volkszählung von 1930: 815 475 Einwohner; 44,2 Prozent Rumänen, 22,7 Prozent Bulgaren, 21,7 Prozent Muslime, 3,4 Prozent Russen und Ukrainer, 1,54 Prozent Deutsche, 1,4 Prozent Zigeuner, 1,1 Prozent Griechen. Dabei ist eine starke Konzentration der Bulgaren und Türken im Cadrilater zu beobachten: Judeţul Caliacra: 42,4 Prozent Bulgaren, 25,7 Prozent Türken, 22,5 Prozent Rumänen. Judeţul Durostor: 43 Prozent Türken, 34,2 Prozent Bulgaren, 18,9 Prozent Rumänen. Nach: Recensamântul General al populaţiei României din 1930. Bukarest 1931.

[15] Dazu G. Lubenoff, Die Agrarreform in der Süd-Dobrudža. In: Zeitschrift für ausländisches öffentliches Recht und Völkerrecht 2 (1931), S. 521–560.

Rumänen und mazedorumänische Kolonisten[16], die – mit Duldung der Lokalverwaltung – die Bulgaren und Muslime terrorisierten[17]. Durch spezielle Staatsangehörigkeitsvorschriften für die Dobrudscha, die im Vergleich zu anderen Teilen Rumäniens ungleich strenger waren, wurden viele Minderheitenangehörige staatenlos. Sie verloren damit alle Eigentumsrechte und mußten mit ihrer Ausweisung rechnen. Auch auf politischem und kulturellem Sektor blieb eine Art Ausnahmezustand bestehen. Reguläre Wahlen fanden erst 1931 statt, die im Minderheitenschutzvertrag garantierten Rechte, vor allem diejenigen auf muttersprachliche Schulen, wurden unterlaufen und das öffentliche Leben streng romanisiert[18]. Gerade den des Irredentismus verdächtigten bulgarischen Bevölkerungsteil traf diese Politik schwer. Von den 1913 im Cadrilater bestehenden 600 bulgarischen Schulen waren 1930 nur noch vier private Lehranstalten übriggeblieben. Auch die bulgarische orthodoxe Kirche litt unter der Romanisierung; in fast allen Kirchen hielten nur noch Geistliche aus dem Regat Gottesdienste in rumänischer Sprache. Die meisten bulgarischen Zeitungen wurden verboten und politische Vereinigungen auf nationaler Basis nicht zugelassen. Niederschlag fand die rumänische Minderheitenpolitik in Petitionen der bulgarischen Minorität an den Völkerbund, der jedoch keine weitergehenden Untersuchungen einleitete[19]. Verhandlungen zwischen Bukarest und Sofia über die verschiedenen Streitpunkte blieben ebenfalls ohne Er-

[16] Vgl. Vasile Muşi, Un deceniu de colonizare în Dobrogea Nouă 1925–1935. Bukarest 1935.
[17] Vgl. als ein Beispiel die bulgarische Anklageschrift: La Tragédie de Staro-Selo. Hg. Associations bulgares pour la Paix et pour la S. d. N. Sofia 1926.
[18] Vgl. dazu: Union des Associations bulgares pour la Paix et pour la S. d. N., Mémoire sur la situation des minorités bulgares dans la Dobroudja du Sud. Sofia 1928 und weitere Darstellungen dieser Organisation.
[19] Vgl. Herbert von Truhardt, Völkerbund und Minderheitenpetitionen. Leipzig 1931 (mit zusammenfassender Darstellung der Petitionsgegenstände).

gebnis. Auch die Lage der Muslime[20] war schwierig, obwohl sie als loyale Minderheit relativ mild behandelt wurden. Die rumänische Enteignungspraxis und die staatlichen Eingriffe in das religiöse Leben[21] führten zum Wunsch nach Abwanderung in die kemalistische Türkei. Im Zeichen der Entspannung nach dem Abschluß des Balkanpaktes 1934 wurden ca. 100000 Muslime durch den rumänisch-türkischen Vertrag vom 4. September 1936[22] aus der Dobrudscha in die Türkei umgesiedelt. Damit endete weitgehend das muslimische Leben in der Dobrudscha.

Im Zweiten Weltkrieg erfolgte vor dem Hintergrund der Orientierung der südosteuropäischen Staaten an den Achsenmächten die Regelung der Dobrudscha-Frage. Die Annexion der Nordbukowina und Bessarabiens durch die Sowjetunion im Juni 1940 machte Ungarn und Bulgarien den Weg für Revisionsforderungen an Rumänien frei. Um dem Druck standhalten zu können, lehnte sich Rumänien verstärkt an die Achsenmächte an. Hitler forderte jedoch für die Übernahme von Grenzgarantien erst die Lösung der rumänisch-ungarischen Differenzen um Siebenbürgen (30. August 1940 Zweiter Wiener Schiedsspruch) und der rumänisch-bulgarischen um die Dobrudscha. Im August 1940 nahmen Rumänien und Bulgarien unter dem Druck Hitlers und Mussolinis Verhandlungen auf. Auf Grund der ethnischen Verschiebung in der Norddobrudscha seit 1878 (1939 12 Prozent Bulgaren) nahm Bulgarien von seiner früheren Forderung nach der gesamten Dobrudscha Abstand. Im Vertrag von Craiova am 5. September 1940[23]

[20] Tadeusz Kowalski, Les éléments ethniques turcs de la Dobroudja. In: Rocznik Orientalistyczny 14 (1938), S. 66–80.
[21] Alexander Popovic, L'islam balkanique. Les musulmanes du sud-est européen dans la période post-ottomane. Berlin 1986, S. 196–253.
[22] Abdruck in Société des Nations, Recueil des Traités 195 (1935), S. 430–441.
[23] F. Korkisch, Die rumänischen Gebietsabtretungen an Ungarn und Bulgaren. In: Zeitschrift für ausländisches Recht und Völkerrecht 10 (1940/41), S. 707–768 (mit Vertragstexten).

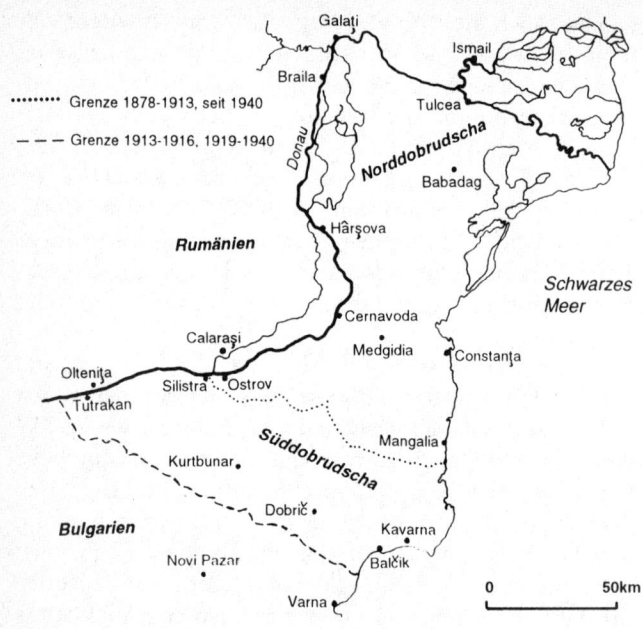

Dobrudscha

wurde die Dobrudscha erneut geteilt: Die Norddobrudscha blieb bei Rumänien und das Cadrilater kam an Bulgarien zurück. Beide Seiten verpflichteten sich, von weiteren Gebietsforderungen abzusehen. Bis 1. Oktober 1940 war die Übergabe der Süddobrudscha an Bulgarien abgeschlossen. Um die ethnischen Konflikte zu beenden, umfaßte der Vertrag auch einen Zwangsaustausch der rumänischen und bulgarischen Bevölkerung aus beiden Teilen. Von September bis Dezember 1940 wurden 100 000 Rumänen aus dem Cadrilater in die Norddobrudscha und die dort lebenden 61 000 Bulgaren in die nun bulgarische Süddobrudscha umgesiedelt[24]. Gleichzeitig regelte das Deutsche Reich mit Rumänien (1940) und mit Bulgarien (1941) die Aussiedlung der zu Anfang des 19.Jahrhunderts aus dem Russischen Reich in die Dobrudscha eingewanderten Deutschen[25].

Mit dieser ethnischen Verschiebung und mit der endgültigen Teilung des Gebietes zwischen Rumänien und Bulgarien wurde das Dobrudscha-Problem, das seit 1878 bei jeder Auseinandersetzung auf dem Balkan aufgeworfen worden war, gelöst. In den Waffenstillstandsabkommen der Alliierten mit Rumänien und Bulgarien vom Herbst 1944 wurde die Dobrudscha nicht mehr erwähnt und die Friedensverträge von Paris, die am 10. Februar 1947 mit den ehemaligen Verbündeten des Deutschen Reiches geschlossen wurden, bestätigten für Rumänien und Bulgarien den Status quo vom 1. Januar 1941[26]. Die heutige Grenze verläuft demnach zwischen Silistra an der Donau (Bulgarien) und südlich von Mangalia am Schwarzen Meer.

In der kommunistischen Ära unterhielten Rumänien und Bulgarien gute Beziehungen und die Dobrudscha-Frage spielte keine Rolle. Bukarest hegt keinerlei revisionistische Absichten, und auch in Sofia ist in politischer Hinsicht nichts zu spüren. Lediglich in der bulgarischen Historiographie finden sich versteckte Ansprüche auf den

[24] Vgl. Joseph Schechtman, European Population Transfers 1939–1940. New York 1946.

[25] Dazu Dirk Jachomowski, Die Umsiedlung der Bessarabien-, Bukowina- und Dobrudschadeutschen. München 1984. Aus der Norddobrudscha wurden 15400, aus dem Cadrilater 700 Deutsche vor allem in den Warthegau umgesiedelt. Allgemein zu den Dobrudschadeutschen: Artikel ›Dobrudscha‹, in: Handwörterbuch des Grenz- und Auslandsdeutschtums. Bd. 2, Breslau 1936, S. 278–290; Johannes Florian Müller, Ostdeutsches Schicksal am Schwarzen Meer. o. O. 1981; Hans Petri, Geschichte der deutschen Siedlungen in der Dobrudscha. Hundert Jahre deutschen Lebens am Schwarzen Meere. München 1956.

[26] Amelie Leiss u. Richard Dennet, European Peace Treaties after World War II. New York 1954. Texte in: Die Friedensverträge im deutschen Wortlaut. Heidelberg 1948.

nördlichen Teil der Dobrudscha (verbunden mit Angriffen auf die rumänische Dobrudscha-Politik bis 1940), was bisher allerdings nur zu rein »wissenschaftlichen« Kontroversen geführt hat[27]. Aufgrund der heute beinahe einheitlichen ethnischen Struktur des rumänischen und bulgarischen Teils der Dobrudscha sind in nächster Zeit wohl keine politischen Konflikte zu erwarten. Allerdings gibt es nationalistische Gruppierungen in Rumänien (zum Beispiel vertreten durch die Zeitung ›Integritatea‹), die neben der zur Ukraine gehörenden nördlichen Bukowina und der nunmehr unabhängigen Republik Moldova auch die Süddobrudscha beanspruchen.

Im rumänischen Teil der Dobrudscha lebten 1956 bei einer Gesamtbevölkerung von 600 331 Einwohnern 86,7 Prozent Rumänen, 5 Prozent Russen, 3,47 Prozent Tataren, 1,8 Prozent Türken, 1,17 Prozent Ukrainer, 0,2 Prozent Zigeuner und 0,12 Prozent Deutsche[28]. In der bulgarischen Süddobrudscha findet sich noch heute eine muslimische Minderheit.

---

[27] Vgl. Dionisie Ghermani, Rumänisch-bulgarische Zwistigkeiten (Dokumentation). In: Südosteuropa 35 (1986), S. 127–131.
[28] Statistisches Bundesamt Wiesbaden, Länderbericht Rumänien 1967. Stuttgart 1967 (basierend auf der rumänischen Volkszählung von 1956).

Literaturhinweise

Drake, Edson James: Bulgaria at the Paris Peace Conference. A Diplomatic History of the Treaty of Neuilly-sur-Seine. Washington 1967.

Georgiev, Ivan: Dobrudža v borbata za sloboda, Sofia 1962.

Jachomowski, Dirk: Die Umsiedlung der Bessarabien-, Bukowina- und Dobrudschadeutschen. München 1984.

Kuzmanova, Antonina: Ot N'oj do Kraiova. Văprosăt za Južna Dobrudža v meždunarodnite otnošenija 1919–1940. Sofia 1989.

Petri, Hans: Geschichte der deutschen Siedlung in der Dobrudscha. Hundert Jahre deutschen Lebens am Schwarzen Meere. München 1956.

Radulescu, Adrian u. Ion Bitoleanu: Istoria Românilor dintre Dunăre şi Mare. Dobrogea. Bukarest 1979.

Spector, Sherman David: Rumania at the Paris Peace Conference. A Study of the Diplomacy of Ion Bratianu. New York 1966.

Zahariev, Malomir: Les minorités bulgares en Roumanie. Paris 1940.

Der serbisch-kroatische Konflikt in Kroatien
von MARIE-JANINE CALIC

Wie viele junge Staaten beruft sich auch die Republik Kroatien auf das jahrhundertealte Bestehen der eigenen Nation und eine fast ebenso lang währende Tradition der Staatlichkeit. Unlängst behauptete ein Autor: »Die Republik San Marino, Bayern und Kroatien sind die ältesten ohne Unterbrechung bis heute existierenden staatlichen Gebilde Europas.«[1] In ähnlicher Weise wird die ethnisch-kulturelle Eigenart der südslawischen Völker, ja selbst der Ursprung nationaler Konflikte auf dem Balkan bis in graue Vorzeit rückprojiziert. Nationalbewußte Historiker bemühen sich heute, die ethnische Verschiedenheit von Serben und Kroaten möglichst bereits im frühen Mittelalter nachzuweisen. In diesem Lichte erscheint die aktuelle serbisch-kroatische Konfrontation lediglich als logische Konsequenz eines in Geschichte und Kultur der südslawischen Völker tradierten, unauflösbaren Gegensatzes.

Viele Historiker haben diese Selbstdarstellungen übernommen und dabei übersehen, daß sich der moderne Nationalismus zur eigenen Rechtfertigung gern auf historische Traditionen beruft, die sich bei näherer Betrachtung jedoch als Fiktion erweisen. Nationalismusforscher wie Ernest Gellner, Benedict Anderson und Eric Hobsbawm konnten zeigen, daß Nationen zwar subjektiv als universal und zeitlos empfunden werden, jedoch objektiv betrachtet neuzeitliche Erscheinungen sind. Bei Serben und Kroaten reicht der Prozeß der Nationenbildung sogar kaum weiter als in das 19. Jahrhundert zurück. »Geschöpfte Geschichte« (Georg Elwert) und »erfundene Traditionen« (Eric Hobsbawm), die ferne Jahrhunderte zum Bezugs-

---

[1] Lujo Tonšić-Šorinj, Der kroatische Staat. In: Europäische Rundschau 19 (1991), H. 2, S. 11–22, hier S. 11.

punkt aktuellen politischen Handelns erklären, erfüllen jedoch wichtige Funktionen für den nationalen Integrationsprozeß. Schon Ernest Renan hat vor über hundert Jahren festgestellt, daß »das Vergessen oder gar Mißverstehen von Geschichte ein wesentliches Element bei der Herausbildung einer Nation« ist[2].

Kurz zusammengefaßt, erfüllen Darstellung und Interpretation von Geschichte wichtige Funktionen für die Herausbildung von »Wir-Gruppen-Prozessen«, die im Zeitalter der modernen Nationalstaatsbildung bedeutsam werden. Denn erstens dient Geschichte der Legitimierung neuer staatlicher Institutionen und Autoritäten, und dies umso glaubhafter, je älter und ruhmreicher die historischen Vorlagen präsentiert werden. Wer den Eindruck überzeitlicher und universaler Existenz vermittelt, bedarf zur Rechtfertigung seiner selbst keiner weiteren Argumente. Im Dienste des Nationalismus wird Geschichte aber nicht nur »von oben«, von den Machthabern, instrumentalisiert. Denn zugleich bietet die Geschichte, zumal in Zeiten raschen sozialen Wandels, Identifikationsmöglichkeiten für ein breites Publikum. Im Dienste des neuen Nationalismus in den ost- und südosteuropäischen Staaten füllt die (meist irrige) Vorstellung, zu einer jahrhundertealten (Volks-)Gemeinschaft zu gehören, ein politisches und ideologisches Vakuum. Die Indienstnahme der Geschichte stößt somit auch auf bedeutende Resonanz »von unten«. Beide Prozesse sind geeignet, einen engeren emotionalen und sozialen Zusammenhalt ethnisch-nationaler Gruppen zu fördern. Diese grundsätzlichen Überlegungen bedeuten nicht, daß die Geschichte für die Erklärung der gegenwärtigen Konflikte unwichtig wäre. Es heißt lediglich, daß man zwischen historischen Ereignissen und dem, wie sie heute wahrgenommen und gedeutet werden, unterscheiden muß.

---

[2] Zit. n. Eric J. Hobsbawm, Nationen und Nationalismus. Mythos und Realität seit 1780. Frankfurt a. M., New York 1991, S. 7.

Die Glorifizierung des Mittelalters

Die Instrumentalisierung der Geschichte reicht bis in das späte 18. Jahrhundert zurück und steht in engem Zusammenhang mit dem Aufkommen nationaler Ideologien und Bewegungen. Die kroatische Historiographie begann im 19. Jahrhundert im Dienste der Ausformung eines nationalen Geschichtsbildes mit einer umfassenden Aufarbeitung der Vergangenheit. Die wichtigsten, heute noch aktuellen Einschätzungen und Kontroversen zu Fragen der Ethnogenese, staatsrechtlichen Traditionen und sprachlichen Abgrenzungskriterien wurzeln in dieser Epoche. Damals wie heute trug die Glorifizierung des mittelalterlichen kroatischen Staates, der wie kein anderer die Größe und den Ruhm der Nation zu versinnbildlichen schien, zur Modellierung des nationalen Geschichtsbildes bei.

Die Vorfahren der Kroaten hatten um das Jahr 600 die Balkanhalbinsel besiedelt, und bereits im 7. Jahrhundert lassen sich die ersten Herrschaftsbildungen nachweisen. Unter den Königen Tomislav (910–928), Stjepan Držislav (969–997) und Petar Krešimir (1058–1074) erreichte der mittelalterliche kroatische Staat seine maximale territoriale Ausdehnung und stand auf dem Höhepunkt seiner politischen Macht. Wie bei allen heutigen Nationen läßt sich auch für die Bevölkerungsgruppen, welche die moderne Geschichtswissenschaft heute als kroatisch beansprucht, im Mittelalter noch kein einheitliches Territorium, Staatsvolk oder gar nationales Bewußtsein konstatieren. Denn bereits im 11. Jahrhundert zerfiel das Großreich wieder in eine Vielzahl lokaler Stammesherrschaften. Das Ausgreifen Ungarns in die kroatischen Länder endete 1097 mit ihrer Unterwerfung. 1102 schloß der kroatische Adel mit dem ungarischen König Koloman eine Übereinkunft *(pacta conventa)*, welche die ungarische Herrschaft über Kroatien begründete. Seit 1102 war der kroatische Ständestaat durch einen gemeinsamen Herrscher mit Ungarn, seit 1527 (Reichstag von Cetin) mit dem Haus Habsburg, verbunden.

Der Vertragsschluß aus dem Jahr 1102 dient seit dem Entstehen der Nationalbewegung zur Begründung der kroatischen Eigenstaatlichkeit. Wie die nationalbewußten Kroaten heute, beriefen sich schon die Vorkämpfer der nationalen Bewegung im 19. Jahrhundert auf eine jahrhundertealte staatliche Autonomie. Nach dieser Deutung hatte der kroatische Adel 1102 den ungarischen König freiwillig anerkannt und dadurch die staatsrechtliche Selbständigkeit Kroatiens im Rahmen Ungarns bis in die Neuzeit bewahrt. Die im 19. Jahrhundert aufkommende Forderung nach Vereinigung der von Kroaten besiedelten Länder (Dalmatien, Kroatien, Slawonien, Bosnien-Herzegowina und Teile Sloweniens), die fast alle kroatischen Parteien stellten, wurde gerade mit diesem historischen Argument untermauert.

Die Anfänge der Nationalbewegung bei den Kroaten

Im vollen Besitz der Munizipalrechte, war Kroatien tatsächlich eine besondere Stellung als Nebenland der ungarischen Krone zugesichert. 1745 waren die nordkroatischen Komitate Zivilkroatiens mit denen Slawoniens zu den »Dreieinigen Königreichen Dalmatien, Kroatien und Slawonien« vereinigt worden, ohne daß jedoch Dalmatien faktisch zu ihrem Territorium gehörte. Die »Dreieinigen Königreiche« besaßen eine der ungarischen vergleichbare Komitatsverfassung, die auf adeliger Selbstverwaltung beruhte. Sie konstituierten einen eigenen Landtag und einen Vizekönig, den Banus. Beide Teilkönigreiche (Kroatien und Slawonien) waren durch die Militärgrenze (bis 1881) getrennt und unterschieden sich hinsichtlich ihrer verfassungsrechtlichen Stellung gegenüber der ungarischen Krone. Hinzu kamen gravierende Unterschiede in der sozialökonomischen Verfaßtheit der beiden Landesteile. Sie differierten zudem in ihrer sprachlichen, konfessionellen und ethnischen Zusammensetzung. Außer im ethnisch nahezu homogenen Zivilkroatien lebten die (meist katholischen) Kroaten in allen anderen Siedlungsgebieten in Symbiose mit Angehörigen anderer Nationalitäten und Konfessionen.

Nicht alle Kroaten lebten auf dem Territorium der »Dreieinigen Königreiche«. Insgesamt verteilten sie sich auf sieben verschiedene historische Regionen, die in unterschiedliche Herrschaftsbereiche fielen. Neben Kroatien und Slawonien zählten das Gebiet der Militärgrenze, Dalmatien, Istrien, Bosnien und die Herzegowina zu ihren Siedlungsgebieten. Noch in den sechziger Jahren des 19. Jahrhunderts galt »kroatisch« – nicht anders als »dalmatinisch« oder »bosnisch« – als regionale, noch nicht als nationale Bezeichnung. Erst mit der Entstehung bürgerlicher Gesellschaftselemente konnte das pränationale ethnische Bewußtsein der Kroaten für nationale Belange mobilisiert werden. Als integrative Kraft jener politisch isolierten und sozialökonomisch so disparaten »kroatischen« Siedlungsräume entpuppte sich der Widerstand gegen die österreichische, ungarische und osmanische Fremdherrschaft. Nacheinander traten Nordkroatien (1835–1849), Dalmatien (1860–1880), Istrien (1870–1900) und Bosnien-Herzegowina (nach der Jahrhundertwende) in die Phase der nationalen Mobilisierung ein.

Als entscheidende Entwicklungsstufe der modernen kroatischen Nationsbildung wird im allgemeinen die zwischen 1830 und 1848 zu datierende Phase des »Illyrismus« gedeutet, den vor allem der städtische Adel Zivilkroatiens vertrat. Er leitete sein Programm von der Vorstellung einer ethnischen, kulturellen und sprachlichen Verwandtschaft der Südslawen ab, die auf das antike Volk der »Illyrier« zurückgehe. Sein wesentliches Ziel war die kulturelle Vereinigung der katholischen und orthodoxen Südslawen und somit die Schaffung einer gemeinsamen Sprach- und Kulturnation in dem von der ständischen Tradition vorgegebenen territorialen Rahmen.

Aus dem Illyrismus entwickelten sich nach 1848 zwei

politische Hauptströmungen. Auf der einen Seite stand der »Jugoslawismus«, der – ähnlich wie zuvor der »Illyrismus« – die nationale Einigung der südslawischen Völker anstrebte und zu dessen prominentesten Vertretern Josip Juraj Strossmayer (gest. 1905), der Bischof von Djakovo, sowie der Geistliche, Historiker und Politiker Franjo Rački (gest. 1894), der Präsident der 1867 gegründeten Jugoslawischen Akademie, gehörten. Träger des »Jugoslawismus« waren das liberale Bürgertum, Kreise der Intelligenz und des liberalen katholischen Klerus.

Auf der anderen Seite stand das von der »Rechtspartei« formulierte Programm eines exklusiven, großkroatischen Staates, das vor allem die Politiker Ante Starčević und Eugen Kvaternik vertraten, und das in erster Linie beim Kleinbürgertum auf Resonanz stieß. Starčević wollte die kroatische Nation unter anderem durch die Behauptung stärken, daß alle Südslawen Kroaten seien. Für ihn waren die Slowenen lediglich »Bergkroaten« und die Serben ebenfalls Kroaten. Eine echte Massenbewegung konnte sich aus dieser Vorstellungswelt jedoch erst nach 1880 entwickeln.

Beide nationalen Integrationsideologien beriefen sich auf die Tradition des kroatischen Staatsrechts und hingen romantischen Ideen vom »Volksgeist« an, wobei die »Jugoslawisten« von einem gesamtslawischen, die »Rechtspartei« von einem ausschließlich kroatischen Modell ausgingen. Entsprechend strebten erstere einen gemeinsamen Staat der südslawischen Völker, letztere hingegen einen rein kroatischen Nationalstaat an. Aber wie auch die Konstruktion eines zukünftigen südslawischen Staates beschaffen sein sollte, die Träger der nationalen Bewegung standen in jedem Fall vor einer gewaltigen Integrationsaufgabe.

Sprachkulturelle Voraussetzungen der nationalen Integration

Vor der Normierung der Schriftsprachen im 19. Jahrhundert wurden auf dem Gebiet des heutigen Kroatien eine Vielzahl unterschiedlicher Dialekte gesprochen, die sich in drei Gruppen zusammenfassen lassen: das Čakavische, Kajkavische und Štokavische. Die Bezeichnung der Dialekte ergibt sich aus der unterschiedlichen Benennung des Fragepronomens »was« (*što*, *kaj* oder *ča*). Die Landessprache Zivilkroatiens war Kajkavisch, während in Zivilslawonien und der Militärgrenze Štokavisch, im Küstengebiet dagegen Čakavisch vorherrschte. Unter Sprachwissenschaftlern war die Zuordnung dieser Dialekte zur slowenischen, kroatischen und serbischen Sprache lange umstritten. Klar war nur, daß die Mehrzahl der Kroaten Štokavisch sprach.

Im Zeitalter der Nationalbewegungen hat die Normierung der Schriftsprache vorrangige Bedeutung erhalten. Wie Ernest Gellner gezeigt hat, nimmt das Bedürfnis nach Vereinheitlichung von Sprache und Kultur in dem Maße zu, wie sich komplexe, arbeitsteilige Gesellschaftsstrukturen herausbilden, die auf eine präzise und kontextfreie Kommunikation angewiesen sind. Angesichts der sprachlich-dialektalen Vielfalt existierten im 19. Jahrhundert rivalisierende Vorstellungen darüber, wie die kroatische Schriftsprache beschaffen sein sollte. Die Entscheidung fiel zugunsten des Štokavischen, der Dialektgruppe, die nicht nur in großen Teilen Kroatiens, sondern auch in Serbien, Bosnien-Herzegowina und Montenegro verbreitet war.

Der berühmte kroatische Sprachreformer und Illyrist Ljudevit Gaj (1809–1872) hat mit seiner Grammatik und Rechtschreibreform die Grundlagen einer exakten štokavischen Hochsprache geschaffen, deren Pflege und Verbreitung die jungen, südslawisch orientierten Patrioten nachhaltig förderten. 1836 übernahmen die Illyrier die neuštokavische Sprache mit neuer Orthographie als gemeinsame Literatursprache aller Kroaten in der von Gaj herausgegebenen ›Illyrischen Nationalzeitung‹. Die aus der Romantik erwachsene Vorstellung, daß die Südslawen ein Volk seien, motivierte kroatische und serbische Intellektuelle und Politiker im »Wiener Abkommen« von 1850, den unter Serben und Kroaten am weitesten verbreiteten Dialekt (Štokavisch) zur Grundlage einer gemeinsamen serbischen und/oder kroatischen Schriftsprache zu machen. Bis zum Ende des 19. Jahrhunderts hatte sie sich endgültig durchgesetzt[3].

Die neue kroatische (oder serbische) Standardsprache wurde darüber hinaus zum Symbol der nationalen Eigenständigkeit der Kroaten im Rahmen des Habsburgerreiches. Vor 1790 bildeten die im ungarischen Reichstag vertretenen Stände, der kroatische Adel eingeschlossen, eine überethnische Adelsnation, die in lateinischer Sprache kommunizierte. Vor dem Zeitalter der nationalen Erweckung hat der »Sprachkampf« noch keine bedeutende Rolle gespielt. Erst als Ende des 18. Jahrhunderts der ungarische Adel immer lauter die Einführung des Magyarischen als Staatssprache auch in Kroatien forderte, wuchsen die Bemühungen um die Normierung und Institutionalisierung einer eigenen kroatischen Standardsprache. Im kroatisch-ungarischen Ausgleich 1868 wurde Kroatisch schließlich als Gesetzes-, Verwaltungs- und Gerichtssprache anerkannt.

Die Entscheidung für eine gemeinsame serbokroatische bzw. kroatoserbische (bzw. serbische oder kroatische) Schriftsprache ist also bereits im 19. Jahrhundert gefallen. Heute sprechen die Mehrheit der Kroaten, die Serben und

---

[3] Das Štokavische gliedert sich nach der Aussprache des altslawischen Lauts *Jat* seinerseits in drei Varianten: das (I)Je-kavische, das E-kavische und das I-kavische (z. B. *mlijeko*, *mleko* und *mliko* für »Milch«). Die heutige Standardsprache in Kroatien, Bosnien-Herzegowina und Montenegro gründet sich auf die (i)jekavische und in Serbien auf die ekavische Variante des štokavischen Dialekts.

Montenegriner štokavisch. Da jedoch von Anfang an im Wortschatz und in der Aussprache wesentliche regionale Unterschiede bestehen blieben, gab es immer wieder Anlaß, Serbisch und Kroatisch als zwei völlig voneinander getrennte Sprachen zu betrachten. Allerdings sind die Unterschiede im Wortschatz und in der Grammatik so gering, daß sich die Sprecher problemlos verständigen können. 1954 haben sich die jugoslawischen Sprachwissenschaftler in der »Vereinbarung von Novi Sad« darauf verständigt, »Serbokroatisch« bzw. »Kroatoserbisch« als zwei Varianten einer gemeinsamen Schriftsprache zu betrachten. Die seit den siebziger Jahren auftretenden Bestrebungen, das (I)Jekavische zu einer eigenständigen kroatischen Schriftsprache umzuformen, sind weitgehend politisch motiviert und werden heute mit aller Kraft fortgesetzt. So werden antiquierte, aber vermeintlich originär kroatische Ausdrücke reaktiviert, wie z.B. *vojak*, der Soldat, der *vojnik* ersetzt hat. Auch Fremdwörter fallen dem Sprachpurismus zum Opfer. Die Beobachtung Eric Hobsbawms, daß sich die Zahl der Nationalsprachen infolge der Entstehung neuer Staaten vermehre (und nicht etwa umgekehrt), läßt sich am kroatischen Beispiel modellhaft exemplifizieren.

Zusammenfassend muß man feststellen, daß es nicht primär sprachliche Merkmale waren, die Serben und Kroaten unterschieden. Im vornationalen Zeitalter spielte die Religion eine weit wichtigere Rolle für den Zusammenhalt von Gruppen als Sprache, Geschichte oder Kultur. Die im 19. Jahrhundert einsetzende, national begriffene Differenzierung von Serben und Kroaten war weitgehend konfessionell determiniert.

Die Geschichte der Serben in den
kroatischen Ländern

In fast allen kroatischen Ländern lebten Angehörige verschiedener Konfessionen zusammen. Der Anteil der orthodoxen (tendenziell serbischen) Bevölkerungsgruppe lag 1840 im (ansonsten weitgehend katholischen) Zivilkroatien bei 0,5 Prozent, in Slawonien jedoch bei 42 Prozent und in Syrmien sogar um 63 Prozent. Die Zuwanderung der Orthodoxen in den Herrschaftsbereich der Habsburgermonarchie datiert auf die Zeit der Türkenkriege, als das Vordringen der Osmanen auf dem Balkan eine umfassende Flüchtlingsbewegung auslöste.

Die Habsburger machten sich diese Bevölkerungsverschiebung zunutze, um seit dem 16. Jahrhundert ihr eigenes Grenzverteidigungssystem auszubauen. Angelockt von besonderen Privilegien, ließen sich entlang der Grenze zum Osmanischen Reich neben katholischen Kroaten auch serbische Flüchtlinge als Wehrbauern nieder. Infolgedessen dehnte sich die serbische Ansiedlung bis zum 18. Jahrhundert auf Ungarn und Kroatien, später auch auf Istrien und Dalmatien aus. Aber auch jenseits der Grenze, in Bosnien, erhielten serbische und kroatische Wehrbauern verschiedener Konfessionen zu Verteidigungszwecken besondere Privilegien. So kam es, daß sich slawische Wehrbauern dies- und jenseits der Grenze gegenüberstanden.

Die Neusiedler der Habsburgermonarchie erhielten Grund und Boden und waren von Steuern und Abgaben weitgehend befreit. Im Gegenzug wurden sie zum Militärdienst und zur Verteidigung der Grenze gegen die vordringenden Osmanen verpflichtet. Seit 1553 unterstanden sie einem einheitlichen militärischen Kommando. Neben der Religionsfreiheit wurden ihnen 1630 in den berühmten ›Statuta Valachorum‹ gewisse Selbstverwaltungsrechte und eine eigene Gerichtsbarkeit gewährt. Aus einem System von einigen befestigten Wehrsiedlungen entwickelte sich diese »Militärgrenze« (Vojna Krajina) im Lauf der Zeit zu einem geschlossenen Siedlungsgebiet mit eigenen Verwaltungsstrukturen. Während die Türkenkriege immer neue Migrationswellen auslösten, wurden im 16. und 17. Jahrhundert zusätzliche Grenzregionen in das Verteidigungssystem integriert. Im 18. Jahrhundert umfaßte die Militärgrenze das gesamte Dreieck von der adriatischen Küste entlang der bosnischen Grenze, über Slawonien und das Banat bis nach Siebenbürgen. Insgesamt gab es vier Verwaltungseinheiten: das kroatische, das slawonische, das banater und das siebenbürgische Generalat.

Anders als Zivilkroatien, das in den Bereich der ungarischen Administration fiel, unterstand die Militärgrenze direkt den österreichischen Behörden. Das 18. Jahrhundert, das im Zeichen der absolutistischen Zentralisierung und Modernisierung der Staatsverwaltung stand, brachte den Wehrbauern an der Landesgrenze eine sukzessive Einschränkung ihrer Privilegien. Neue Regulamente verordneten den Grenzern neben dem Militärdienst auch Geld- und Naturalabgaben. Ihre Verwaltung und Gerichtsbarkeit fielen wieder in die Kompetenz der Wiener Behörden. Überhaupt muß man romantische Vorstellungen von einer freien Gesellschaft aus Wehrbauern in diesen Regionen erheblich relativieren. Kaum die Hälfte der Bevölkerung besaß mit der Dienstpflicht verbundene Lehensgüter, die übrige »Zivilbevölkerung« unterlag der Grundherrschaft. In der Regel bedeutete dies Schollenbindung sowie eine drückende Abgaben- und Fronlast. Nicht erst im 19. Jahrhundert gehörte die Militärgrenze daher zu den wirtschaftlich rückständigsten Regionen, da sie die Kosten der Militärverwaltung durch Steuern und Abgaben selbst finanzieren mußte. Die von den kroatischen Patrioten lange geforderte, jedoch erst 1881 erfolgte Auflösung der Militärgrenze hat die wirtschaftliche Entwicklung in diesem Territorium nur geringfügig stimuliert. Noch in der jugoslawischen Epoche zählte das ehemalige Gebiet der Militärgrenze zu den am wenigsten entwickelten Regionen.

Man kann immer wieder lesen, daß die Sonderstellung dieser Grenzregionen bei den Serben in Kroatien eine besondere Freiheitsliebe, Wehrhaftigkeit und militaristische Einstellung hinterlassen habe, die bei der Verteidigung der Krajina heute wieder offen zutage tritt. Dies ist jedoch eine reduzierte Sichtweise. Denn nicht nur Serben lebten schließlich unter dem Regime der Militärgrenze. Noch 1840 bevölkerten sie jeweils fast zur Hälfte Serben und Kroaten sowie eine Reihe anderer Nationalitäten. Wenn es also etwas wie ein regionales Sonderbewußtsein in diesen Gebieten gibt, dann bestenfalls in einem historisch-territorialen, keinesfalls ethnospezifischen Sinn. Bedeutsamer für die Herausbildung nationaler Gegensätze als die politisch-territoriale Sonderstellung der Militärgrenze sollte sich die Ungleichbehandlung von katholischen und orthodoxen Südslawen, von Kroaten und Serben, von seiten der Habsburgermonarchie erweisen.

Ähnlich wie die der Kroaten, waren auch die Siedlungsgebiete der Serben regional stark zersplittert. Außerhalb des – zum osmanischen Herrschaftsbereich zählenden – Fürstentums Serbien lebten zahlreiche Serben auch auf dem Gebiet der Habsburgermonarchie, d. h. in der Militärgrenze, in Kroatien und Slawonien, in Südungarn und in Dalmatien. Während der Türkenkriege waren den serbischen Einwanderern in den ›Leopoldinischen Diplomen‹ die gleichen Privilegien garantiert worden, die sie vordem im Osmanischen Reich innegehabt hatten. Dies bedeutete Religionsfreiheit und innerkirchliche Autonomie, nicht jedoch eine ständische Vertretung, wie sie beispielsweise der katholische kroatische Adel besaß. Seit 1790 forderten die Orthodoxen immer wieder die Errichtung einer selbstverwalteten und autonomen Region, der »serbischen Vojvodina«, die jedoch nur im Revolutionsjahr 1848 vorübergehend bestand. Nachdem sich die endgültige Niederwerfung der Revolution abzeichnete, wurden die politischen Selbstverwaltungsrechte schrittweise wieder aufgehoben.

Trotz der gewährten Religionsfreiheit blieben die Orthodoxen, an deren Loyalität die Wiener Behörden grundsätzlich Zweifel hegten, verschiedenen Benachteiligungen und Repressionen ausgesetzt. Und da den Orthodoxen eine politische Repräsentation versagt blieb, entwickelte sich die Kirche zum wichtigsten Organ ihrer Interessenvertretung. Das orthodoxe Patriarchat bildete nicht nur die integrative Klammer der verstreut und unter verschiedenen Verwaltungssystemen siedelnden Serben. Als Träger des kulturellen, religiösen und politischen Lebens übernahm die orthodoxe Kirche die zentrale Rolle bei der Herausbildung des modernen serbischen Nationalbewußtseins.

Das Scheitern der Föderalisierung der Habsburgermonarchie, die den dort lebenden orthodoxen Slawen politische Vertretungsrechte hätte garantieren können, bestärkte all jene politischen Kräfte, die sich von der Vereinigung aller Serben in einem gemeinsamen Staat außerhalb Österreich-Ungarns die Lösung der nationalen Frage versprachen. Damit war dem Vordringen großserbischer Vereinigungsideen der Boden bereitet, wie sie der serbische Staatsmann Ilija Garašanin (1812–1874) in seinem ›Programm der auswärtigen und nationalen Politik Serbiens Ende 1844‹ (*načertanije*) formuliert hatte. Auch er berief sich auf ein vom mittelalterlichen Serbien abgeleitetes historisches Staatsrecht. Seit Serbien 1878 auf dem Berliner Kongreß die vollkommene Unabhängigkeit erlangt hatte, spielte es immer unverhohlener die Schutzmachtrolle gegenüber den Konnationalen in der benachbarten Doppelmonarchie.

Bis zu den sechziger Jahren des 19. Jahrhunderts hat es jedoch keine nennenswerten national begründeten Auseinandersetzungen zwischen katholischen und orthodoxen Slawen in Kroatien gegeben. Dies war erst seit dem Vordringen exklusiver nationalistischer Ideen der Fall, welche die Existenz der jeweils anderen Nation leugneten. Großkroatische und großserbische Konzeptionen beanspruchten identische Regionen – unabhängig von ihrer faktischen ethnischen Mischstruktur – als ausschließlich der eigenen Nation zugehörig und gerieten vor allem seit den 1880er Jahren zunehmend in Konflikt. Aus der kroatischen »Rechtspartei« erwuchsen radikale Vorstellungen, die sich in der »Reinen Rechtspartei« des Rechtsanwaltes Josip Frank artikulierten. Er propagierte vehement das Dogma von der Grundverschiedenheit von Serben und Kroaten und leugnete die Existenz der serbischen Nation in Kroatien und in Bosnien-Herzegowina. Genau umgekehrt argumentierten großserbische Nationalisten, die große Teile der Südslawen einfach als Serben vereinnahmten. In der emotional aufgeheizten Atmosphäre der 1890er Jahre brach eine Zeit nationalistischer Ausschreitungen und Pogrome zwischen Serben und Kroaten an, die während der Herrschaft des ungarischen Grafen Károly Khuen-Héderváry als Banus in Kroatien (1883–1903) noch bewußt geschürt wurden. Die nationale Verständigung der südslawischen Völker als Voraussetzung ihrer staatlichen Eigenständigkeit stellte schließlich eine ernsthafte Bedrohung für den Fortbestand Österreich-Ungarns dar.

Erst unter einer neuen Politikergeneration fand die bewußt betriebene Politik des »divide et impera« nach 1903 ein Ende. Zu Beginn des 20. Jahrhunderts begann unter Frano Supilo und Svetozar Pribičević die Phase der serbisch-kroatischen Annäherung. Ausgehend vom österreichischen Kronland Dalmatien breitete sich die Idee einer kroatisch-serbischen Zusammenarbeit in der gesamten Habsburgermonarchie aus. Der 1905 von kroatischen und serbischen Politikern aus Dalmatien und Kroatien eingeschlagene »neue Kurs«, der die Einheit und Zusammenarbeit von Serben und Kroaten als Voraussetzung für das Überleben der Südslawen betrachtete, sollte bis 1918 die bestimmende politische Kraft bleiben.

Das »Königreich der Serben, Kroaten und Slowenen«

Aus der serbisch-kroatischen Kooperation ist die Forderung nach einem gemeinsamen südslawischen Staat hervorgegangen. In der ›Erklärung von Korfu‹ hatten sich slowenische, kroatische und serbische Politiker 1917 zur Gründung eines gemeinsamen »Königreichs der Serben, Kroaten und Slowenen« unter der serbischen Dynastie Karadjordjević bekannt. Nach dem Ende des Ersten Weltkrieges ist der erste südslawische Staat 1918 formell konstituiert worden. Insofern ist es nicht korrekt, Jugoslawien als künstliches Gebilde zu bezeichnen, das die Siegermächte ohne Kenntnis der ethnischen und politischen Verhältnisse auf dem Reißbrett entworfen hätten und das daher zwangsläufig zum Scheitern verurteilt war. Für die Schaffung eines gemeinsamen südslawischen Staates sprach nicht nur die Tatsache, daß in vielen Gebieten zwei und mehr südslawische Völker in enger Siedlungsgemeinschaft zusammenlebten. Er konnte sich zudem auf die Tradition einer »jugoslawischen Idee« (unterschiedlichster Spielarten) und die politische Kooperation serbischer, kroatischer und slowenischer Politiker der Vorkriegsära berufen. Allerdings blieb nicht nur die Gründungsphase von gegensätzlichen Vorstellungen über den Verfassungsaufbau dieses ersten jugoslawischen Staates überschattet.

Im Staat der Serben, Kroaten und Slowenen (seit 1929 »Jugoslawien«) wurden eine Vielzahl in historisch-politischer, sozialökonomischer, ethnisch-kultureller und konfessioneller Hinsicht sehr unterschiedlicher Territorien zusammengefügt. Obwohl als Nationalstaat (einer einzigen, »dreinamigen« Nation) begriffen, vereinigte er in Wirklichkeit mehr als 20 Nationen und Nationalitäten innerhalb seiner Grenzen. Die 1921 verabschiedete Zentralverfassung schrieb jedoch de facto eine serbische Dominanz in Staat und Verwaltung fest, welche die ethnisch-kulturelle Vielgestaltigkeit des Landes ignorierte und den meisten Nationalitäten jegliche Repräsentationsrechte verweigerte. Die von Belgrad geförderte unitaristisch-zentralistische Linie zog insbesondere den Widerstand der kroatischen Politiker auf sich. Der Kampf zwischen Zentralisten und Föderalisten um die Verteilung der Macht stellte den Zusammenhalt des Vielvölkerstaates bis zum Vorabend des Zweiten Weltkrieges auf vielfältige Belastungsproben. Der unter dem Druck der internationalen Lage 1939 geschlossene serbisch-kroatische Ausgleich (*sporazum*), der Kroatien den Status einer in zentralen innenpolitischen Fragen autonomen Region zugestand, hat bestenfalls die kroatische, nicht aber die nationale Frage insgesamt einer Lösung nähergebracht. Nicht das Zusammenleben verschiedener Nationen in einem Staat *an sich*, sondern dessen politische und verfassungsrechtliche Grundlagen waren fraglich.

Nur um wenige Ereignisse in der südslawischen Geschichte ranken sich so zahlreiche und so emotional geführte Kontroversen wie um die Gründung dieses ersten jugoslawischen Staates. In den 1970er Jahren begannen jugoslawische Historiker eine Debatte darüber, ob man das 19. Jahrhundert lediglich als Vorlauf zur Gründung eines (mehr oder weniger zentralistischen) Jugoslawien betrachten könne, oder ob nicht vielmehr die kulturellen Eigenarten und die unterschiedlichen staatsrechtlichen Traditionen von Serben und Kroaten zwei im Prinzip voneinander unabhängige Nationalgeschichten bedingten. Unter dem Eindruck der aktuellen Ereignisse mag das Zusammenleben der südslawischen Völker in einem gemeinsamen Staat heute tatsächlich lediglich wie eine kurze Episode auf dem naturnotwendig vorgezeichneten Weg zum exklusiven Nationalstaat erscheinen. Aber im 19. Jahrhundert waren, wie Wolfgang Kessler gezeigt hat, beide Alternativen grundsätzlich noch offen. »Die jugoslawische Einheit als Ziel jugoslawischer Geschichte seit dem Mittelalter ist ebensowenig wie der Gedanke eines historisch und ethnisch-sprachlich begründeten kroatischen Nationalstaats eine notwendige Konsequenz der Geschichte, sondern ein im Erziehungsprozeß gesellschaftlich vermitteltes Lernziel, zu dessen Begründung Geschichte als Argument, nicht aber als Erkenntnisobjekt fungiert.«[4]

Der »Unabhängige Staat Kroatien«

1941 wurde Jugoslawien nach dem deutschen Angriff unter verschiedenen Erwerberstaaten aufgeteilt und besetzt, wobei sich die Achsenmächte Deutschland und Italien die größten Einflußsphären sicherten. Auf dem Territorium Kroatiens, Slawoniens, Syrmiens, Bosniens und der Herzegowina errichteten Hitler und Mussolini den »Unabhängigen Staat Kroatien«, der unter Führung der faschistischen Ustaša-Bewegung (*ustaša* = der Aufständische) stand. Faktisch handelte es sich aber trotz der erklärten Unabhängigkeit ebenfalls um Besatzungsgebiet. Der kroatische Führer Ante Pavelić hatte zugunsten Hitlers nicht nur auf eine eigene Außenpolitik verzichtet; in keinem politischen Bereich hat die kroatische Regierung je Handlungsfreiheit genossen.

Ähnlich wie Hitler hatte sich auch Pavelić der gewaltsamen territorialen Neuordnung nach völkisch-rassischen Gesichtspunkten verschrieben. Im »Unabhängigen Staat Kroatien« lebten – neben 3,4 Millionen Kroaten – auch 1,9 Millionen Serben, rund 700 000 Muslime sowie eine halbe Million Angehörige anderer ethnischer Gruppen. Die beispiellose Verfolgung der Serben im »Unabhängigen Staat Kroatien« bezog ihre Rechtfertigung aus Schriften der Ustaša-Ideologen, welche die Serben als »existenzbedrohend« für Kroatien diffamierten. Das Ausmaß des Terrors, dessen sich die kroatischen Faschisten bei der Verwirklichung ihres Ideals eines homogenen kroatisch-ka-

---

[4] Wolfgang Kessler, Politik, Kultur und Gesellschaft in Kroatien und Slawonien in der ersten Hälfte des 19. Jahrhunderts. München 1981, S. 102.

tholischen Nationalstaats bedienten, ist kaum rational zu erfassen. Angefangen mit dem Verbot der kyrillischen Schrift und der orthodoxen Glaubensgemeinschaft, der Kennzeichnung und Stigmatisierung von Serben sowie der Beschlagnahme ihrer Privatvermögen, steigerte sich die Verfolgung bis hin zu Zwangstaufen, Massenumsiedlungen und -exekutionen. Eine zuverlässige Bilanz der Opfer, die in den Konzentrationslagern und bei Massenhinrichtungen ums Leben kamen, ist kaum zu erstellen, da die Angaben eine erhebliche Schwankungsbreite aufweisen. Deutsche Historiker beziffern die Zahl der im »Unabhängigen Staat Kroatien« getöteten Serben auf mehrere 100 000 Personen.

Gegen die deutschen Besatzer und die kroatische Ustaša-Herrschaft hatte sich neben den kommunistischen Partisanen auch die nationalserbische Widerstandsbewegung der *četnici* (von *četa* = Truppe, Schar) etabliert. Ihren Namen und ihre Ideologie übernahm ihr Führer Draža Mihailović von den seit der zweiten Hälfte des 19. Jahrhunderts gegen die osmanischen Fremdherren kämpfenden Freischärlern. Neu war die Vorstellung eines Großserbien, das von »fremden« ethnischen Elementen zu »säubern« sei. Die Ausschreitungen der *četnici* gegenüber Kroaten und Muslimen gingen letztlich auf diese Ideologie zurück. Ähnlich wie die von den *ustaše* begangenen Greuel an Serben, haben die Untaten der *četnici* an Kroaten und Muslimen tiefe Spuren im kollektiven Gedächtnis der jugoslawischen Völker hinterlassen.

Letztlich waren es gerade die nationalsozialistische Besatzungspolitik und die rassistischen Exzesse des Ustaša-Regimes, die das Potential für eine überethnische, jugoslawische Sammlungsbewegung in Form der kommunistischen Partisanen geschaffen haben. Im November 1943 beschlossen ihre Führer in Jajce, nach der Befreiung der südslawischen Länder den jugoslawischen Staat auf föderativer Grundlage zu erneuern.

Die kroatische Frage im sozialistischen Jugoslawien

Obwohl das sozialistische Jugoslawien föderalistisch aufgebaut war, ließen Titoismus und »demokratischer Zentralismus« dem Souveränitätsstreben der jugoslawischen Nationen kaum Spielräume. Und ähnlich wie in der Zwischenkriegszeit gab das gewaltige ökonomische Entwicklungsgefälle Anlaß zu Verteilungskonflikten zwischen den ärmeren und reicheren Landesteilen.

Seit der Mitte der sechziger Jahre war ein deutliches Aufleben der nationalen Frage zu verzeichnen, die in engem Zusammenhang mit den ökonomischen Reformen stand. Die von den reicheren Republiken in Gang gesetzte Liberalisierung der Wirtschaft und der Ausbau des Selbstverwaltungssystems konnte nur gelingen, sofern bürokratisch-zentralistische Hindernisse beseitigt wurden. Insofern konnte die Föderalisierung des Staates als notwendige Voraussetzung für die Reform von Ökonomie und Gesellschaft gelten. Das IV. Plenum des Zentralkomitees des Bundes der Kommunisten leitete 1966 einen personellen und organisatorischen Wandel ein. Das Modell des »jugoslawischen sozialistischen Patriotismus« wich in den Folgejahren einer weitreichenden Föderalisierung von Partei und Staat. Seit 1969 wurden das Parteipräsidium und sein Exekutivbüro nach einem festen Republikenproporz besetzt. Alle zentralen Machtorgane des Bundes wurden paritätisch aus Repräsentanten der Föderalstaaten besetzt, die Führungsposten wurden nach dem Rotationsprinzip unter den Republiken jährlich neu vergeben. Allmählich hat man auch die Kompetenzen des Bundes rigoros zugunsten der Bundesländer beschnitten. Nur wenige Entscheidungen (wie in der Außen- und Sicherheitspolitik, der Staatssicherheit, der Wirtschafts- und Sozialpolitik sowie der allgemeinen Rechtsordnung) blieben bei der Zentrale. In wichtigen Fragen war der Konsens aller sechs Bundesländer sowie der beiden autonomen Provinzen einzuholen. Man muß dies als wesentliche Voraussetzung für das Erstarken der nationalen Eliten in den Teilrepubliken sehen.

Ebenso wie die Zwischenkriegszeit blieb auch die Phase des sozialistischen Jugoslawien von einem permanenten wirtschaftlichen Verteilungskampf der Regionen überschattet. Der 1965 geschaffene »Bundesentwicklungsfonds« sollte zwar einen Ausgleich der Interessen ermöglichen, schuf jedoch bei allen Beteiligten das Gefühl der Benachteiligung. Als Ende der sechziger Jahre der kroatische Nationalismus mit der Forderung nach einer selbständigen kroatischen Schriftsprache wiederaufflammte, vermengten sich wirtschaftliche und soziale Ängste mit der Erbitterung über die langjährige Mißachtung nationaler und kultureller Interessen. Die neuen nationalen Strömungen benutzte 1971 die kroatische Parteiführung – darunter Savka Dabčević-Kučar sowie Miko Tripalo – um die angebliche wirtschaftliche Benachteiligung Kroatiens durch die Bundespolitik anzuprangern und eine Verfassungsreform einzuklagen. Die eigentliche Ursache für die ökonomische Stagnation in Kroatien sei in der »Ausbeutung« durch den Länderlastenausgleich zu sehen. Ein Streik der kroatischen Studenten, der tumultartige Zusammenstöße mit der Polizei auslöste, veranlaßte Tito, die kroatischen Parteiführer im Dezember 1971 zur Ordnung zu rufen. Mit ihrem Rücktritt ging der »kroatische Frühling« und eine Zeit offen geäußerter nationaler Forderungen zu Ende.

Die während der Phase der »Massenbewegung« (*maspokret*) vorgetragenen Ziele einer neuen Verfassung Kroatiens (als Staat des kroatischen Volkes), die Aufstellung einer eigenen Armee und die Erlangung der außenpolitischen Selbständigkeit gleichen in wesentlichen Punkten denen der späten achtziger Jahre. Auch die Führer des »kroatischen Frühlings« von 1971 haben mittlerweile wieder die politische Bühne betreten.

Der serbisch-kroatische Konflikt nach dem Zerfall Jugoslawiens

Als Auslöser für den aktuellen serbisch-kroatischen Konflikt in Kroatien kann man die Auflösung Jugoslawiens und die widerstreitenden Vorstellungen über die politische Zukunft seiner Völker und Republiken betrachten. Denn über die völkerrechtliche Stellung der Teilrepubliken herrschte nach dem Zerfall der Bundesgewalten unter den regionalen politischen Eliten Uneinigkeit: Während man in Serbien auf der Erneuerung Jugoslawiens in Form eines rezentralisierten Bundesstaates beharrte, favorisierten Slowenien und Kroatien eine lose Konföderation selbständiger und souveräner Staaten. Die Unversöhnlichkeit dieser Grundpositionen gipfelte schließlich in der vollständigen Souveränitätserklärung der meisten jugoslawischen Teilrepubliken im Verlauf des Jahres 1991.

Die aus den rivalisierenden ordnungspolitischen Konzepten resultierende latente Grundspannung konnte freilich nur unter den Bedingungen eines extremen Nationalismus zu einer militärischen Auseinandersetzung eskalieren. Mit »Nationalismus« ist das Vorherrschen jener Vorstellung von politischer Legitimität gemeint, nach der sich ethnische mit staatlichen Grenzen unbedingt decken sollen[5]. Es liegt auf der Hand, daß sich dieses Konzept in ethnisch gemischten Regionen kaum auf friedlichem Wege realisieren läßt.

In allen jugoslawischen Republiken hatten sich vor dem Hintergrund einer tiefgreifenden politischen Legitimitätskrise und einer sich rapide verschlechternden wirtschaftlichen Gesamtsituation in der zweiten Hälfte der achtziger Jahre nationalistische Strömungen ausgebreitet, die als Ersatzideologie für den zusammenbrechenden Sozialismus fungierten. In Serbien hatte Slobodan Milošević 1987 an

---

[5] Zu dieser Definition vgl. Ernest Gellner, Nationalismus und Moderne. Berlin 1991, S. 9.

der Spitze der serbischen KP die Trendwende zu einem offen propagierten serbischen Nationalismus eingeleitet. In anderen jugoslawischen Republiken sind nationalistische Parteien auf dem Wege demokratischer Legitimation an die Macht gekommen. So ist in Kroatien im Frühjahr 1990 die »Kroatische Demokratische Gemeinschaft« als Siegerin aus den ersten freien Wahlen hervorgegangen. Unter Führung des bei Tito in Ungnade gefallenen Partisanen-Generals und Historikers Franjo Tudjman war die Partei mit der Parole angetreten, die Republik Kroatien aus dem jugoslawischen Staatsverband herauszulösen und in einen unabhängigen und souveränen Nationalstaat umzuwandeln. Dieses Ziel hat sie, begleitet von einem offen zur Schau getragenen Nationalstolz, seit ihrem Machtantritt konsequent verfolgt.

Die nahende Auflösung Jugoslawiens rief vor allem die serbischen Nationalisten auf den Plan, welche ihrerseits alle Serben in einem gemeinsamen Staat vereint sehen wollten. Denn ein Viertel aller Serben Jugoslawiens lebte 1991 außerhalb der serbischen Republikgrenzen. Mit 600 000 Personen stellten sie in Kroatien rund 12 Prozent der Bevölkerung. In Bosnien-Herzegowina machte ihr Anteil mit rund 1,4 Millionen sogar mehr als 31 Prozent der Einwohnerschaft aus. Die Idee, alle Serben in einem gemeinsamen Staat zu vereinen, ließ sich scheinbar am ehesten innerhalb einer südslawischen Föderation verwirklichen.

Die Ankündigung der kroatischen Unabhängigkeit zog die Drohung Serbiens nach sich, im Falle der Auflösung Jugoslawiens die von Serben besiedelten Gebiete von den abtrünnigen Republiken abzuspalten. Dies betraf neben Kroatien auch die Vielvölkerrepublik Bosnien-Herzegowina, welche 1991 ebenfalls die Souveränität anstrebte. Nicht von Anfang an war die Territorialisierung Kroatiens das erklärte Ziel der großserbischen Nationalisten. Solange die völkerrechtliche Neuordnung des jugoslawischen Raumes offen war, diente sie lediglich als Druckmittel, um die Separation einzelner Teilrepubliken vom Bundesstaat zu verhindern. Erst die internationale Anerkennung Kroatiens gab schließlich Anlaß, diese Drohung auch in die Tat umzusetzen. Die Vorgeschichte zum Krieg in Kroatien bildet ein Wechselspiel zwischen dem schrittweise verwirklichten Ziel, die serbischen Siedlungsgebiete administrativ und politisch aus dem kroatischen Machtbereich herauszulösen, und dem Bestreben der Zagreber Regierung, ihre Territorialhoheit in den umstrittenen Regionen zu erhalten bzw. wiederherzustellen.

Als das kroatische Parlament im Juni 1991 die Unabhängigkeit Kroatiens erklärte, stand ein bedeutender Teil seines Staatsgebietes bereits nicht mehr unter eigener Verwaltung. Denn schon unmittelbar nach dem Wahlsieg der »Kroatischen Demokratischen Gemeinschaft« konstituierte sich im Juli 1990 in der Region von Knin ein »Serbischer Nationalrat« als offizielles Organ der serbischen Minderheit in Kroatien. Die Ankündigung dieser selbsternannten Regionalregierung, ein Referendum über die politische Autonomie der serbischen Siedlungsgebiete abzuhalten, löste eine erste Machtprobe mit den kroatischen Behörden aus. Um die von Zagreb als verfassungswidrig bezeichnete Abstimmung durchzuführen, hatten militante Serben örtliche Polizeistationen überfallen, Straßensperren errichtet und das Gebiet vor der vorrückenden kroatischen Sonderpolizei abgeriegelt. Wie kaum anders zu erwarten, erbrachte das im August 1990 abgehaltene Referendum eine überwältigende Mehrheit für die Autonomie der Krajina. Damit hatten die Sezessionisten eine erste Etappe ihres Zieles erreicht. Eine zweite Eskalationsstufe wurde nach Verabschiedung der neuen kroatischen Verfassung im Dezember 1990 beschritten, die Kroatien für souverän erklärte. Denn die nationalistischen Serben Kroatiens reagierten mit der Ausrufung eines »Serbischen Autonomen Gebiets Krajina« und dem Aufbau einer eigenen Miliz und Verwaltung. Mit der Begründung, die serbische Minderheit vor der diskriminierenden kroatisch-nationalistischen Politik schützen zu müssen, begannen die militanten Serben in der Krajina, eine eigene Polizei aufzustellen und serbische Reservisten einzuberufen. Gleichzeitig setzten sie alle Gesetze und Anordnungen des kroatischen Innenministeriums außer Kraft. Ein im Mai 1991 abgehaltenes Referendum, in dem fast 99 Prozent der Wähler für den Anschluß an Serbien votierten, markierte eine dritte Eskalationsstufe in der serbisch-kroatischen Auseinandersetzung[6]. Obwohl das serbische Parlament in Belgrad den Anschluß abgelehnt hatte, befand sich Kroatien bereits im Vorfeld eines großen Bürgerkriegs.

Die blutigen Zusammenstöße zwischen Einheiten der kroatischen Spezialpolizei mit serbischen Milizionären im slawonischen Pakrac sowie im Nationalpark von Plitvice im Frühjahr 1991 bezeichneten den Wendepunkt, an dem die monatelang schwelenden Spannungen in den ethnischen Mischgebieten Kroatiens in einen offenen bewaffneten Konflikt umschlugen. Schon wenige Monate später, im September 1991, befand sich ein Drittel des kroatischen Territoriums in der Hand serbischer Freischärler, denen die jugoslawische Bundesarmee immer unverhohlener Unterstützung leistete. Der kroatische Angriff auf die Kasernen der Bundesarmee im September 1991, dem einen Monat später die Generalmobilmachung folgte, hat am Zustand der Besatzung jedoch nichts ändern können.

Die umstrittenen Regionen

Die Republik Kroatien war vor ihrer Unabhängigkeitserklärung am 25. Juni 1991 alles andere als ein homogener Nationalstaat. Sie gliederte sich in eine Vielzahl recht disparater Regionen mit sehr unterschiedlichen historischen Traditionen, in denen sich – wie in Istrien und Dalmatien –

---

[6] Am Referendum in der Krajina beteiligten sich rund 73 Prozent von 140 000 serbischen Wahlberechtigten.

bis heute starke regionale Identitäten erhalten haben. Dies gilt, wohlgemerkt, nicht nur für die Siedlungsgebiete ethnischer Minoritäten, sondern für die räumliche Gliederung Kroatiens insgesamt. Mit Hilfe eines rigiden Zentralismus und einer straffen Sprachenpolitik versucht die neue politische Führung, die Integration der kroatischen Nation rasch voranzutreiben. So heißt Dalmatien nach offizieller Sprachregelung heute »Südkroatien«.

Den Vorstellungen von einem homogenen kroatischen Nationalstaat widerspricht die ethnische Zusammensetzung seiner Bevölkerung. Innerhalb der Republikgrenzen lebten nach den Angaben der jüngsten Bevölkerungszählung 1991 rund 4,8 Millionen Einwohner. Davon waren rund 78 Prozent Kroaten und 12 Prozent Serben. Fast 6 Prozent der Befragten wollten oder konnten sich jedoch keiner ethnischen Zugehörigkeit zuordnen oder verstanden sich als Jugoslawen. Die übrigen 4 Prozent verteilten sich auf mehr als zwanzig weitere Nationen und Nationalitäten (vgl. Karte 1).

Die 580 000 Serben in Kroatien bilden in vieler Hinsicht ebenfalls keine homogene Gruppe. Weder verfügen sie über ein einheitliches und geschlossenes Siedlungsgebiet noch über ein charakteristisches Sozialprofil. Bedeutende sozio-kulturelle Unterschiede lassen sich vor allem zwischen der ländlichen und städtischen Bevölkerung ausmachen, was sich auch in den politischen Orientierungen niederschlägt. Es wäre folglich verfehlt, kollektiv von »den Serben in Kroatien« zu sprechen.

Serben lebten vor Ausbruch des Krieges 1991 in allen 102 Gemeinden Kroatiens, von denen sie in 14 die absolute Bevölkerungsmehrheit stellten. Am höchsten lag ihr Anteil in der Region von Knin sowie in deren Nachbarlandschaften Ostdalmatien, Banija und Kordun. Hier ist das »Serbische Autonome Gebiet Krajina« ausgerufen worden, in denen der serbische Bevölkerungsanteil (laut Zensus von 1981) 61,3 Prozent betrug. Aber in allen diesen Regionen siedelten Serben und Kroaten (und andere Völker)

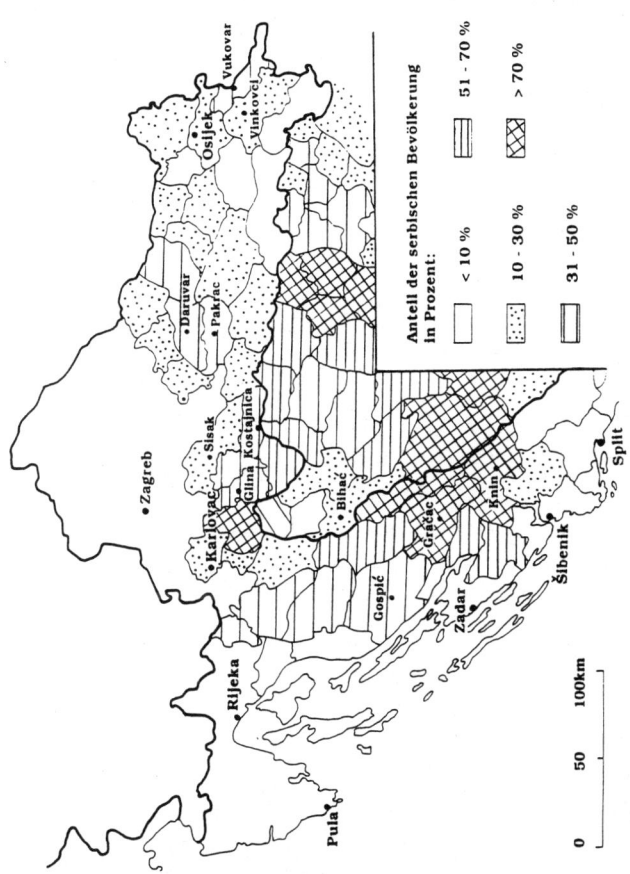

[Karte 1] Serben in Kroatien und im angrenzenden Bosnien-Herzegowina (1991)

gemischt, existierten kaum eindeutige ethnische Mehrheitsverhältnisse (vgl. Karte 2).

Bedeutende Bevölkerungsanteile stellten die Serben ferner im Osten Kroatiens, also in Slawonien, in der Baranja

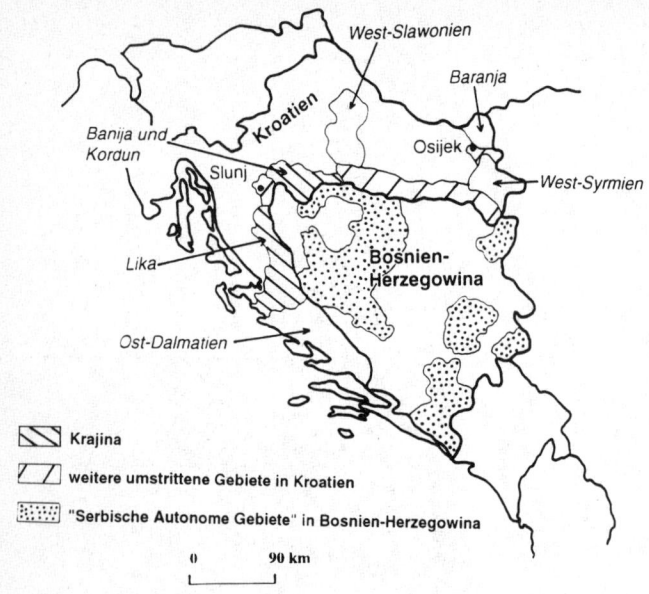

[Karte 2] Die Grenzregionen Kroatiens und die »Serbischen Autonomen Gebiete« 1991

und in Westsyrmien. Analog zur Krajina ist hier das »Serbische Autonome Gebiet Slawonien, Baranja und Westsyrmien« entstanden. In diesen Territorien hielten sich serbische und kroatische Siedlungen – regionale Schwerpunktbildungen verstehen sich von selbst – ungefähr die Waage. Damit ergibt sich ein fast vollständig geschlossenes, jedoch nur teilweise mehrheitlich serbisch besiedeltes Gebiet, das sich in Süd-Nord-Richtung von Benkovac an der Adriaküste bis nach Glina, 50 km südlich von Zagreb, erstreckt. In östlicher Richtung reichen die serbischen Siedlungen in dreieckiger Form, entlang der Städte Virovitica, Pakrac und Jasenovac bis zur serbischen Provinz Vojvodina. Die meisten kroatischen Serben lebten übrigens gar nicht in den umstrittenen Gebieten, sondern in den größeren Städten, in Zagreb, Rijeka, Split und Dubrovnik. Aufgrund von Abwanderung, Flucht und Vertreibung in Form der »ethnischen Säuberungen«, hat sich allerdings heute die ethnische Zusammensetzung der umstrittenen Territorien ebenso wie die der kroatischen Großstädte vollkommen verändert.

Aktuelle Lage und Ausblick

Nach rund sechs Monaten Krieg gelang es dem Unterhändler der Vereinten Nationen, Cyrus Vance, im Januar 1992 einen dauerhaften Waffenstillstand in Kroatien zu erreichen. Damit waren die Voraussetzungen für die Verwirklichung eines umfassenden Friedensplanes geschaffen. Nach anfänglichen Widerständen hatten sich im November 1991 alle Parteien zur Stationierung von UNO-Truppen bereit gefunden, die plangemäß in vier Etappen erfolgen sollte[7]. Der Vance-Plan sah vor, die Gesetze Kroatiens für die Dauer des UNO-Einsatzes in dieser Region außer Kraft zu setzen und die Rückkehr der Flüchtlinge und Vertriebenen zu ermöglichen. Die jugoslawische Bundesarmee sollte aus ganz Kroatien abgezogen und die serbischen Milizen entwaffnet werden.

Die Vorlage des UNO-Friedensplanes stieß bei keiner der Kriegsparteien auf Begeisterung. Die kroatische Seite befürchtete, daß durch die Anwesenheit der Blauhelme die serbische Besatzung und der Zustand der »ethnischen Säuberungen« zementiert werde. Um die Annahme und Durchführung des Entwurfs hat sich zudem ein massiver Streit zwischen Belgrad und radikalen Vertretern der Krajina-Serben entzündet. Während letztere darauf bestan-

---

[7] Im Sektor Ost (Ostslawonien und Baranja), West (Westslawonien), Nord (Banija) und Süd (Krajina).

den, Friedenstruppen nur entlang der Frontlinie zu stationieren, hatte Milošević zugestimmt, das gesamte Territorium der Krajina unter internationale Kontrolle zu stellen. Als letzter Gegner des Vance-Planes ist im Februar dieses Jahres der Serbenführer Babić auf massiven Druck Belgrads hin entmachtet worden. Mit der Resolution 743 konnte im Februar 1992 der UNO-Sicherheitsrat die Entsendung einer Schutztruppe (UN Protection Force=UNPROFOR) für einen Anfangszeitraum von 12 Monaten beschließen.

Bis heute ist der UNO-Plan noch weit von seiner Verwirklichung entfernt. Faktisch sieht es im Moment nämlich eher nach einer Festigung der serbischen Herrschaft in Ostslawonien und der Krajina aus. In der völlig zerstörten Stadt Vukovar und in den umliegenden Dörfern beispielsweise leben heute fast ausschließlich Serben. Die im UNO-Plan vorgesehene Rückkehr der Flüchtlinge scheitert nicht nur an den fehlenden Unterbringungsmöglichkeiten. Die selbsternannte Regierung des »Serbischen Autonomen Gebietes Slawonien, Baranja und Westsyrmien« will nur jenen Kroaten die Heimkunft erlauben, die nicht am »bewaffneten Aufstand gegen Jugoslawien« teilgenommen haben. Die Rückkehr wird aber auch jenen Serben verwehrt, die nicht auf serbischer Seite für die »Befreiung« ihrer Siedlungsgebiete gekämpft haben. Jeder Ankömmling wird von den serbischen Behörden daraufhin überprüft. Anfang Oktober 1992 mußten rund 5000 Flüchtlinge, die trotz offizieller Warnung in ihre ostkroatische Heimat zurückkehren wollten, von UNO-Offizieren aufgehalten werden, da man ein Wiederaufleben der Kämpfe befürchtete. Die »Serbische Republik Krajina« will sich unterdessen um internationale Anerkennung bemühen und mit Hilfe eines Referendums den Anschluß an die »Bundesrepublik Jugoslawien« erreichen. Ende Oktober 1992 beschlossen die in Bosnien und Kroatien proklamierten Serben-Republiken eine »Union der serbischen Staaten«. Der Schaffung eines großserbischen Staates ist man damit einen weiteren Schritt nähergekommen.

Obwohl die kroatische Regierung die vermeintliche Untätigkeit der Blauhelme immer schärfer kritisiert, hat sie das Mandat der UNO-Truppen bereits mehrfach verlängert. Gleichwohl hat sie im Januar 1993 in einer militärischen Blitzaktion (Operation Maslenica) versucht, einige strategisch wichtige Verbindungslinien zurückzuerobern. Die Frage, ob und wann es zu einer Normalisierung der serbisch-kroatischen Beziehungen kommt, ist derzeit noch vollkommen offen.

Aus dem Krieg sind sowohl Kroaten wie Serben als Verlierer hervorgegangen. Weite Teile der besetzten Gebiete in Ostslawonien und in der Krajina sind verwüstet. Während des Krieges sind systematisch zivile Objekte, darunter zahlreiche Industrieanlagen, zerstört worden. Nach Flucht und Vertreibung mehrerer hunderttausend Menschen sind vor allem in Slawonien Dörfer und Städte verödet, das Vieh verendet, Häuser und Höfe geplündert.

Konfliktanalyse

In der serbisch-kroatischen Auseinandersetzung in Kroatien überlagern sich verschiedene Konflikttypen. Grob vereinfacht läßt sich der kroatische Wunsch nach Selbständigkeit auf einen Verteilungskonflikt zurückführen, der nicht lediglich den Streit um die ökonomischen Ressourcen beinhaltete, sondern der auch die Frage nach den Zugangschancen zu den zentralen Machtpositionen im jugoslawischen Staat aufwarf. Gesellschaftlicher Status und soziale Aufstiegschancen waren in vielen Bereichen von der ethnischen Zugehörigkeit bestimmt: In hohen Verwaltungsposten, im Rundfunk und nicht zuletzt in den militärischen Führungspositionen sind Angehörige der serbischen Nationalität weitgehend überrepräsentiert gewesen. Die Souveränitätserklärung Kroatiens brachte dieses vielschichtige Verteilungsproblem subjektiv einer Lösung näher, eröffnete jedoch ein neues Konfliktfeld. Die serbische

Bevölkerung Kroatiens, der das sozialistische Jugoslawien den Status einer (auch in Kroatien) staatstragenden Nation zugebilligt hatte, geriet in eine tiefgreifende Identitätskrise, nachdem sie sich infolge der Verfassungsänderung in die Rolle einer ethnischen Minorität gedrängt sah. Aus diesem *Identitätskonflikt* entwickelte sich – nicht zuletzt durch das Eingreifen der serbischen Schutzmacht in Belgrad – zunächst ein sezessionistischer *Minderheitenkonflikt*, der schließlich de facto in den *interrepublikanischen Krieg* einmündete.

Es steht außer Frage, daß sich beide Kontrahenten bei der Verwirklichung ihrer politischen Ziele auf die Geschichte berufen. Mit Wolfgang Höpken läßt sich konstatieren, daß heute politische Ziele und territoriale Forderungen aus früheren Epochen übernommen werden, womit die Geschichte auch die Inhalte der Tagespolitik beeinflußt. Ferner werden diese aktuellen Ziele häufig mit historischen Argumenten, Stereotypen und Ideologien begründet. Darüber hinaus werden singuläre, meist emotional befrachtete historische Ereignisse benutzt, um das Selbstverständnis nationaler Gemeinschaften zu symbolisieren. Ein einziges traumatisches Erlebnis kann unter Umständen die gesamte Leidensgeschichte eines Volkes versinnbildlichen. Alle drei Ebenen lassen sich bei der Analyse der aktuellen serbisch-kroatischen Auseinandersetzung nachweisen.

Das offen zur Schau getragene Nationalbewußtsein der kroatischen Führung hat bei den Angehörigen anderer ethnischer Gruppen in vieler Hinsicht historisch traumatische Erinnerungen wachgerufen und dadurch unzweifelhaft zu einer Verschärfung der Spannungen geführt. Zu wesentlichen Teilen trug hierzu die von offizieller Seite betriebene Umdeutung und Mythologisierung der kroatischen Geschichte bei. Zahlreiche Straßen und Plätze wurden – wie bereits in der vorsozialistischen Ära – nach Herrschern des mittelalterlichen kroatischen Königreichs oder nach Verfechtern eines unabhängigen und souveränen Kroatiens benannt. Die Schaufenster der Zagreber Buchhandlungen füllen neuaufgelegte Monographien zur Nationalgeschichte. Überall kann man heute Büsten berühmter kroatischer Persönlichkeiten erwerben.

Vor allem die Ereignisse des Zweiten Weltkriegs, als in dem von Hitler und Mussolini geschaffenen »Unabhängigen Staat Kroatien« die serbische Bevölkerung systematisch verfolgt wurde, sind zweifellos bis heute in der kollektiven Erinnerung, zumal jener der Erlebnisgeneration, präsent. Seit einigen Jahren wird zwischen kroatischen und serbischen Historikern eine Kontroverse um die tatsächliche Zahl der Opfer des Ustaša-Faschismus geführt, in die sich auch der derzeitige kroatische Präsident Franjo Tudjman, ehemals Direktor des Instituts für die Geschichte der Arbeiterbewegung in Zagreb, eingeschaltet hat. Nach seiner Interpretation habe der Genozid an den Serben im kroatischen Ustaša-Staat weit weniger Menschen erfaßt als offiziell angenommen. Auch andere kroatische Historiker und Publizisten beziffern die Zahl der Opfer heute weit niedriger als die jugoslawischen Nachschlagewerke. Die erbitterte Polemik serbischer und kroatischer Historiker um das kroatische Konzentrationslager Jasenovac, in dem nach früheren Veröffentlichungen rund 700 000, laut Tudjman jedoch »nur« 30 000 Serben ermordet wurden, symbolisiert die Debatte um die Interpretation der faschistischen Epoche in den südslawischen Ländern, bei der sich die kroatische Seite nicht ganz zu Unrecht Verharmlosung vorwerfen lassen muß.

Umgekehrt dient der serbischen Seite die Kontroverse um die Opfer des Faschismus in Kroatien zur Rechtfertigung eigener Schutzmachtansprüche auf die vermeintlich wieder vom Genozid bedrohten Serben in Kroatien. Der Topos von einer jahrhundertealten Benachteiligung, Bedrohung und sogar physischen Vernichtung des serbischen Volkes durchzieht die nationalistische serbische Historiographie wie ein roter Faden. Angefangen mit der Schlacht auf dem Amselfeld, bei der die serbischen Truppen 1389 eine vernichtende Niederlage gegen die Osmanen erlitten, bis hin zur Tito-Ära, in der die Serben angeblich einer permanenten Benachteiligung und Erniedrigung ausgesetzt gewesen seien, lassen sich alle möglichen historischen Ereignisse mit der Beschwörungsformel vom Genozid umkleiden.

Weiteren Nährstoff erhalten die von serbischer Seite vorgetragenen Vorwürfe durch die Wahl der nationalen Symbole Kroatiens, die sich nur in wenigen Details von denen des ehemaligen faschistischen Staates unterscheiden. Das traditionsreiche schachbrettähnliche Nationalwappen (*šahovica*), das heute wieder die kroatische Staatsflagge ziert, legte während des Zweiten Weltkrieges auch die Ustaša-Regierung ihrer nationalen Symbolik zugrunde. Insofern versinnbildlicht die *šahovica* für viele Serben gleichzeitig den während der faschistischen Herrschaft begangenen Völkermord. Um Verwechslungen zu vermeiden, hat Präsident Tudjman die Reihenfolge des ehemals weißroten Quadratmusters nun in Rotweiß umändern lassen. Aber nichtsdestoweniger schürt das Wappen, das auch die kroatischen Polizeiuniformen ziert, alte Ängste. Nicht zufällig kam es zur ersten bewaffneten Auseinandersetzung, als kroatische Polizisten versuchten, die *šahovica* auf einer im serbischen Siedlungsgebiet gelegenen Polizeistation zu hissen.

Zusätzliche Spannungen erzeugt das Bestreben der kroatischen Führung, ihre politischen Ziele unter Verwendung ethno-kultureller Stereotypen abzusichern. Während sich die kroatische Seite als integraler Bestandteil der »zivilisierten«, katholisch-mitteleuropäischen Kultur begreift, werden die serbischen Nachbarn als Vertreter des barbarisch-despotischen Ostens ausgegrenzt. So formulierte ein auf der Frankfurter Buchmesse verteiltes Flugblatt des kroatischen Schulbuchverlags plakativ: »Die Kroaten waren bis Ende des Ersten Weltkrieges, als sie an den Balkanstaat Serbien gebunden wurden, fester Bestandteil Mitteleuropas mit engen Bindungen vor allem zur deutschen Kultur. (...) Das vom Osmanischen Reich 500 Jahre okkupierte Serbien war hingegen ein Teil des Orients, dessen mittelalterliche Grausamkeit im serbischen Bewußtsein als ganz normales Kampfmittel erschien (...). Als sich Serbien vom Orient befreite, war dem kleinen Volk der Serben das zivilisierte Europa längst fremd geworden.«[8] Es versteht sich von selbst, daß in solchen Stellungnahmen vom faschistischen Völkermord während des Zweiten Weltkrieges keine Rede ist.

Vielmehr dienen derartige ethnokulturelle Stereotype, die bestimmte, unveränderliche sittlich-moralische Unterschiede zwischen den Völkern nachzuweisen versuchen, der geradezu missionarischen Rechtfertigung eigener politischer Ziele. Das Erreichen der kroatischen Unabhängigkeit wird dergestalt als Abwehrkampf der westlich-europäischen Zivilisation gegen die östliche Barbarei dargestellt. Ein weiteres Merkmal historischer Stereotypen, das sich auch im innerjugoslawischen Konflikt nachweisen läßt, besteht in ihrer Austauschbarkeit, obwohl sie ja gerade vorgeben, das Besondere eines Volkes aufzuzeigen. Ähnlich, wie sich die kroatischen Nationalisten von den Serben abgrenzen, argumentieren die serbischen Nationalisten gegenüber den Muslimen oder Albanern. Auch die Serben verstehen sich nämlich letztlich als Verteidiger der europäischen Christenheit gegen osmanisch-islamische Barbarei.

---

[8] Zit. nach Wolfgang Höpken, Geschichte und Gewalt. Geschichtsbewußtsein im jugoslawischen Konflikt. In: Internationale Schulbuchforschung 15 (1993), H. 1, S. 55–73, hier S. 71.

Konkrete Streitpunkte: Verfassung,
Minderheitenrecht und Grenzen

Die neue Verfassung bezeichnet in der Präambel die Republik Kroatien als Nationalstaat des kroatischen Volkes sowie der anderen Völker, die in seinen Grenzen leben. Dies beinhaltete für die in Kroatien lebenden Serben einen Statuswandel: Während sie im sozialistischen Jugoslawien neben den Kroaten ebenfalls als staatsbildende Nation betrachtet wurden, finden sie sich in der jetzigen zu einer nationalen Minderheit zurückgestuft. Amtssprache und -schrift ist Kroatisch in lateinischen Buchstaben, was die Serben, die kyrillische Schriftzeichen verwenden, als diskriminierend empfinden. Die Gewährung weiterer Amtssprachen und -schriften schließt die Verfassung zwar nicht grundsätzlich aus, verzichtet jedoch auf eine weitere Präzisierung dieser Frage. Auch andere Verfassungsartikel definieren lediglich Individual-, jedoch keine minoritären Gruppenrechte.

Zugeständnisse im Minderheitenrecht hat die kroatische Regierung erst auf Druck des Auslands gemacht. Die EG machte die Gewährung von Minderheitenrechten zur Voraussetzung für die internationale Anerkennung Kroatiens als souveräner Staat. Im Dezember 1991 verabschiedete das kroatische Parlament folglich ein Verfassungsgesetz, das in jenen Bezirken, in denen die Serben mehr als die Hälfte der Bevölkerung stellen, weitgehende Autonomie und lokale Selbstverwaltung vorsah. Diese Regelung, die dem Südtiroler Modell entspricht, geht weit über die ursprüngliche Verfassung hinaus, die den Minoritäten lediglich die Pflege der eigenen Sprache, Schrift und Kultur zugestanden hatte. Nach dem neuen Entwurf erhalten insgesamt elf Bezirke der Krajina das Recht auf ein eigenes Bildungssystem, gesetzgeberische Körperschaften sowie eine eigene Gerichtsbarkeit und Polizeikräfte. Minderheiten, die mehr als acht Prozent der kroatischen Gesamtbevölkerung ausmachen, erhalten eine proportionale

Vertretung im Parlament, in der Regierung sowie im obersten Gericht. Dies ist insofern von Bedeutung, als in den Gebieten, die einen eigenen Autonomiestatus erhalten, nur ein Viertel aller Serben Kroatiens leben. Das Gesetz soll jedoch erst nach Beendigung des Bürgerkriegs und nach Neuwahlen in den mehrheitlich von Serben besiedelten Gebieten in Kraft treten.

Der »heiße« Krieg wird jedoch nicht um Minderheitenrechte, sondern um die Neufestlegung der Republikengrenzen geführt. Beide Seiten berufen sich dabei auf völkerrechtlich anerkannte Prinzipien, die sich tatsächlich in einem natürlichen Spannungszustand befinden. Während die serbische Seite mit dem »Selbstbestimmungsrecht der Völker« argumentiert, das eine Vereinigung aller Serben in einem gemeinsamen Staat legitimiere, beruft sich die kroatische Regierung auf den Grundsatz der »Unverletzlichkeit der Grenzen«, demgemäß ihr territorialer Bestand unangetastet bleiben müsse. Kroatien will die Grenzfrage nach historisch-rechtlichen, Serbien nach ethnischen Kriterien festlegen. Während die serbischen Nationalisten darauf beharren, die innerjugoslawischen Grenzen lediglich als administrative Trennlinien zu begreifen, die willkürlich gezogen wurden und daher jederzeit widerrufbar seien, insistiert die Zagreber Regierung auf dem Standpunkt, es handele sich um Staatsgrenzen im völkerrechtlichen Sinne.

Tatsächlich haben sich sowohl die historischen als auch die ethnischen Grenzen durch die Jahrhunderte so häufig geändert, daß sich dieses Problem auch unter Berufung auf die Geschichte nicht lösen läßt. Der 1918 gegründete Staat der Serben, Kroaten und Slowenen (seit 1929 Jugoslawien) war zentralistisch organisiert. Bis 1939 gab es weder kroatische noch serbische Grenzen, sondern lediglich Verwaltungseinheiten, die unabhängig von historischen und ethnischen Kriterien geschaffen wurden. Dahinter verbarg sich die Absicht, das geschichtlich gewachsene administrative und nationale Eigenleben der Regionen zu brechen

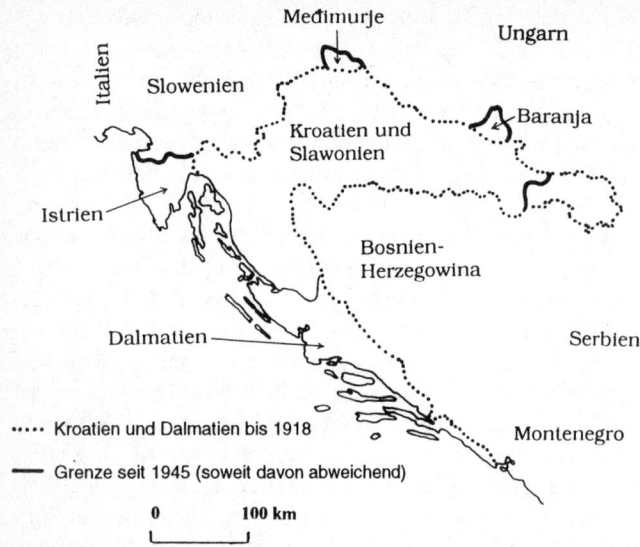

[Karte 3] Kroatien: Territoriale Entwicklung im 20. Jahrhundert

und die Staatsvölker zu einer gemeinsamen »dreinamigen« Nation zu verschmelzen. Eine ähnliche Absicht verfolgte auch die 1929 eingeführte Banschaftsverwaltung. Innere Autonomierechte hatte Kroatien im Rahmen Jugoslawiens erst 1939 mit der Gründung der »Banovina Hrvatska«, der kroatischen Banschaft, erhalten. Anders als zu Zeiten der österreich-ungarischen Herrschaft, wurden seinem Territorium nun auch Dalmatien und Teile der Herzegowina zugeschlagen. Der 1941 geschaffene Ustaša-Staat schließlich umfaßte ein noch größeres Territorium. Er kam den im 19. Jahrhundert entwickelten Vorstellungen eines Großkroatien am nächsten.

Die nach dem Zweiten Weltkrieg geschaffenen sechs jugoslawischen Republiken reproduzierten im wesentlichen den territorialen Bestand der historischen Regionen vor 1918. Dies bedeutete, daß auch die 1939 und 1941 gezogenen kroatischen Grenzen hinfällig wurden, da sie Teile Bosnien-Herzegowinas einschlossen, das nun ebenfalls eine eigene Republik bildete. Jedoch erhielt Kroatien die von Italien abgetrennte Halbinsel Istrien, die ehemals ungarische Baranja sowie das dalmatinische Küstenland. Eine Abweichung vom historischen Prinzip bedeutete auch die Grenzziehung zu Serbien, welche Syrmien aufgrund der ethnischen Siedlungsverhältnisse zwischen den beiden Republiken aufteilte. Die damals mehrheitlich von Serben bewohnten Regionen fielen damit an Serbien. Mag man die Grenzziehungen in der Frühphase des jugoslawischen Staates noch mit gewisser Berechtigung als administrativ interpretieren, veränderten sie spätestens nach der 1974 erfolgten Verfassungsänderung grundsätzlich ihren Charakter. Den jugoslawischen Teilrepubliken waren nun so weitreichende föderale Rechte zugestanden worden, daß man sie tatsächlich als Völkerrechtssubjekte begreifen muß.

Nicht nur der Streit um die Grenzen verdeutlicht eine auffällige Parallelität in Inhalten und Argumentationsweisen der beiden Kontrahenten. Es gehört zur Natur der Sache, daß sowohl Kroatien als auch Serbien die unter Tito gezogenen Grenzen als ungerecht empfinden, da beide ihre territorialen Aspirationen nicht voll verwirklichen konnten. Aber auch in anderen Zusammenhängen trifft man auf beiden Seiten auf vergleichbare Argumentationsmuster: dem Topos von Unterdrückung und Ausbeutung (der Kroaten in Jugoslawien bzw. der Serben in Kroatien) steht das Motiv der Befreiung und Unabhängigkeit gegenüber. So, wie Kroatien die »jugoslawische Fremdherrschaft« abschüttelte, wollen sich die Serben Kroatiens der »kroatischen Genozidgefahr« entledigen.

In beiden Fällen dienen einmal rechtliche, einmal historische Argumente zur Legitimierung eigener Ziele, die – auch hier trifft man auf Parallelen – der gegnerischen Seite in der Regel nicht zugestanden werden. Für die Konfliktparteien im ehemaligen Jugoslawien stellt es folglich keinen Widerspruch dar, sich – je nach Opportunität und in Einklang mit international akzeptierten Grundsätzen – abwechselnd auf das grenzüberschreitende Selbstbestimmungsrecht der eigenen Nation oder auf die Unverletzlichkeit bestehender Grenzregelungen zu berufen. Dies gilt für Serben und Kroaten gleichermaßen.

Fazit

Obwohl sich die Konfliktparteien immer wieder auf geschichtliche Traditionen und Ereignisse berufen, ist der serbisch-kroatische Krieg in Kroatien weder auf historisch geprägte »volkspsychologische« Gegensätze noch auf eine jahrhundertealte, kriegerisch ausgetragene »Erbfeindschaft« von Serben und Kroaten zurückzuführen. Die Vorgeschichte des aktuellen Konflikts reicht kaum weiter als in das 19. Jahrhundert, das Zeitalter des beginnenden Nationalismus zurück. Folglich spielt Geschichte – soweit sie das vornationale Zeitalter betrifft – für die Analyse der aktuellen ethnisch-konfessionellen Konflikte vor allem in funktionaler Hinsicht eine Rolle. Die Art der Deutung und Vermittlung historischer Ereignisse durch die politischen Akteure ist unter Umständen für die nationale Mobilisierung bedeutsamer als die kollektiven Erfahrungen selbst.

Die Frage nach den Ursachen des aktuellen serbisch-kroatischen Konflikts ist mit der nach den Bedingungen für das Wiederaufleben und die Ausbreitung nationalistischer Ideologien am Ende des 20. Jahrhunderts verknüpft. Autoren wie Ernest Gellner, Benedict Anderson und Eric Hobsbawm konnten zeigen, daß nationalistisches Gedankengut in Zeiten extremer sozialökonomischer Unsicherheit und/oder Phasen tiefgreifender politischer Legitimitäts- und gesellschaftlicher Identitätskrisen besonders attraktiv erscheint. Mit Hilfe einer an Alltagserfahrung anknüpfenden Symbolwelt, die unter anderem auf Begriffe wie »Heimat«, »Nation« und »Volk« zurückgreift, können abstrakte und komplexe Probleme auf persönliche Gemeinschaftsbeziehungen umgedeutet werden. Die Schaffung einer nationalen Gemeinschaft und die Erlangung der staatlichen Unabhängigkeit dienen insofern als allumfassendes Problemlösungsangebot. Die Kritik an der Herrschaft und Ausbeutung durch Fremde, der Topos von der nationalen Befreiung, erweist sich in diesem Zusammenhang als besonders effizienter Mechanismus zur Stärkung von Wir-Gruppen-Prozessen. Er dient, wie Georg Elwert gezeigt hat, als Fokus, um alle möglichen komplexen Probleme auf ein (scheinbar offensichtliches) Phänomen zu reduzieren. Je dringlicher die Lösung gegenwärtiger Probleme in der Erlangung der nationalen Unabhängigkeit gesehen wird, desto radikalere und gewalttätigere Mittel werden jedoch dazu ergriffen. Kämpfe und Kriege erfüllen also durchaus wichtige Funktionen für die Stabilisierung von Gemeinschaften. Dies gibt Anlaß, die ethnisch-konfessionellen Konflikte in Südosteuropa – wenn auch um den Preis einer pessimistischen Zukunftsperspektive – im Lichte nationaler Integrationsprozesse zu deuten.

Literaturhinweise

Behschnitt, Wolf Dietrich: Nationalismus bei Serben und Kroaten 1830–1914. Analyse und Typologie der nationalen Ideologie. München 1980.

Elwert, Georg: Fassaden, Gerüchte, Gewalt. Über Nationalismus. In: Merkur 1991, S. 319–332.

Gross, Mirjana: Einfluß der sozialen Struktur auf den Charakter der Nationalbewegung in den kroatischen Ländern im 19. Jahrhundert. In: Sozialstruktur und Organisation europäischer Nationalbewegungen. Hg. Theodor Schieder, München, Wien 1971, S. 67–92.

Gross, Mirjana: Croatian National-Integrational Ideologies from the End of Illyrism to the Creation of Yugoslavia. In: Austrian History Yearbook XV–XVI (1979–1980), S. 3–33.

Höpken, Wolfgang: Geschichte und Gewalt. Geschichtsbewußtsein im jugoslawischen Konflikt. In: Internationale Schulbuchforschung 15 (1993), H. 1, S. 55–73.

Karger, Adolf: Die serbischen Siedlungsräume in Kroatien. In: Osteuropa 2 (1992), S. 141–146.

Kessler, Wolfgang: Politik, Kultur und Gesellschaft in Kroatien und Slawonien in der ersten Hälfte des 19. Jahrhunderts. Historiographie und Grundlagen, München 1981.

Libal, Wolfgang: Das Ende Jugoslawiens. Chronik einer Selbstzerstörung. Wien, Zürich 1991.

Moore, Patrick: The »Question of All Questions«: Internal Borders. In: RFE/RL Research Report 2 (1991), Nr. 38, S. 34–39.

Moore, Patrick: War Returns to Croatia. In: RFE/RL Report on Eastern Europe 2 (1993), Nr. 9, S. 40–43.

Moore, Patrick: The Shaky Truce in Croatia. In: RFE/RL Report on Eastern Europe 2 (1993), Nr. 21, S. 46–49.

Shoup, Paul: The Future of Croatia's Border Regions. In: RFE/RL Research Report 2 (1991), Nr. 48, S. 26–33.

Vucinich, Wayne S.: The Serbs in Austria-Hungary. In: Austrian History Yearbook, 2 (1967), S. 3–47.

Bosnien-Herzegowina
von Srećko M. Džaja

Bosnien-Herzegowina (kroat. und serb. Bosna i Hercegovina) erstreckt sich über eine 51 129 qkm große Berglandschaft zwischen Kroatien im Norden (die slawonische Ebene) und Westen (die dalmatinisch-kroatische Adriaküste) und Serbien und Montenegro im Osten und Südosten. Vom Frühmittelalter bis heute blieb dieses Doppelland verschiedenen politischen und kulturellen Einflüssen ausgesetzt. Ende des Spätmittelalters und Anfang der Neuzeit stießen hier die Ausläufer von Abendland, Byzanz und Islam aufeinander. Die Folge dieses Eindringens verschiedener Zivilisationen ist eine bunte, multikulturelle Struktur der Bevölkerung. Vor dem Ausbruch des Krieges 1991/1992 lebten in Bosnien und Herzegowina 4 345 911 Einwohner. Davon entfielen auf die katholisch geprägten Kroaten 17,4 Prozent (755 895), auf die orthodoxen Serben 31,4 Prozent (1 369 258), auf die Muslime 43,8 Prozent (1 905 829). Die übrigen 7,4 Prozent (323 929) machten die Bevölkerungsminderheiten aus.

Die Bevölkerung trennen zwar keine Sprachbarrieren, sehr wohl aber die Zugehörigkeit zu unterschiedlichen Zivilisationen mit verschiedenen Weltanschauungen, Geschichtsbildern und politischen Vorstellungen.

Bosnien im Frühmittelalter

Die Wurzeln des heutigen Bosnien lassen sich bis in das Frühmittelalter zurückverfolgen, wobei nicht unerwähnt bleiben darf, daß die historische Kontinuität in Bosnien viel geringer ist als in den benachbarten südslawischen Ländern Kroatien und Serbien. Vor allem aus diesem Grund beanspruchten und beanspruchen immer noch die nationalen Ideologien und ihre Geschichtsschreibung das mittelalterliche Bosnien als einen Bestandteil des kroatischen, respektive des serbischen kulturellen und politischen Raumes.

Nach einigen neueren Auffassungen hatte sich Bosnien als politisches Gebilde schon im 7. und 8. Jahrhundert herausgebildet, d.h. vor Kroatien und Serbien. In diesem ursprünglichen Bosnien, das sich nur auf das Oberbosnien um den Oberlauf des Flusses Bosna (die Region um das heutige Sarajevo) erstreckte und insgesamt ca. ein Fünftel des heutigen Territoriums ausmachte, dürfte sich die Oberschicht aus im 6. und 7. Jahrhundert eingewanderten Awaren und Slawen zusammengesetzt haben. Im 8. Jahrhundert kam Bosnien unter fränkische Oberhoheit, die durch die kroatische abgelöst wurde. Nach dem Bericht des byzantinischen Chronisten Kaiser Konstantin VII. Porphyrogennetos (gest. 959) kam das »Ländlein« Bosnien 949 unter die Oberhoheit des serbischen Fürsten Časlav Klonimirović (927–ca. 950), um ca. 960 wieder unter die kroatische Oberhoheit zurückzufallen. Ende des 11. Jahrhunderts verzeichnen die lückenhaften Quellen als Oberherrn von Bosnien König Bodin von Duklja (heute Montenegro) (ca. 1081–ca. 1106). Anfang des 12. Jahrhunderts geriet Bosnien zusammen mit Kroatien in die ungarische Machtsphäre. Die ungarischen Könige nahmen Bosnien in ihren Herrschertitel auf und intensivierten nach dem Zusammenbruch der Großmacht Byzanz Ende des 12. Jahrhunderts ihre Bemühungen, das Gebiet unter verstärkter Kontrolle zu halten, allerdings mit wenig Erfolg.

Der politischen Entwicklungslinie des frühmittelalterlichen Bosnien folgte die kirchenpolitische. Die archäologischen Überreste zeigen, daß das Christentum in dieser Region schon in römischer Zeit verbreitet war. Nach der Völkerwanderung wurde die Christianisierung allem Anschein nach aus zwei Richtungen durchgeführt: von Westen aus der Metropolie Salona (Split) und von Norden aus dem kyrillo-methodianischen Zentrum Syrmium (das heutige Sremska Mitrovica). Dabei hatte die kyrillo-methodianische Tradition in Bosnien starke Wurzeln geschlagen, so daß – den erhaltenen historischen Quellen zufolge – allein der kirchenslawische Ritus Ende des 12. Jahrhunderts in Bosnien verbreitet war.

Ein bosnisches Bistum ist zwar ab 1089 in den Quellen greifbar, aber es dürfte schon früher existiert haben. In kirchenpolitischer Hinsicht erlebte dieses Bistum einen häufigen Wechsel der Zuständigkeit. Bis zum Ende des 11. Jahrhunderts gehörte es zur Metropolie Split, dann wurde es der Metropolie Antivari (das heutige Bar in Montenegro) zugeschlagen, wieder an Split zurückgegeben und schließlich Ende des 12. Jahrhunderts der Stadtrepublik Ragusa (Dubrovnik) unterstellt – jeweils nach der Verschiebung der politischen Kräfteverhältnisse.

Um die Wende vom 12. zum 13. Jahrhundert bahnte sich für Bosnien eine neue politische und kirchenpolitische Epoche an, die sich mit folgenden Stichworten kennzeichnen läßt: der religionspolitische Konflikt mit dem römisch-katholischen Establishment, der politische Aufstieg des mittelalterlichen Bosnien und eine steigende Okzidentalisierung.

Hoch- und Spätmittelalter

Nach dem Tode des byzantinischen Kaisers Emanuel I. Komnenos (1143 – 1180) endete die byzantinische Oberhoheit über Bosnien. Darauf trat der Großbanus Kulin (vor 1180 – 1204) ins Rampenlicht der bosnischen Geschichte. Die legendäre Erinnerung an diesen bosnischen Herrscher ist bis heute in einem Spruch bewahrt geblieben: »Während der Herrschaft von Banus Kulin waren die Zeiten gut« (Za Kulina bana i dobrih je dana)[1].

---

[1] Der kroatische Titel »Banus« entspricht etwa dem deutschen »Markgraf« (»Banat« bedeutet Grenz- oder Markgrafschaft).

Banus Kulins Bosnien erstreckte sich bis zu den Flüssen Drina im Osten und Vrbas im Westen, folgte dem Oberlauf des Neretva-Flusses im Süden und reichte bis zur Save im Norden. Die intensiven Handelsbeziehungen mit der Stadtrepublik Ragusa (Dubrovnik) wurden in einem Vertrag 1189 geregelt. Allerdings läßt sich die bosnische Wirtschaftsgeschichte sowie die mittelalterliche Urbanisierung Bosniens quellenmäßig anhand der ragusanischen Archivbestände erst ab dem 14. Jahrhundert systematischer verfolgen. Das mittelalterliche Bosnien pflegte lebendige Handelskontakte mit der Adriaküste und entwickelte eine Stadtkultur. Die tragenden Kräfte der bosnischen mittelalterlichen Kultur waren ragusanische Kaufleute, sächsische Bergleute und der Franziskanerorden.

Die bogumilische Frage wird nun der Schlüssel für das Verständnis der bosnischen mittelalterlichen Geschichte. Die erste quellenbelegte Nachricht über die Verbreitung eines »Ketzertums« in Bosnien ließ Fürst Vukan von Zeta (Duklja), der Schwager des Banus Kulin, Papst Innozenz II. um die Jahreswende 1199/1200 zukommen. Fürst Vukan schrieb, daß Bosnien von Ketzern wimmele, denen sich Banus Kulin, seine Frau und über zehntausend Christen angeschlossen haben sollen. Von diesem Zeitpunkt an bis zur türkischen Eroberung Bosniens im Jahre 1463 wiederholen sich in kürzeren und längeren Zeitabständen die Nachrichten über das bosnische »Ketzertum« einerseits und über das Eingreifen der Päpste und der ungarischen Könige andererseits.

Einer direkten Konfrontation wich Banus Kulin allerdings aus. Er ließ einen päpstlichen Legaten nach Bosnien kommen, und am 8. April 1203 fand auf dem Bilino Polje (in Zentralbosnien bei dem heutigen Zenica) eine Abschwörung durch die bosnischen *Krstjani* (»Christen«; so hieß die Selbstbenennung, nicht »Bogumilen«) statt. Die Abschwörung wurde durch zwei Vertreter der Krstjani auch vor dem ungarischen König wiederholt. Der päpstliche Legat Johannes von Casamare schlug seinerseits eine

Reform der Kirche in Bosnien vor, unter anderem die Einsetzung eines Bischofs mit Lateinkenntnissen sowie eine Aufteilung der großen bosnischen Diözese in drei oder vier kleinere Bistümer.

Dann schweigen die Quellen über die »Häresie« in Bosnien bis 1221, als eine konzertierte Offensive der Römischen Kurie und Ungarns einsetzte. Im weiteren Verlauf wissen die historischen Quellen um die Vorbereitungen von Kreuzzügen gegen Bosnien, Einsetzung der Dominikaner als Inquisitoren und Missionare, Ablösung des bosnischen »häretischen« Bischofs durch einen lateinischen Bischof 1233, die Unterstellung des bosnischen Bistums 1247 unter die ungarische Metropolie Kalocsa und schließlich Verlegung der bischöflichen Residenz aus Bosnien nach Djakovo in Slawonien – spätestens im Jahre 1252.

Allem Anschein nach waren die Ergebnisse sowohl der Kreuzzüge wie auch der Dominikanermission mager. Andererseits können wir seit der Mitte des 13. Jahrhunderts im bosnischen Banat von zwei kirchlichen Gemeinschaften sprechen – jener älteren, inzwischen als »häretisch« erklärten Bosnischen Kirche (Selbstbenennung) und der katholischen Kirche. Seit dieser Zeit schwankten die bosnischen Herrscher – je nach der Stärke des Drucks von innen oder von außen – zwischen dem Bogumilismus und dem Katholizismus[2].

Im 14. Jahrhundert änderte sich die Lage beträchtlich. Dem bosnischen Herrscherhaus Kotromanići gelangen erhebliche Gebietsgewinne. Stjepan II. Kotromanić (1314 – 1353) verdoppelte das Territorium durch die Ausbreitung seiner Macht auf die Banate Usora und Soli im Norden entlang der Save und auf das Land Hum (die heutige Herzegowina) im Süden. Sein Neffe und Nachfolger Stjepan

---

[2] »Bogumilismus« oder »Bogumilentum« bezeichnet ursprünglich eine Sektenbewegung in Bulgarien, benannt nach ihrem Urheber Bogumil. Diese Bezeichnung hat erst die moderne Geschichtsschreibung auch auf die bosnischen Ketzer angewandt. In den zeitgenössischen Quellen ist dies nicht belegt.

Tvrtko I. Kotromanić (1353 – 1391) dehnte seine Herrschaft auf Serbien im Osten, auf Kroatien und Dalmatien im Westen aus und ließ sich 1377 zum bosnischen und dann auch zum serbischen König krönen.

In ihrer Politik, insbesondere der Kirchenpolitik, stützten sich die Kotromanići vor allem auf die Franziskaner. Es kam zu einer fruchtbaren und erfolgreichen Zusammenarbeit zwischen den bosnischen Herrschern und diesem Orden. Die Dominikaner wurden dagegen 1337 völlig aus Bosnien verdrängt; 1339/1340 wurde eine franziskanische Verwaltungseinheit, die sog. Bosnische Vikarie, gegründet. Seit dieser Zeit bis zur türkischen Eroberung 1463 traten mehrere Franziskaner im diplomatischen Dienst der bosnischen Könige auf. Etwa 40 Franziskanerklöster wurden in Bosnien errichtet. Über ihre missionarischen Erfolge in Bosnien berichteten die Franziskaner nach Rom allerdings etwas überschwenglich. Das veranlaßte die Geschichtsschreibung des 19. und 20. Jahrhunderts – die für das bosnische Bogumilentum schwärmte und eine geistige und politische Kontinuität zwischen Bogumilentum und Islam, bzw. zwischen dem mittelalterlichen und osmanischen Bosnien sehen wollte –, diese Erfolgsberichte mit Skepsis abzutun. Dabei blieb das Zeugnis eines wichtigen Zeitgenossen unberücksichtigt: des Patriarchen von Konstantinopel Gennadios II. Scholaris, der 1455 in einem Brief an die Mönche des Sinaiklosters den »lateinischen Lehrern« (sprich: den Franziskanern) in Bosnien fast neidisch große Erfolge bescheinigte und seine Freude darüber äußerte, daß auch ein serbisch-orthodoxer Bischof ihrem Beispiel folgte und mit ähnlichem Eifer die Bekehrung der bosnischen Häretiker in der Ostherzegowina betrieben habe.

Papst Pius II. (1458–1464) beschrieb das Ergebnis der letzten Aktion gegen die bosnischen »Häretiker«, die 1459/1460 durchgeführt wurde, folgendermaßen: »Rund zwölftausend wurden getauft, vierzig oder etwas mehr [d. h. eigentlich die Hierarchie der Bosnischen Kirche] blieben dabei, auf ihren Irrtümern weiter hartnäckig zu beharren und flüchteten zum Herzog Stefan [in die Herzegowina], dem Verbündeten ihrer Treulosigkeit«[3]. Die türkischen Steuerverzeichnisse, die im ersten und zweiten Jahrzehnt nach der Eroberung verfaßt wurden, verzeichneten dann lediglich noch »bogumilische Überreste« – insgesamt 120 bis 130 Haushalte.

Wie bereits erwähnt, interpretierte die moderne Geschichtsschreibung die mittelalterliche bosnische Kirche als Bogumilentum, obwohl kein zeitgenössisches Dokument die bosnischen »Ketzer« so benannt hatte. Ihre Anhaltspunkte fanden die »bogumilisierenden Interpretationen« in den Schriften der zeitgenössischen Gegner der bosnischen *Krstjani*, denen darin ähnliche Häresien, wie sie unter den mittelalterlichen Ketzern verbreitet waren, angelastet wurden. Aber die meisten dieser Anschuldigungen lassen sich nicht durch die Quellen eigener, bosnischer Provenienz bekräftigen, so daß zu starke Angleichungen der bosnischen *Krstjani* mit anderen zeitgenössischen Gruppen – etwa mit den Waldsern oder den Katharern in Westeuropa und den Bogumilen in Bulgarien – in dogmatischer und soziologischer Hinsicht fraglich bleiben. Denn im Konflikt mit der Großkirche dürfte die Bosnische Kirche zwar durchaus eine eigene, aber mehr traditionalistisch geprägte als »sozialrevolutionäre« Gestalt entwickelt haben. Diese Kirche geriet im 14. Jahrhundert in die Zwickmühle ihrer Gegner und wurde schon vor der türkischen Eroberung zerrieben.

Die konfessionelle Karte Bosnien-Herzegowinas am Vorabend der türkischen Eroberung sah grosso modo so aus: Durch die Ausbreitung der Herrschaft der serbischen Dynastie Nemanjići im 13. Jahrhundert auf das Land Hum (Herzegowina), dann durch die nachfolgende Eroberung dieses Gebietes 1322 durch den bosnischen Banus Stje-

---

[3] Nach diesem Herzog Stefan wurde das der Adria zugewandte Land Hum in der Folgezeit »Herzegowina« genannt.

pan II. Kotromanić wurde die Ostherzegowina zu einem multikonfessionellen Gebiet, in dem Katholiken, Serbisch-Orthodoxe und bosnische *Krstjani* gemischt lebten. Eine serbisch-orthodoxe Minderheit dürfte schon vor der türkischen Eroberung auch im ostbosnischen Landstrich, der sich zeitweise unter Kontrolle der serbischen Herrscher befand, Fuß gefaßt haben. Das übrige Bosnien und die Westherzegowina wurden durch die missionarische Tätigkeit der Franziskaner – die spärlichen bogumilischen Überreste ausgenommen – katholisch.

Die These von der bogumilischen aktiven Rolle bei der türkischen Eroberung ist als eine Spekulation des päpstlichen Legaten Nikolaus von Modruš, dessen Politik in Bosnien ein Fiasko erlitten hatte, einzustufen. Nikolaus von Modruš beschuldigte nämlich die bosnischen *Krstjani*, sich auf die Seite der türkischen Eroberer geschlagen und damit Verrat begangen zu haben (eine Art Dolchstoßlegende), was die moderne Geschichtsschreibung in die Befreiung der bosnischen Bogumilen durch die Türken umdeutete; nach dieser Lesart sollen die *Krstjani* die Türken als ihre Befreier begrüßt haben und bald danach in Scharen zum Islam übergetreten sein. Einen klaren Gegenbeweis gegen die Vorstellung von der angeblichen Neigung der *Krstjani* zu den türkischen Eroberern als ihren Befreiern liefert ein Aktenfund im Archiv von Venedig. Laut diesem nach dem Zweiten Weltkrieg entdeckten Schriftstück aus dem Jahr 1466 suchte der bekannteste Würdenträger der Bosnischen Kirche Gost Radin mit 50 bis 60 Personen Zuflucht auf venezianischem Territorium vor den osmanischen Eroberern. Nüchtern gesehen war die Eroberung Bosniens eine Folge der feudalen Zersplitterung und der uneinheitlichen Politik des christlichen Lagers auf der einen Seite sowie der türkischen Übermacht auf der anderen Seite.

Vierhundert Jahre türkische Herrschaft

Die Türken bereiteten dem Bosnischen Königreich 1463 ein jähes Ende. Der letzte König Stjepan Tomašević (1461–1463) wurde gefangengenommen und enthauptet. Bosnien wurde in eine osmanische Provinz umgewandelt, die mittelalterliche städtische Kultur wurde von der massiveren osmanisch-islamischen Urbanisierung, vor allem im 16. Jahrhundert, überlagert und verdrängt. Sarajevo, Mostar, Travnik und Banja Luka – im Mittelalter kleine Marktflecken – wurden zu osmanischen Zentren ausgebaut. Die islamisierte Bevölkerung nahm regen Anteil an der orientalischen Reichskultur.

Das wichtigste Ergebnis der türkischen Epoche ist allerdings die Entstehung der völlig neuen konfessionellen Verhältnisse, in welchen der Islam einen festen Platz einnahm und bis heute die politische Dynamik in dieser Region wesentlich mitbestimmt.

Der Slowene Benedikt Kuripešič, der als Mitglied einer österreichischen Gesandtschaft 1530 nach Konstantinopel quer durch Bosnien reiste und seine Beobachtungen in einer bedeutsamen Reisebeschreibung aufzeichnete, hatte »dreyerley nation und glaubens völkher« in Bosnien gefunden. »Die ersten sein die alten Wossner [Bosnier], die sein des Römischen christlichen glaubens. [...] Die anderen sein Surffen [Serben], nenen sie Wallachen und wir nennens Zisttzn oder Martholosen. Die khamen von dem ort Smedravo [Smederevo] und Khriechisch Weissenburg [Belgrad]. [...] Die drit nation sein die rechten Turggen [Muslime]«, die aus den zugezogenen osmanischen Beamten und Soldaten sowie den ersten einheimischen Konvertiten zum Islam zusammengesetzt waren. Die Annahme dürfte berechtigt sein, daß Kuripešičs Reihenfolge in der Aufzählung der bosnischen Konfessions-Nationen deren numerische Stärke widerspiegelt, d.h. daß die Katholiken zu diesem Zeitpunkt noch die zahlenmäßig stärkste Gruppe ausmachten.

Allerdings änderte sich dieses Bild im Laufe des 16. und 17. Jahrhunderts von Grund auf. Die massive orientalische Urbanisierung (Bosnien wurde zu einem türkischen Bollwerk gegen Europa ausgebaut) wurde begleitet von intensiven Islamisierungsprozessen, die schließlich dazu führten, daß der Islam in der zweiten Hälfte des 16. Jahrhunderts den ersten Platz in der bosnisch-herzegowinischen Bevölkerung einnahm. Demnach handelte es sich bei den bosnischen Muslimen zum überwiegenden Teil nicht um Türken, sondern um zum Islam übergetretene Bosnier und andere Südslawen, die ihre slawische Sprache beibehalten haben.

Gleichzeitig wuchs auch der Anteil der serbisch-orthodoxen Bevölkerung durch Zuwanderung aus Serbien und Montenegro schnell an. Als paramilitärische Kräfte in der osmanischen Expansion gegen Mitteleuropa waren die serbisch-orthodoxen Walachen vorwiegend in den eroberten Grenzgebieten, im heutigen Nord- und Westbosnien angesiedelt worden (das damals Türkisch-Kroatien genannt wurde, weil es im Mittelalter zu Kroatien gehörte und heute Bosanska Krajina heißt). Im Verlaufe der zahlreichen Türkenkriege ging ein beträchtlicher Teil dieser Hirtennomaden nach Dalmatien und Kroatien und wurde unter der neuen venezianischen bzw. österreichischen Herrschaft militärisch noch straffer organisiert. So entstand die sog. Vojna Krajina (Militärgrenze), die die heutigen Hauptkrisenregionen in Kroatien und Bosnien umfaßt.

Der bosnisch-herzegowinische Katholizismus schrumpfte weiter, sowohl durch Übertritte zum Islam als auch durch Abwanderungen, und fiel im 17. Jahrhundert auf den dritten Platz zurück, auf dem er bis heute blieb. Der Große Türkenkrieg 1683–1699, insbesondere der Streifzug des Prinzen Eugen von Savoyen 1697 durch Bosnien bis Sarajevo hatte für den Bestand der Katholiken katastrophale Folgen, denn dem österreichischen Expeditionskorps schlossen sich auf dem Rückzug fast alle Katholiken aus Zentral- und Nordostbosnien an. Nahezu der gesamte katholische Mittelstand (insbesondere die Kaufmannschaft) verließ das Land. Die Katholiken verschwanden aus den Städten fast völlig und die Gesamtzahl sank auf ca. 30000. Eine langsame numerische Erholung – vor allem durch hohe Geburtenquoten, in geringerem Maße auch durch die Einwanderungen aus dem von den Napoleonischen Kriegen an der Wende vom 18. zum 19. Jahrhundert erschütterten Dalmatien – begann im 18. Jahrhundert, und Anfang des 19. Jahrhunderts betrug die Zahl der Katholiken wieder rund 100000. Die erste österreichisch-ungarische Volkszählung, die bald nach der Okkupation 1878 im Jahre 1879 durchgeführt wurde, verzeichnete 209391 (d.h. 18,08 Prozent) Katholiken.

Die muslimische Bevölkerung erlitt ebenfalls zahlenmäßige Verluste durch Türkenkriege und Epidemien, aber sie konnte diese Verluste durch Aussiedler aus Ungarn, Kroatien und Dalmatien nach der christlichen Rückeroberung dieser Länder kompensieren und damit den ersten Platz bis in das 19. Jahrhundert halten. Im 19. Jahrhundert übernahmen die Serben den ersten Platz und behielten ihn bis zum Ende der sechziger Jahre des 20. Jahrhunderts. Der Anteil der Serbisch-Orthodoxen stieg ständig an und nach dem Großen Türkenkrieg 1683–1699 verbesserte sich auch ihre sozioökonomische Struktur wesentlich. Denn während die muslimische und die katholische Kaufmannschaft irreparable Verluste in diesem Krieg erlitt, schlug die orthodoxe Kaufmannschaft vor allem im 18. Jahrhundert in den Städten starke Wurzeln. In der letzten Phase der osmanischen Herrschaft im 19. Jahrhundert entschied sich bei den christlichen Untertanen in Bosnien-Herzegowina die moderne nationale Zugehörigkeit: Katholiken fühlten sich als Kroaten, Orthodoxe als Serben. Die Muslime betrachteten sich dagegen als Teil des – übernationalen – osmanischen Reichsvolkes.

Das österreichisch-ungarische Zeitalter

Die schon lange zerrüttete türkische Herrschaft ging im 19. Jahrhundert ihrem Ende zu. Die in Angriff genommenen Reformen kamen in den osmanischen Balkanprovinzen nicht zum Tragen. Dagegen rebellierte die muslimische Oberschicht mit separatistischen Aufständen, die Mitte des 19. Jahrhunderts schließlich mit großer Mühe niedergeschlagen werden konnten.

Danach folgten mehrere Aufstände der christlichen Bevölkerung, vor allem der serbisch-orthodoxen, die in Blut erstickt wurden. Schließlich wollte die europäische Öffentlichkeit die Unruhen nicht mehr hinnehmen, und die europäische Politik schaltete sich ein. Dies geschah nach dem bosnisch-herzegowinischen Aufstand 1875–1878. Die Großmächte beriefen 1878 den Berliner Kongreß ein, um die Balkan- und Bosnienproblematik zu lösen. Kraft des Artikels 25 der Kongreßakte wurde die Okkupation Bosnien-Herzegowinas durch Österreich am 13. Juli 1878 beschlossen. In den folgenden Monaten besetzten österreichisch-ungarische Truppen gegen den heftigen Widerstand der muslimischen Bevölkerung – zu einem geringen Teil auch der serbisch-orthodoxen – beide Länder und führten damit eine Wende herbei. Die Einverleibung Bosnien-Herzegowinas in den k. u. k.-Bereich vollzog sich in zwei Schritten: In der militärischen und administrativen *Okkupation* (Besetzung) ab 1878 und in der staatsrechtlichen *Annexion* (Angliederung) von 1908. Da die Annexion nicht mit den anderen Großmächten abgesprochen war, entwickelte sich 1908 die »Bosnische Annexionskrise«.

Mit der Okkupation erhielt Bosnien-Herzegowina seine heutigen Grenzen, und die bosnisch-herzegowinische multikonfessionelle Gesellschaft begann einen mühsamen Weg in die politische, kulturelle und wirtschaftliche Modernität. Die Schwierigkeiten rührten sowohl von der Besatzungsmacht wie auch von der inhomogenen Bevölkerungsstruktur her. Der dualistische Charakter des Habsburger Staates, seit dem Österreichisch-Ungarischen Ausgleich von 1867 in einen österreichischen und einen ungarischen Reichsteil zerfallend, erschwerte nicht nur eine gelungene politische Integration – auch nach der Durchführung der späteren Annexion Bosnien-Herzegowinas 1908 –, sondern vereitelte manche Modernisierungsschritte, weil vor allem die Ungarn sie oft als nicht vereinbar mit den eigenen Interessen betrachteten. So blieb Bosnien-Herzegowina ein *corpus separatum* im Gefüge der Doppelmonarchie, d.h., das Gebiet wurde weder an Österreich noch an Ungarn angeschlossen, sondern blieb unter einer k. u. k. militärisch organisierten Verwaltung. Um so mehr sind manche durchgeführten Modernisierungsschritte bewundernswert, z.B. im Wissenschaftsbereich, im Verwaltungs- und Justizwesen und nicht zuletzt bei der Industrialisierung.

Allerdings blieb die Modernisierungspolitik in zwei – für einen modernen Rechtsstaat wichtigen – Punkten auf der Strecke: Weder wurde eine schon lange fällige Bodenreform durchgeführt, noch ein flächendeckendes Grundschulsystem geschaffen. Die zaudernde Politik der Okkupationsmacht in beiden Bereichen war eine Folge sowohl der finanziellen Knappheit als auch der widerstrebenden politischen Interessen der bosnisch-herzegowinischen inhomogenen Gesellschaft. Die Muslime klammerten sich nämlich weiter an die Zugehörigkeit zum Osmanischen Reich und blieben der westlichen Zivilisation gegenüber sehr mißtrauisch. Vor allem aus diesem Grund wanderten ca. 100 000 von ihnen in den Sandžak und in die Türkei aus. Die bosnisch-muslimische Oberschicht wollte die feudalen Grundherrschaftsrechte aus der osmanischen Zeit als moderne Eigentumsrechte behalten und zeigte wenig Verständnis für eine Bodenreform, die der christliche Teil der Bevölkerung zunehmend bei den k. u. k. Behörden einforderte.

Die Serben, durchdrungen von der großserbischen

Ideologie, sahen in Bosnien-Herzegowina ein ausschließlich serbisches Land, in dem der großserbische Ideologe und Sprachreformer Vuk Stefanović-Karadžić (1787–1864) seinerzeit »die reinste serbische Sprache« gefunden habe und das der serbische Ethnologe Jovan Cvijić (1865–1927) während der Annexionskrise 1908/1909 zur »Kernlandschaft des serbischen Volkes« erklärte. Die bosnischen Serben bestanden mehr oder weniger kompromißlos auf dem ausschließlich serbischen Charakter Bosnien-Herzegowinas und sprachen von den bosnischen Kroaten und Muslimen als von Serbokatholiken oder Serben des muslimischen Glaubens. In den Zuwanderern, die nach der Okkupation aus der k. u. k. Monarchie kamen (insgesamt ca. 100 000), sahen sie – mit Ausnahme jener, die serbischer Nationalität waren – Fremdlinge, die Bosnien möglichst bald wieder verlassen müßten. In der Untergangsstunde der Donaumonarchie verlangten die bosnischen Serben – bzw. die bosnisch-herzegowinischen Gemeinden mit serbischer Mehrheit – nicht eine Union, sondern den direkten Anschluß an das Königreich Serbien.

Die Kroaten, deren Anteil bis 1910 durch Zuwanderungen von 18,08 Prozent auf 22,87 Prozent zunahm, stellten den Serben ihre eigene Nationalideologie entgegen, betonten den kroatischen Charakter Bosnien-Herzegowinas auf Grund des historischen Rechts (kroatische Oberhoheit über Bosnien im Frühmittelalter) und kämpften für die Vereinigung mit Kroatien und Dalmatien.

Beide Nationalismen bemühten sich um eine Serbisierung respektive Kroatisierung der Muslime. Aber dieses Bemühen blieb erfolglos – von jenen Muslimen abgesehen, die eine europäische Ausbildung bekamen. Auch die k. u. k. Politik hatte in ihrem Bestreben, den serbischen und kroatischen Nationalismus zu bekämpfen, vergeblich versucht, als Gegengewicht dazu eine eigene bosnische Identität – das Bosniakentum – zu fördern, u.a. auch mit dem historischen Hinweis auf die bosnische mittelalterliche Eigenstaatlichkeit. Wien und Budapest stützten sich dabei im wesentlichen auf die Muslime, die ihre alten wirtschaftlichen Vorteile in einer modernisierten Form behalten durften.

Allerdings scheiterte dieses Bosniakentum vor allem an der nationalen Indifferenz bei der Mehrheit der muslimischen Bevölkerung, die unter starkem Einfluß der islamischen Geistlichkeit stand. Die Muslime pochten bis zur Annexion 1908 auf die Souveränität des Sultans über Bosnien-Herzegowina. Die Annexion und die darauf folgenden Balkankriege 1912/1913, in denen Serbien große militärische Erfolge erreichte, brachten eine gewisse Ernüchterung bei den Muslimen, aber die Zeit bis zum Ersten Weltkrieg war zu kurz, um ihre moderne Identität im Diasporastatus zu definieren – im Hinblick auf die Zugehörigkeit zum Islam einerseits und auf ihre nichtmuslimischen Nachbarn andererseits.

Bosnien-Herzegowina im königlichen und im kommunistischen Jugoslawien

Nach dem Zusammenbruch der Donaumonarchie im Herbst 1918 änderte sich der geopolitische Standort Bosnien-Herzegowinas grundsätzlich. Im neuen »Staat der Serben, Kroaten und Slowenen« (1929 in »Jugoslawien« umbenannt) wurden Bosnien und die Herzegowina rechtspolitisch degradiert. Das *corpus separatum* der Donaumonarchie verlor seine historisch-politische Individualität, d.h. der politische Eigenstatus innerhalb eigener Grenzen wurde abgeschafft und dem serbischen zentralistischen Staatskonzept geopfert. Dabei meldete sich auch der kroatische rechtshistorische Anspruch auf dieses Land immer wieder zu Wort. So wurde Bosnien-Herzegowina von der Gründung des jugoslawischen Staates 1918 bis zu dessen Untergang 1991/1992 und darüber hinaus zu einem Zankapfel zwischen Serben und Kroaten, um den heute ein grausamer Krieg geführt wird.

Im alten, königlichen Jugoslawien mit seiner zentralistischen Verfassung von 1921 wurden zunächst die einzelnen Zuständigkeiten stufenweise der serbisch dominierten Zentralgewalt in Belgrad übertragen, dann eine neue, für die serbische Bevölkerung günstigere Kreiseinteilung vorgenommen – mit der vorgesehenen Möglichkeit eines Zusammenschlusses der einzelnen innerbosnisch-herzegowinischen Kreise mit den außerbosnischen (sprich: serbischen und montenegrinischen) Kreisen. Dies darf man als Vorgeschichte der in unseren Tagen betriebenen Politik der sog. Kantonisierung oder Konföderalisierung bezeichnen.

Nach dem Zusammenbruch des Parlamentarismus und der Einführung der Königsdiktatur 1929 wurde Jugoslawien in neun größere Verwaltungsbezirke, die sog. *banovine* eingeteilt. Dabei wurde die historische und politische Individualität Bosniens und der Herzegowina wieder nicht respektiert; das Land wurde in vier *banovine* zerstückelt, bzw. den serbisch oder – in geringerem Ausmaß – kroatisch dominierten *banovine* zugeteilt. Nach dieser Aufteilung hatten die Serben die Mehrheit in sechs der insgesamt neun *banovine* Jugoslawiens.

Als sich schließlich eine Beilegung des serbisch-kroatischen Konfliktes vor dem Zweiten Weltkrieg anbahnte und eine Föderalisierung des Staates durch den kroatisch-serbischen Ausgleich *(sporazum)* 1939 in Aussicht stand, wurde auch diesmal der historisch-politischen Individualität von Bosnien-Herzegowina keine Rechnung getragen. Stattdessen wurde das Land zum Teil der sog. »Kroatischen Banovina« und zum Teil den sog. »Serbischen Ländern« zugeschlagen.

Was die Reaktionen auf diese Teilungs-Politik unter der bosnisch-herzegowinischen Bevölkerung angeht, kann man pauschal sagen, daß die Serben auf der einen Seite und die bosnisch-herzegowinischen Kroaten auf der anderen der Teilung Bosnien-Herzegowinas in eine serbische und eine kroatische Sphäre zustimmten. Die politischen Vertreter der muslimischen Bevölkerung hingegen, zumeist Großgrundbesitzer, hatten mit ihren Stimmen wesentlich zur Durchsetzung der zentralistisch angelegten und nach Belgrad ausgerichteten Verfassung von 1921 beigetragen – vor allem in der Hoffnung, die Teilung Bosnien-Herzegowinas auf diese Weise abzuwenden. Doch brachte Belgrads großserbisch geprägte zentralistische Politik die Muslime bald zur Ernüchterung und anschließend zur Annäherung an die kroatische Politik, die von 1921 bis 1939 auf den erbitterten Kampf gegen den serbischen Zentralismus ausgerichtet war.

Im Zweiten Weltkrieg sympathisierte ein beträchtlicher Teil der Muslime zunächst mit dem faschistisch geprägten »Unabhängigen Staat Kroatien« (NDH), an den Bosnien-Herzegowina angegliedert wurde und dessen Führer Ante Pavelić die bosnischen Muslime als ursprüngliche Kroaten umwarb. Aber als sich der Mißerfolg dieses von Mussolini und Hitler abhängigen Staatsgebildes abzeichnete, distanzierten sich die Muslime.

Der Zerfall des königlichen Jugoslawien vollzog sich in rasanter Geschwindigkeit. Am 25. März 1941 unterschrieb die jugoslawische Regierung den Beitritt zum Dreimächtepakt. Aber schon in der Nacht vom 26. zum 27. März gelangten durch einen Putsch in Belgrad die serbischen Generäle an die Macht. Hitler antwortete mit einem Bombardement Belgrads am 6. April 1941 und mit dem Einmarsch der deutschen Truppen und ihrer Verbündeten aus mehreren Richtungen. Schon am 17. April wurde die bedingungslose Kapitulation der jugoslawischen Armee unterschrieben.

Jugoslawien wurde besetzt und zerstückelt: Serbien sehr verkleinert und in ein deutsches Protektorat umgewandelt; Kroatien samt Bosnien-Herzegowina, aber ohne Istrien und Dalmatien, am 10. April 1941 zu einem kroatischen Staat unter Hitlers und Mussolinis Obhut ausgerufen; die übrigen Teile des Königreichs wurden dem Dritten Reich, Italien, Ungarn und Bulgarien zugeschlagen. In militärischer Hinsicht wurde die gesamte Region in eine deutsche und eine italienische Sphäre aufgeteilt, wobei die Trennlinie quer durch Bosnien-Herzegowina lief, so daß Deutschland Nord- und Zentralbosnien einschließlich der Stadt Sarajevo kontrollierte, während die Herzegowina und Westbosnien unter die Kontrolle Italiens kamen.

Im Sommer 1941 begannen die bewaffneten Widerstände, die in einen grausamen Bürgerkrieg (in kommunistischer Lesart: eine Revolution) ausuferten. Die Serben in Kroatien und Bosnien-Herzegowina wurden schweren Repressalien des kroatischen Ustaša-Regimes (*ustaša* = der Aufständische) ausgesetzt und kämpften gegen den kroatischen Staat, wobei noch nicht geklärt ist, was zuerst erfolgte: die Ustaša-Repressalien oder der bewaffnete Aufstand der Serben gegen den kroatischen Staat.

Auf der serbischen Seite wurden die *četnici* (Freischärler) als Pendant zu den kroatischen *ustaše* organisiert. Beide Bewegungen waren extrem nationalistisch orientiert. Die *ustaše*, in deren Reihen auch Muslime kämpften, betrieben die Vernichtung und Ausrottung der Serben, die *četnici* diejenige der Kroaten und insbesondere der Muslime im Sandžak und Ostbosnien. Die Kommunisten traten wenig später auf und kämpften nicht nur gegen die Okkupationsmächte, sondern auch gegen die beiden nationalistischen Kontrahenten.

Alle drei Gruppen begingen Greueltaten, die Kommunisten vor allem nach der Beendigung des Krieges durch die massenhafte Tötung von kroatischen Soldaten und Zivilisten. Dank der kommunistischen und serbischen Lobby im Ausland wurden die Greueltaten der kroatischen Ustaša in der Welt bekannt gemacht und sehr überzogen. Diese Propaganda operierte mit einer Zahl zwischen 1 700 000 und 3 000 000 Opfern des Ustaša-Regimes in Kroatien und Bosnien-Herzegowina. Seriöse Schätzungen (genaue Daten gibt es nicht) rechnen dagegen mit insgesamt 824 000 bis 1 084 000 Todesopfern auf dem gesamten jugoslawischen Territorium, d.h. diese Zahl geht nicht nur auf das Konto der Ustaša, sondern auch auf das der Tschetniks, der kommunistischen Partisanen und der Besatzungstruppen. Dabei befindet sich Bosnien-Herzegowina mit ca. 382 000 Kriegsopfern (ca. 11,8 Prozent der Gesamtzahl; davon Serben mit ca. 14,6 Prozent, Kroaten ca. 11,4 Prozent und Muslime ca. 7,4 Prozent) an erster Stelle in dieser traurigen Bilanz[4].

Wie bekannt, brachte das Ende des Zweiten Weltkrieges die Kommunisten an die Macht in Jugoslawien. Schon während des Krieges hatten sie in den ersten Entwürfen zum neuen zukünftigen Jugoslawien den einzelnen kollektiven Individualitäten – Minderheiten u.s.w. – mehr Geltung versprochen. Nach dem Krieg wurde das neue sozialistische Jugoslawien in Teilrepubliken und autonome Gebiete nach dem sowjetischen Modell organisiert, wobei die einzelnen Teilrepubliken keinesfalls als bloße Verwaltungseinheiten verstanden wurden – wie es serbischerseits behauptet wird –, sondern rechtspolitische Einheiten mit Merkmalen von Eigenstaatlichkeit innerhalb des jugoslawischen Bundesstaates darstellten. So wurde Bosnien-Herzegowina zu einer Teilrepublik ausgerufen und erhielt damit seine Eigenstaatlichkeit, die im Mittelalter aufgebaut und in der österreichisch-ungarischen Epoche (1878–1918) wiederbelebt worden war, zurück.

Im Unterschied zu anderen Teilrepubliken, die *ein* staatstragendes Volk hatten, konnte sich Bosnien-Herzegowina – wegen der in seinem Geschichtsverlauf herbeigeführten umfangreichen demographischen Veränderungen – nicht als Republik eines einzigen Volkes definieren. Stattdessen wurde es zur Republik der drei gleichrangig konstitutiven Völker – Kroaten, Muslime und Serben – zuzüglich der anderen Minderheiten, erklärt. Ab 1963 wurden die bosnischen Muslime offiziell als »Nation« anerkannt.

[4] Vgl. hierzu Ekkehard Völkl, Abrechnungsfuror in Kroatien. In: Politische Säuberungen in Europa. Hg. Klaus-Dietmar Henke u. Hans Woller, München 1991, S. 358–394.

In diesem Zusammenhang klingt der Begriff »Muslime« als Nation, d.h. als ein den Serben und Kroaten gleichrangiges Volk, merkwürdig, da der Begriff im allgemeinen nicht eine Nationszugehörigkeit, sondern eine Religionszugehörigkeit bezeichnet. Das war und blieb auch das Argument jener Kroaten und Serben, die die Kroatisierung bzw. Serbisierung bosnischer Muslime in ihre politischen Programme schrieben.

Das Problem ist jedoch komplizierter, als es auf den ersten Blick aussehen mag. Der in der westlichen Welt geläufig gewordene Religionsbegriff unterscheidet zwischen einer säkularen, profanen und einer sakralen, religiösen Sphäre vor allem im politischen Bereich des Lebens. Ein derartiger Religionsbegriff privatisiert Religion und beschreibt sie als Gefühl, Vorstellung, Privatsache, individuelle Angelegenheit u.ä. Dieser Religionsbegriff ist verhältnismäßig neu und hat sich in den westlichen bürgerlichen Gesellschaften erst nach der Französischen Revolution entwickelt. Dagegen blieben die Religionen in anderen Erdteilen, vor allem in den islamischen Ländern, bis heute mehr oder weniger ganzheitliche Kultursysteme, in denen die religiöse Sphäre den weltlichen oder profanen Bereich mit umfaßt und damit nicht nur das individuelle und Familienleben öffentlich normiert, sondern auch die politische und kulturelle Identität wesentlich mitbestimmt. Übrigens sind auch die europäischen Völker in ihren profanen Identitätsstrukturen von christlichen Elementen mehr geprägt als man oft meint.

Der kroatische und insbesondere der serbische Nationalismus übersah diesen Tatbestand und drängte auf eine klare Unterscheidung zwischen Religion und Nation unter den bosnischen Muslimen, ohne sich darüber Gedanken zu machen, wie weit die Grenzziehung zwischen »Nation« und »Religion« bei ihren eigenen Völkern – vor allem bei den Serben – bis heute gediehen ist.

Bosnien-Herzegowina

Ausblick?

Mittlerweile ist Jugoslawien zerfallen. Auf den Ruinen sind 1992 neue Staaten – Slowenien, Kroatien, Bosnien-Herzegowina (ab 6. April 1992 völkerrechtlich anerkannt), Makedonien und aus Serbien und Montenegro das sog. »Rest-Jugoslawien« – entstanden. Außerdem haben serbische Separatisten eigene serbische quasi-Staaten, die sog. *krajine* (Grenzgebiete) in Teilen Kroatiens und Bosnien-Herzegowinas ausgerufen, worauf inzwischen die herzegowinischen Kroaten mit der Ausrufung eines kroatischen »Herceg-Bosna« vorwiegend auf dem Territorium der Herzegowina als Kriegsprovisorium geantwortet haben.

Ein Drittel Kroatiens und der Großteil von Bosnien-Herzegowina sind in einem grausamen Krieg mit unerhörten Zerstörungen, Internierungslagern, Folterungen, massenhaften Tötungen, Flucht und Vertreibung der Zivilbevölkerung versunken. Die politische Weltöffentlichkeit schaut bis heute hilflos zu, und die Lage ist für die internationale Diplomatie völlig unübersichtlich geworden. Erst wenn die Katastrophe vorüber ist, wird eine genauere Analyse über Ursachen, Motive und Folgen möglich sein.

Der Autor dieser Zeilen sieht die bisherige tragische Entwicklung, knapp formuliert, folgendermaßen: Titos Politik ist nicht an der Nationalitätenproblematik gescheitert. Im Gegenteil war Titos Politik in ihrem theoretischen Ansatz – prinzipielle Gleichberechtigung aller jugoslawischen Nationalitäten und Minderheiten – richtig. Titos Staat zerfiel und starb an den ideologischen Lügen, Menschenrechtsverletzungen, an der wirtschaftlichen Unvernunft und der expandierenden Bürokratie, die eine hemmungslose Selbstbedienung und Korruption betrieb und alle gesellschaftlichen Prozesse immer stärker behinderte. Die Krise war schon vor Titos Tod 1980 offensichtlich und wurde nach seinem Tod immer akuter.

Der heutige Krieg wurde serbischerseits von langer Hand vorbereitet. Die serbische Führungsschicht glaubte nämlich, den Krieg leicht gewinnen und ihren politischen Willen den anderen jugoslawischen Nationen aufdrängen zu können. Ein Großteil der Intellektuellen in und um die Serbische Akademie der Wissenschaften und Künste hat den Krieg propagandistisch und strategisch vorbereitet, unter anderem durch das sog. Memorandum von 1986 und ähnliche Publikationen. Darin wurde unter Hinweis auf das »historische Schicksal des serbischen Volkes« gefordert, daß Serbien vom Zerfall Tito-Jugoslawiens durch die Angliederung »serbischer Gebiete« in Kroatien und Bosnien profitieren müsse. Das »Memorandum« enthält unverblümt die Forderung nach einem Groß-Serbien bzw. einem groß-serbisch geprägten zentralistischen Jugoslawien unter Einschluß Bosniens und der kroatischen Krajina. Die Ausführung übernahmen der serbische Präsident

Milošević und seine Anhänger. Miloševićs Gruppe stützte sich auf den jugoslawischen kommunistischen Beamten- und Militärapparat, in dem die Serben und Montenegriner in den Entscheidungsausschüssen und an den Schaltstellen überproportional vertreten waren. Dabei rechneten sie sicher nicht mit dem Zerfall der Sowjetunion als ihrer ideologischen Schutzmacht. Von dieser Seite erwarteten Milošević und seine Komplizen die ideologische Stütze für ein neues Jugoslawien nach dem Maß des anachronistischen Großserbismus des 19. Jahrhunderts. Schon ein oberflächlicher Vergleich zwischen der Sprache der meisten heutigen serbischen Medien mit der Sprache der serbischen Presse um die Wende vom 19. zum 20. Jahrhundert kann diesen Anachronismus belegen. Die alten Feindbilder wurden aufgeputzt und neue dazu aufgebaut; die serbische Bevölkerung in ihrer breiten Basis wurde und wird chauvinistisch indoktriniert und homogenisiert.

Auf die großserbische Herausforderung antworteten die anderen Völker des ehemaligen Jugoslawien unterschiedlich. Jede dieser Antworten würde eine gesonderte Analyse fordern, deshalb an dieser Stelle nur einige Bemerkungen über das politische Verhalten der bosnisch-herzegowinischen multikonfessionellen Gesellschaft.

Das mehrheitlich von Serben bewohnte Westbosnien (die sog. Bosanska Krajina um die Stadt Banjaluka und Teile der Ostherzegowina und Ostbosniens gerieten als erste in den Sog der aus Belgrad gesteuerten großserbischen Annexions-Politik. Nord- und Westbosnien wurden zunächst zum Aufmarschgebiet der jugoslawischen Bundesarmee gegen Kroatien aufgebaut, dann wurde eine autonome serbische Republik auf bosnischem Territorium ausgerufen und schließlich der Kriegszustand in Gesamt-Bosnien-Herzegowina herbeigeführt. Jener Teil der serbischen Bevölkerung, der mit einer solchen Politik nicht einverstanden war, wurde mundtot gemacht. Die nichtserbische Bevölkerung wurde zunächst eingeschüchtert und nach dem offenen Kriegsausbruch auf bosnisch-herzegowinischem Boden Anfang April 1992 zumeist zur Flucht, zur Vertreibung oder zum Genozid verurteilt. Ein geringer Teil der bosnisch-herzegowinischen Serben in den Städten mit stark gemischter Bevölkerung entschied sich zum Widerstand gegen die großserbische Politik und kämpfte in den der bosnisch-herzegowinischen legalen Regierung unterstellten Kampfverbänden.

Das politische Leben der bosnisch-herzegowinischen Kroaten folgte nach dem Zerfall der kommunistischen Macht dem Modell der stärksten Partei in Kroatien »Hrvatska demokratska zajednica« (Kroatische Demokratische Gemeinschaft) und wurde mit Hilfe dieser Partei im Sommer 1990 organisiert. Im Laufe des Bürgerkrieges kam es zu politischen Ungereimtheiten unter den bosnisch-herzegowinischen Kroaten. Die herzegowinischen Kroaten, die in geschlossenen Siedlungsgebieten in der Westherzegowina wohnen, verlangten mehr Anlehnung an die Republik Kroatien. Die bosnischen Kroaten im engeren Sinne, die zumeist zerstreut in stark gemischten Gebieten beheimatet sind, setzten mehr auf die bosnisch-herzegowinische Eigenständigkeit und auf eine intensivere Zusammenarbeit mit den Muslimen.

Die bosnisch-herzegowinischen Muslime haben sich in der Partei »Stranka demokratske akcije« (Partei der Demokratischen Aktion) organisiert. Die muslimische politische Führung unter Präsident Alija Izetbegović bezog zunächst eine neutrale Position zwischen Kroaten und Serben. Die mehrmaligen Verhandlungen zwischen dem serbischen Präsidenten Slobodan Milošević und dem kroatischen Präsidenten Franjo Tudjman beobachtete sie vermutlicher Teilungspläne Bosniens wegen argwöhnisch und hielt sich – in der Hoffnung, damit den Krieg von Bosnien abwenden zu können – bei der großserbischen Aggression gegen Kroatien von bosnischem Boden aus sowie bei der Errichtung einer rein serbischen Republik innerhalb Bosnien-Herzegowinas zunächst bedeckt. Offensichtlich hatte die muslimische politische Führung auf eine rechtzeitige und wirkungsvolle internationale Schlichtung gesetzt. Aber eine solche Erwartung erwies sich als Irrtum. Statt dessen versank Bosnien-Herzegowina in einem äußerst brutalen Krieg, auf den die muslimische Bevölkerung von ihrer politischen Führung weder psychologisch eingestellt noch militärisch vorbereitet worden war. Die Gefahr der Ausbreitung eines islamischen Fundamentalismus in diesem Raum ist – nicht zuletzt als Reaktion auf die zögerliche Politik der Westmächte in diesem Konflikt – größer geworden.

Nach dem Kriegsausbruch in Bosnien im Frühjahr 1992 waren die Muslime und die bosnisch-herzegowinischen Kroaten zunächst Kriegsverbündete gegen die serbische Aggression. Aber nach den serbischen Eroberungen und massiven Vertreibungen der nichtserbischen Bevölkerung begannen sich zwischen Muslimen und Kroaten Spannungen zu entwickeln. Die Hauptlast des Flüchtlingsstroms mußten die Republik Kroatien und jene Teile Bosnien-Herzegowinas tragen, die sich unter der Kontrolle der bosnisch-herzegowinischen Kroaten befanden. Dies bedeutete eine enorme Belastung sowohl für Kroatien als auch für Bosnien-Herzegowina und mußte unvermeidlich zu Spannungen führen. Das unglückliche politische Handeln der führenden Politiker beider Seiten verwandelte diese Spannungen im Laufe der Zeit in offene Konflikte.

Die muslimische Politik unter dem Staatspräsidenten Alija Izetbegović bestand beharrlich auf Bosnien-Herzegowina als einem zentralisierten, einheitlichen Staat. Die Kroaten lehnten wegen der Majorisierungsgefahr dieses Staatsmodell ab und verlangten eine territoriale Gliederung. Damit begannen sie sich der serbischen Position anzunähern. Die internationale Diplomatie stand dabei Pate; Anfang 1993 wurde der sogenannte Vance-Owen-Plan entwickelt, nach dem Bosnien-Herzegowina in zehn Provinzen mit jeweils serbischen, muslimischen und kroatischen Schwerpunkten aufgegliedert werden sollte. Der Plan sah für die Serben zuviel Territorium, für die Muslime zuwenig und für die Kroaten etwas mehr vor, als ihrem Bevölkerungsanteil entsprach. Die kroatische Seite unterzeichnete den Plan sofort, die muslimische halbherzig drei Monate danach, die serbische lehnte die Unterzeichnung ab. Schließlich mußte Lord Owen den Plan für gescheitert erklären und leitete eine neue diplomatische Initiative für eine Verständigung unter den kämpfenden Parteien ein. Zum jetzigen Zeitpunkt (Ende Juli 1993) fordern Serben und Kroaten eine Dreiteilung Bosniens in konföderativer Form, während die Muslime für einen Bundesstaat eintreten. Trotz der Verhandlungen haben die Serben ihre Eroberungen weiter ausgeweitet, wütet der Krieg mit unverminderter Härte. Was die Muslime und die bosnisch-herzegowinischen Kroaten betrifft, sind sie inzwischen offene Feinde geworden. In ihren kriegerischen Auseinandersetzungen haben beide Kontrahenten die serbischen Kriegspraktiken, d. h. Massaker, Plünderungen und Vertreibungen übernommen. Waffenstillstandsvereinbarungen werden kaum beachtet.

Ein Ende der bosnischen Apokalypse ist noch nicht abzusehen. Was die Zukunft angeht, so ist ein gemeinsames politisches Leben der Nationen in Bosnien äußerst schwer geworden. Die internationale Politik und Diplomatie müßte mehr Kompetenz und Entschlossenheit als bisher zeigen, eine Friedensordnung in dieser Region zu stiften. Auf dem Spiel steht nicht nur die bosnisch-herzegowinische Bevölkerung, sondern die politische Kultur des Westens. Denn die Ereignisse in Bosnien können am Bewußtsein der westlichen Bürger nicht spurlos vorübergehen.

Literaturhinweise

Andrić, Ivo: Die Entwicklung des geistigen Lebens in Bosnien unter Einwirkung der türkischen Herrschaft. In: Sveske Zadužbine Ive Andrića I. Belgrad 1982 (Phil. Diss. der Universität Graz 1924).
Balić, Smail: Das unbekannte Bosnien. Europas Brücke zur islamischen Welt. Köln 1992.

Cvijić, Jovan: L'annexion de la Bosnie et la question serbe. Paris 1909.

Džaja, Srećko M.: Die »Bosnische Kirche« und das Islamisierungsproblem Bosniens und der Herzegowina in den Forschungen nach dem Zweiten Weltkrieg. München 1978.

Džaja, Srećko M.: Konfessionalität und Nationalität Bosniens und der Herzegowina. Voremanzipatorische Phase 1463–1804. München 1984.

Hauptmann, Ferdinand: Die Mohammedaner in Bosnien-Herzegowina. In: Die Habsburger Monarchie. Bd. 4: Die Konfessionen. Hg. A. Wandruszka, Wien 1985.

Klaić, Vjekoslav: Geschichte Bosniens von den ältesten Zeiten bis zum Verfalle des Königreichs. Leipzig 1885.

Popović, Alexandre: L'Islam balkanique. Berlin 1986.

Sugar, Peter F.: Industrialization of Bosnia-Hercegovina 1878–1918. Seattle 1963.

Die Albaner
von Peter Bartl

Gut fünf Millionen Albaner (Eigenbenennung Shqiptarë, abgeleitet wahrscheinlich von *shqipon* = verständlich sprechen; die Etymologie »Adlersöhne« klingt zwar schön, ist aber sicher falsch) leben auf der Balkanhalbinsel, davon etwas mehr als drei Millionen in der Republik Albanien und der Rest auf dem Territorium des zerfallenden Jugoslawien – in Serbien, Makedonien und Montenegro. Albanische Minderheiten gibt es auch in Griechenland und im türkischen Ostthrakien, über ihre Anzahl ist aber nichts bekannt, da sie als Minderheit nicht anerkannt und nicht gezählt werden. Die Albaner nehmen quantitativ den sechsten Platz unter den Balkanvölkern ein.

Historische Entwicklung bis zur Staatsgründung

Entgegen früher verbreiteten Meinungen, die von einer Einwanderung im Mittelalter ausgingen (aus dem Kaukasus, wo es ebenfalls ein »Albanien« gab, aus Italien), sind die Albaner Alteingesessene, d.h. sie lebten seit historischer Zeit zumindest in einem Teil ihrer heutigen Wohngebiete. Die lange umstrittene Abstammungsfrage ist, solange ein sprachlicher Nachweis nicht erbracht werden kann, endgültig nicht zu lösen. Es spricht jedoch nichts gegen die von der albanischen Wissenschaft vertretene These, daß sie von den Illyrern abstammen, die in der Antike große Teile der Balkanhalbinsel bevölkerten, von deren Sprache aber außer Orts- und Personennamen keine Zeugnisse vorliegen. Eine dahingehende bereits vor 200 Jahren geäußerte Vermutung des in Halle wirkenden schwedischen Historikers Johann Thunmann hat bis heute nichts von ihrer Gültigkeit eingebüßt: »Ich habe in ihrer [der Albaner] Geschichte keine Spur von einer späteren Einwanderung gefunden: ihre Sprache hat von den Schicksalen des Volkes solche Zeugnisse gegeben, daß ich in demselben die uralten Nachbarn der Griechen, und die Unterthanen des alten Roms unmöglich verkennen kann. Beide aber zusammen zeigen mir die alten Illyrer an.«[1]

Erst im 11. Jahrhundert taucht der Eigenname »Albaner« in den schriftlichen Quellen auf. Ihr Land stand zunächst unter der Herrschaft von Byzanz, erlangte dann aber im Gefolge des 4. Kreuzzuges (1202–1204) als »Arbanon« politische Selbständigkeit. Dieses erste Staatswesen, das den albanischen Namen trug, konnte sich gegenüber seinen mächtigeren Nachbarn nicht behaupten und verschwand in der zweiten Hälfte des 13. Jahrhunderts von der politischen Bühne. Der zweite Staat auf albanischem Boden war eine Gründung von außen, von Westen her: 1272 proklamierte Karl von Anjou, König von Neapel und Sizilien, das »Regnum Albaniae«, dessen Zentrum Durazzo (Durrës) war. Im 14. Jahrhundert wurde Albanien Bestandteil des serbischen Kaiserreiches von Stefan Dušan. In der zweiten Hälfte des 14. Jahrhunderts etablierten sich unabhängige lokale albanische Adelsherrschaften, die sich ab 1385 der vorrückenden Türken erwehren mußten. An der Küste setzten sich die Venezianer fest. Gegen die osmanische Expansion einigte Georg Kastriota, genannt Skanderbeg, von 1443 bis 1468 die albanischen Stämme. Nach seinem Tode kam Albanien unter türkische Herrschaft, unter der es fast 500 Jahre lang verblieb.

Von den Makedonen abgesehen, deren späte Staatsgründung zu Ausgang des Zweiten Weltkrieges von außen bewirkt wurde, fanden die Albaner als letztes Balkanvolk zu einem eigenen Nationalstaat. Sie hatten es besonders schwer, sich mit ihren nationalen Forderungen gegenüber den europäischen Großmächten durchzusetzen, galten sie

---

[1] Johann Thunmann, Untersuchungen über die Geschichte der östlichen europäischen Völker. Leipzig 1774, S. 245–246.

doch, wegen ihrer muslimischen Bevölkerungsmehrheit (70 Prozent; von den restlichen 30 Prozent waren 20 Prozent orthodoxe und 10 Prozent katholische Christen) gemeinhin als »Türken«, zu deren Reich sie seit fünf Jahrhunderten gehörten. Als nach dem erfolgreichen russischen Türkenkrieg 1877–1878 die territorialen Verhältnisse auf dem Balkan neu geregelt und die »Orientalische Frage« ihrer Lösung zugeführt werden sollte, standen die Albaner dann auch auf der Seite der Verlierer. Auf dem Berliner Kongreß 1878 fanden die Interessen aller Balkanvölker in irgendeiner Form Berücksichtigung, nur nicht die der Albaner. Albanisches Siedlungsgebiet wurde an die christlichen Balkanstaaten Serbien, Montenegro und Griechenland abgetreten. Die Türkei war zu schwach, dieses zu verhindern, sie mußte die Durchführung der Bestimmungen des Berliner Vertrages sogar noch mit Waffengewalt durchsetzen. Die Türkei hatte dadurch in den Augen der Albaner bei der Verteidigung ihrer nationalen Rechte versagt, und das Volk, dessen Existenz in Berlin praktisch geleugnet worden war, begann sich zur Überraschung der europäischen Staatsmänner selbst zu wehren. Im Juni 1878 wurde in Prizren eine »Albanische Liga« gegründet, nach dem Ort ihrer Gründung auch »Liga von Prizren« genannt, die beschloß, sich den Gebietsabtretungen zu widersetzen. Das gelang auch gegenüber dem kleinsten Balkanstaat, Montenegro. Da die Montenegro zugestandene Abtretung des Distriktes von Plav-Gusinje nur mit einem regelrechten Feldzug durchzusetzen gewesen wäre, mußten die Montenegriner darauf verzichten. Sie erhielten dafür die Stadt Ulcinj und Umgebung, deren Bevölkerung allerdings ebenfalls albanisch war.

Der Widerstand gegen die Gebietsabtretungen hatte die Albaner aller Konfessionen nicht nur geeint, er hatte ihnen auch das Bewußtsein ihrer nationalen Eigenständigkeit gegeben. In den albanischen Siedlungsgebieten des Osmanischen Reiches begann die Zeit der »Wiedergeburt« (*Rilindja*). Die albanischen Forderungen waren zunächst bescheiden. Es ging um die Selbstverwaltung der von Albanern bewohnten Gebiete und um die Einführung des Albanischen als Amts- und Schulsprache. Weitergehende Forderungen einzelner albanischer Politiker, die auf eine Loslösung Albaniens von der Türkei hinzielten, wurden von der Bevölkerungsmehrheit nicht geteilt. Das änderte sich erst, als der 1. Balkankrieg ausbrach (1912) und die türkischen Truppen von den Armeen der verbündeten Balkanstaaten an allen Fronten geschlagen wurden. Albanien drohte jetzt das Schicksal, mit den türkischen Restbesitzungen in Europa zwischen den Siegern aufgeteilt zu werden. Es war der Augenblick gekommen, von dem der albanische Publizist Sami Frashëri einst geschrieben hatte, daß die Albaner sich entscheiden müßten, ob sie zusammen mit der Türkei untergehen oder sich von ihr trennen sollten. Frashëri trat für die Trennung ein: »Einen toten Menschen muß man beerdigen, so sehr man ihn auch geliebt haben mag.«[2] So geschah es dann auch. Am 28. November 1912, fast ganz Albanien war bereits von den Truppen des Balkanbundes besetzt, erklärte ein albanischer Nationalkongreß in Valona (Vlorë) die Unabhängigkeit Albaniens und ernannte eine Provisorische Regierung, in der paritätisch Mitglieder aller drei in Albanien vorhandenen Konfessionen vertreten waren; geleitet wurde die Regierung von Ismail Kemal Bey Vlora, der vorher verschiedene Posten im türkischen Staatsdienst innegehabt hatte.

Die albanische Staatsgründung wurde zunächst vom Ausland nicht anerkannt. Die Großmächte befaßten sich mit der Albanischen Frage erst im Sommer 1913 auf der Botschafterkonferenz in London, wo beschlossen wurde, Albanien als Fürstentum einzurichten. Erster Fürst wurde der protestantische deutsche Prinz Wilhelm zu Wied.

[2] Sami Frashëri, Was war Albanien, was ist es, was wird es werden? Gedanken und Betrachtungen über die unser geheiligtes Vaterland Albanien bedrohenden Gefahren und deren Abwendung. Wien, Leipzig 1913, S. 40.

Das neue Fürstentum Albanien umfaßte nur einen Teil des geschlossenen albanischen Siedlungsgebietes. Kosovo und Metohija sowie Westmakedonien waren in London den Königreichen Serbien und Montenegro zugesprochen worden, und die zumindest teilweise von Albanern bewohnten Gebiete in Epiros (*Çamëria*) waren an Griechenland gefallen. Der neue albanische Staat umfaßte 28 700 qkm mit 864 000 Einwohnern (1923).

Albanien und seine Minderheiten

Die Bevölkerung Albaniens war ethnisch weitgehend homogen. An Minderheiten waren Griechen (in der Zwischenkriegszeit ca. 50 000), Aromunen (ca. 10 000), Zigeuner (ca. 10 000) und Südslawen (Makedonen, Serben und Montenegriner, ca. 7 500) vertreten[3]. Die von griechischer Seite angegebenen Zahlen für die in Albanien lebenden Griechen – 300 000–400 000 – sind Produkte nationalistischen Wunschdenkens. Die Angaben der letzten albanischen Volkszählung von 1989, 58 758, dürften den Tatsachen entsprechen. Die Griechen machten zusammen mit den anderen anerkannten Minderheiten (Makedonen 4 697, Serben-Montenegriner 100) und Staatsbürgern anderer Nationalität 2 Prozent der auf 3 182 400 angewachsenen Gesamtbevölkerung Albaniens aus[4]. Aromunen und Zigeuner werden als Minderheiten in den albanischen Statistiken nicht geführt, sie scheinen zum großen Teil assimiliert worden zu sein.

So klein der Anteil der Minderheiten an der Gesamtbevölkerung auch war, bot er dennoch schon früh Anlaß zu Konflikten mit den Nachbarstaaten. Das war besonders bei

[3] Zahlen nach Karl Lohr (d. i. Franz von Scheiger), Die völkischen Minderheiten Albaniens. In: Petermanns Geographische Mitteilungen (1930), 3–4, S. 66.

[4] Zahlen nach Statistical Yearbook of P.S.R. of Albania 1990. Tirana 1990, S. 35.

der griechischen Minderheit der Fall. Die Schaffung eines albanischen Staates war von den Großmächten, besonders von Österreich-Ungarn und Italien, durchgesetzt worden. Sie widersprach den Interessen und Wünschen der balkanischen Nachbarstaaten, die weite Teile Albaniens für sich beanspruchten. Griechenland strebte bereits während der Balkankriege 1912/13 und dann während des Ersten Weltkrieges den Besitz der Bezirke Korça und Gjirokastra an. In Gjirokastër (Argyrokastron) etablierte sich im Februar 1914 eine Provisorische Regierung des Autonomen Nordepiros. Sie stand unter der Leitung des ehemaligen griechischen Außenministers Georgios Zographos und wurde von Athen mehr oder weniger offen unterstützt. Auch in der Himara, einer Berglandschaft südlich von Valona, wurde im März 1914 durch den griechischen Major Spiro Spiromilis die Autonomie ausgerufen. Sowohl Zographos als auch Spiromilis waren albanischer Abstammung. Die orthodoxe Bevölkerung Südalbaniens war bereits seit dem 18. Jahrhundert einem Prozeß der Gräzisierung unterworfen, der durch die albanische Staatsgründung unterbrochen wurde. Die griechische Minderheit Albaniens dürfte deshalb z.T. aus gräzisierten Albanern bestehen.

Träger der Gräzisierung war vor allem die orthodoxe Kirche, deren höherer Klerus griechisch war. Griechisch war auch die Kirchensprache. Die albanische Staatsführung war deshalb von Anfang an bemüht, Bestrebungen zu fördern, die auf die Selbständigkeit (Autokephalie) der albanischen orthodoxen Kirche hinzielten. Einer der Wegbereiter der Autokephalie war Stylian Fan Noli, der 1908 in New York erstmals die Liturgie in albanischer Sprache las und 1919 Bischof der vom Konstantinopler Patriarchat unabhängigen Albanischen Orthodoxen Kirche in Amerika wurde. Als 1922 eine Versammlung von Priestern und Laien in Berat die Unabhängigkeit der Orthodoxen Kirche Albaniens verkündete, übernahm Fan Noli deren provisorische Leitung. Die Autokephalie wurde erst 1937 vom Ökumenischen Patriarchat anerkannt. Zuvor war noch der albanisch-griechische Schulstreit beigelegt worden, mit dem sich auch der Völkerbund zu beschäftigen hatte: Die albanische Regierung hatte 1933 das gesamte Schulwesen verstaatlicht und alle Privatschulen geschlossen. Davon waren auch die von der orthodoxen Kirche unterhaltenen griechischen Schulen betroffen. Auf griechischen Protest hin lenkte Tirana ein und erlaubte wieder die Eröffnung von griechischen Privatschulen als Minderheitenschulen. Im Gegensatz zu den Albanern in Griechenland genossen die Griechen in Albanien also Minderheitenrechte (Deklaration über den Minderheitenschutz vom 2. Oktober 1921). Daran änderte sich formal auch im kommunistischen Albanien nichts, wenn auch die griechische Minderheit von dem 1967 erlassenen Religionsverbot besonders hart betroffen war. Heute verfügen die Griechen in Albanien wieder über eine eigene politische Organisation, »Omonia« (Eintracht), die bei den Wahlen am 31. März 1991 fünf Parlamentssitze errang. Bei den letzten Wahlen im März 1992 war sie allerdings von der Kandidatur ausgeschlossen worden. Bei der Reorganisation der Autokephalen Orthodoxen Kirche Albaniens leistet die griechische Kirche Beistand, was bei einigen nationalistischen Kreisen Befürchtungen aufkommen ließ, Griechenland könne die »Nordepirotische Frage« wieder aufrollen. Daß Griechenland im Falle von Anarchie in Albanien Schritte zum Schutz seiner Minderheit unternehmen würde, wurde unlängst auch in einer griechischen Studie als sicher angenommen[5].

Die südslawische Minderheit in Albanien ist schon auf Grund ihrer zahlenmäßigen Schwäche bedeutungslos. Auf ihre Existenz wurde aber in letzter Zeit von serbischer und makedonischer Seite wiederholt hingewiesen, wohl um vom Albanerproblem im eigenen Land abzulenken. In jugoslawischen Untersuchungen wird die Zahl der in Alba-

---

[5] Nicolas Protonotarios, Bedrohungsvorstellungen der südosteuropäischen Länder. In: Südosteuropa 41 (1992), S. 100–101.

nien lebenden Makedonen auf 45 000–60 000 geschätzt. Es wird behauptet, daß die makedonische Minderheit unter starkem, von der Regierung ausgehenden Assimilationsdruck steht. Ebenfalls stark übertrieben sind Behauptungen, in Nordalbanien lebten noch 15 000–20 000 Montenegriner; da hat man wohl die Muslime aus Podgorica und anderen Abtretungsgebieten mitgezählt, die nach den Balkankriegen zur Auswanderung nach Albanien gezwungen wurden und sich dort albanisierten. Sicher gab es im Mittelalter und in der frühen Neuzeit – schon die Ortsnamen weisen darauf hin – auf dem Territorium des heutigen albanischen Staates ein stärkeres slawisches Bevölkerungselement. Es dürfte aber, worauf makedonische Untersuchungen hinweisen, seit dem 18. Jahrhundert ostwärts gewandert oder islamisiert und damit albanisiert worden sein. Auf jeden Fall kann die Existenz einer auch noch so kleinen südslawischen Minderheit in Albanien den südslawischen Regierungen im Bedarfsfalle Gelegenheit geben, von »unerlösten Brüdern« jenseits ihrer Grenzen zu reden. Die gegenwärtige Notlage in Albanien trägt außerdem dazu bei, daß sich zahlreiche (erzwungenermaßen oder freiwillig) assimilierte Südslawen wieder ihrer Herkunft besinnen. So trafen im März 1991 1600 albanische Flüchtlinge in Montenegro ein, von denen sich die meisten als Montenegriner deklarierten. In Vrakë wurde am 30. Dezember 1990 eine montenegrinische Nationalvereinigung »Sužívot i sloga« (Einheit und Eintracht) gegründet, die von der Regierung allerdings nicht anerkannt wurde.

Die Albaner in Jugoslawien (Die Kosovofrage)

Die Mehrheit der Albaner Jugoslawiens lebt in Kosovo (alban. Kosova), das auch nach der Suspendierung seiner Verfassung 1989 formal noch eine Autonome Provinz der Republik Serbien darstellt. In Kosovo hatten die Albaner ihre größte Autonomie erreicht, von dort ging auch ihr nationales Emanzipationsstreben aus, so daß die Albanerfrage in Jugoslawien weitgehend mit der Kosovofrage identifiziert wird. Die Albaner in Makedonien und Montenegro orientierten sich in ihrer Haltung gegenüber der Staatsgewalt durchwegs nach dem, was ihre Landsleute in Kosovo taten.

Von den 1 584 441 Einwohnern Kosovos (1981) waren 1 226 736 (77,4 Prozent) Albaner, 209 498 (13,2 Prozent) Serben; der Rest verteilte sich auf Montenegriner, Türken, Zigeuner und andere Nationalitäten. Die Bevölkerung der Provinz hat sich seit Kriegsende mehr als verdoppelt (1948 727 820), was hauptsächlich auf ein überdurchschnittlich starkes Anwachsen der albanischen Bevölkerung zurückzuführen ist. Deren Zahl ist von 1948 (498 242, 68,5 Prozent der Gesamtbevölkerung) auf das Zweieinhalbfache angestiegen. Während der Anteil der Albaner an der Bevölkerung Kosovos im Zeitraum von etwa 30 Jahren um 10 Prozent zunahm, nahm der serbische Bevölkerungsanteil (1948 171 911, 23,6 Prozent) im gleichen Zeitraum um 10 Prozent ab. In Serbien macht man für diese Entwicklung nicht nur die hohe Geburtenrate der Albaner (in serbischen Augen eine »biologische Waffe«), sondern auch die Herausdrängung der Serben durch die Albaner verantwortlich. Man spricht unverblümt von Genozid am serbischen Volk, das aus seinem historischen Kernland, der »Wiege des Serbentums«, vertrieben wird.

Kosovo in der Vergangenheit

Beide Seiten benutzen in ihrer Polemik historische Argumente: Die Serben greifen dabei auf das Mittelalter, die Albaner noch weiter, bis auf die Antike zurück.

Kosovo war im Altertum Siedlungsgebiet der Dardaner, die zu den illyrischen Stämmen gerechnet werden. Da die Albaner ihre Herkunft von den Illyrern ableiten, waren ihre Vorfahren bereits zur Römerzeit in Kosovo, also weit vor den Slawen, die erst im 6. Jahrhundert dort einwanderten. Diesen Protoalbanern gelang es nach der These der albanischen Historiographie, ihre ethnische Identität nicht nur über die römische Besetzung, sondern auch über den Slaweneinfall im Frühmittelalter hinweg zu retten. In der albanischen Argumentationsreihe klafft allerdings eine Lücke, denn die Albaner werden erst im 11. Jahrhundert (1078/79) in den Quellen erwähnt, zwischen der Spätantike und ihrer ersten Erwähnung liegt ein Zeitraum von mindestens 600 Jahren. Es ist zu bezweifeln, ob die Masse der illyrischen Bevölkerung Dardaniens unbeschadet Romanisierung und Slawisierung überdauert hat, in anderen Gebieten der Balkanhalbinsel war das ja auch nicht der Fall. Wahrscheinlicher dürfte sein, daß die Vorfahren der heutigen Albaner nur in einigen Rückzugsgebieten, vor allem in Gebirgszonen, Sprache und Volkstum erhalten konnten; die Ebenen Kosovos können dazu mit Sicherheit nicht gezählt haben. Bezeichnenderweise werden die Albaner in altserbischen Quellen auch zunächst nur als Wanderhirten erwähnt.

Die These von einer ununterbrochenen illyrisch-albanischen Siedlungskontinuität in Kosovo dürfte also unhaltbar sein; ebenso unhaltbar ist allerdings auch die von zahlreichen serbischen Autoren verbreitete Ansicht, die Albaner seien erst in der Türkenzeit, vor allem im 17. und 18. Jahrhundert nach Kosovo eingewandert. Sicher war die Bevölkerung Kosovos im Mittelalter weitgehend serbisch. Schon bald nach der Begründung des serbischen Staates durch Stefan Nemanja um 1170 wurde Kosovo dessen Bestandteil und wegen der dort vorhandenen Erzvorkommen die wirtschaftliche Grundlage der serbischen Machtentfaltung. In Novo Brdo, Trepča und anderen Bergorten wurde, auch mit Hilfe deutscher Fachleute (der »Sachsen«) Edelmetall gefördert. Die Klosterkirchen von Dečani, Gračanica, die Kathedralkirche Bogorodica Ljeviška in Prizren und die Patriarchie in Peć zeugen von dem Wohlstand, der im Mittelalter in diesem Teil Serbiens herrschte. In Peć befand sich auch der kirchliche Mittelpunkt Serbiens, der Sitz des serbischen Patriarchats. 1389 fand auf dem Amselfeld (Kosovo polje) unweit von Priština jene denkwürdige Schlacht gegen die Osmanen statt, die das Ende der serbischen Staatlichkeit im Mittelalter einleitete. Kosovo war also zweifelsohne eine der Zentrallandschaften des mittelalterlichen Serbien.

Seit dem Ende des 13. Jahrhunderts begannen aus den umliegenden Gebirgslandschaften Albaner nach Kosovo einzuwandern. Albaner werden auch als Bergleute erwähnt. Zum Zeitpunkt der türkischen Eroberung (endgültig 1455) machten die Albaner bereits 4–5 Prozent der Gesamtbevölkerung von Kosovo aus. Diese Albaner waren aber, das machen türkische Steuerregister deutlich, bereits in einem Prozeß der Slawisierung befindlich. Sie trugen slawische Namen, lediglich der Vatersname wies noch manchmal auf die albanische Herkunft hin (Bogdan Sohn von Arbanas, Božidar Sohn von Gjon usw.). Wahrscheinlich waren diese Albaner auch bereits von ihrem ursprünglichen katholischen zum orthodoxen Glauben übergetreten. Die türkische Eroberung setzte diesem Assimilationsprozeß ein Ende. Eine Rolle spielte dabei auch, daß die Albaner schon bald den Islam anzunehmen begannen. Dadurch wurden sie gegenüber den Serben, die von der Islamisierung in geringerem Ausmaße erfaßt wurden, bevorrechtigte Bürger, was positive Auswirkungen auf ihre Siedlungsausbreitung hatte. Türkische Steuerregister machen deutlich, daß in den ersten hundert Jahren der türkischen Herrschaft sich die Bevölkerungsstruktur in Kosovo wandelte: Während es 1485 noch keine Ortschaft mit ausschließlich albanischer Bevölkerung gab, herrschte 1582 in einigen Gemeinden bereits das albanische Element vor. Gjakovë (Djakovica), 1485 als Marktflecken mit serbisch-albanischer Mischbevölkerung erwähnt, hatte 1582 eine überwiegend albanische Einwohnerschaft; 1782 soll dort niemand mehr Serbisch verstanden haben. Einige Dörfer, die Ende des 15. Jahrhunderts serbisch waren, werden hundert Jahre später als verlassen bezeichnet. In diese verlassenen Dörfer siedelten später Albaner ein. Von den türkischen Behörden wurde diese albanische Siedlungsausbreitung geduldet, teilweise sogar gefördert. Bis zum Ende der Türkenzeit fand ein kontinuierlicher Zuzug von Albanern nach Kosovo statt. Die Einwanderung erfolgte zumeist aus wirtschaftlichen Gründen: Die Ebenen Kosovos waren fruchtbarer als die kargen Berglandschaften Nordalbaniens, aus denen die Einwanderer zumeist stammten. Ein weiterer Grund war Flucht vor der Blutrache. Es kam auch zu erzwungener Umsiedlung. Die osmanische Regierung griff zu diesem Mittel, um aufrührerische Bevölkerungstruppen auszuschalten: Als sich während der Türkenkriege der Habsburger und der Venezianer in Albanien katholische Christen gegen die türkische Herrschaft erhoben, wurden sie nach Serbien, u.a. auch nach Kosovo umgesiedelt. Da sie von ihren Priestern nicht begleitet werden durften, erlagen diese Katholiken in den neuen Wohnsitzen bald dem Einfluß ihrer muslimischen Umwelt, d.h. sie nahmen den Islam an. Manchmal wurden sie dazu auch gezwungen. Noch heute wissen die meisten muslimischen Albaner Kosovos, welchem katholischen Bergstamm Nordalbaniens ihre Vorfahren einst angehört hatten. Gefördert wurde die Albanisierung Kosovos in der Türkenzeit noch durch eine weitere Erscheinung: Auch ein Teil der serbischen Bevölkerung nahm den Islam an. Durch Heirat und Verschwägerung kam es in der Folgezeit zu einer Albanisierung der Konvertiten. Der Albanisierung erlagen auch Bosnier und Tscherkessen, die im 19. Jahrhundert nach Kosovo einwanderten. Der Albanisierungsprozeß ist in einigen Gebieten heute noch im Gange.

Kosovo im südslawischen Staat

Als die Serben nach den Balkankriegen 1912–1913 Kosovo aus der Konkursmasse des Osmanischen Reiches in Europa zugesprochen erhielten, übernahmen sie eine Provinz mit mehrheitlich muslimischer und albanischer Bevölkerung. Die serbische Regierung – ab 1918 die Regierung des neuen »Südslawischen Königreichs« – war von Anfang an bestrebt, die Bevölkerungsstruktur in diesem als »Altserbien« bezeichneten Gebiet zu verändern. Dafür standen drei Möglichkeiten zur Verfügung: Auswanderung der Albaner nach Albanien oder in die Türkei, slawische Kolonisation, und Assimilierung der albanischen Restbevölkerung.

Alle drei Möglichkeiten wurden erprobt und schlugen fehl. Es kam zwar zur Auswanderung von Albanern in die genannten Länder, aber nicht in dem Ausmaß, wie es sich die Regierung gewünscht hatte. Da Albanien als Aufnahmeland für eine größere Anzahl von jugoslawischen Albanern nicht in Frage kam, konzentrierten sich die Pläne auf die Türkei.

In Belgrad fanden 1937 im »Serbischen Kulturklub« Diskussionen zwischen Vertretern der Regierung, des Generalstabs und Wissenschaftlern statt, um eine Lösung für die Albanerfrage zu finden. Der serbische Historiker und spätere Minister Vaso Čubrilović unterbreitete am 7. März 1937 ein Memorandum, das die Vertreibung der »Arnauten« (d.h. der muslimischen Albaner) zum Gegenstand hatte. Čubrilović warf der Regierung eine Reihe von Grundfehlern in ihrer bisherigen Albanerpolitik vor: Sie habe versucht, die Lösung der großen ethnischen Fragen durch westliche Methoden zu erreichen und dabei vergessen, wo sie sich befand, nämlich auf dem Boden des »blutigen und aufgewühlten Balkan«. Während Jugoslawien die »langsame und träge Methode der schrittweisen Kolonisation« angewandt habe, hätten die anderen Balkanstaaten die Frage der nationalen Minderheiten durch Umsiedlung gelöst[6]. Das gleiche müsse Jugoslawien auch tun. Das Albanerproblem könne nur durch Massenvertreibung gelöst werden; die Regierung müsse dabei brutal vorgehen und sich stets vor Augen halten, daß sie es mit einer »grobschlächtigen, widerstandsfähigen und gebärfreudigen Rasse« zu tun habe[7]. Man solle zunächst versuchen, den muslimischen Klerus und einflußreiche Albaner durch Geld oder Drohungen für die Umsiedlung zu gewinnen. Wenn das nicht gelänge, solle man Polizeiterror anwenden. Umgesiedelt werden sollten vor allem die Bewohner der Grenzdistrikte, besonders die Bauern. Man sollte nicht in den Fehler verfallen, nur die Armen zu vertreiben, denn das Rückgrat eines jeden Volkes seien die mittleren und reichen Schichten. Es sollten möglichst ganze Dörfer umgesiedelt werden, und es sollte verhindert werden, daß die auswandernden Albaner ihre Grundstücke an Landsleute verkauften, die im Lande blieben. Die Auswanderungswilligen sollten auf jede Weise vom Staat unterstützt werden, Transport und Verpflegung sollten gratis sein.

Zwischen der jugoslawischen und der türkischen Regierung wurde 1938 eine Konvention unterzeichnet, die die Umsiedlung von 40 000 »türkischen« Familien aus »Südserbien« (Kosovo und Makedonien) in die Türkei vorsah. Die Umsiedlung dieser 40 000 Familien (entspricht etwa 200 000 Personen) sollte stufenweise bis 1944 erfolgen. Der jugoslawische Staat sollte für jede Umsiedlerfamilie 500 Türkische Lira (insgesamt 20 Millionen Lira) an die Türkische Staatsbank zahlen. Die Umsiedlung sollte ausschließlich auf die Landbevölkerung beschränkt sein. In einem geheimen Zusatzartikel der Konvention (Nr. 6) wurde ausdrücklich bestätigt, daß diese Vereinbarungen nicht nur für die türkische, sondern auch für die muslimische albanische Bevölkerung galt. Da jedoch bald darauf

---

[6] V. Čubrilović, Die Vertreibung der Albaner. Denkschrift, vorgelegt am 7. März 1937 in Belgrad. o. O., o. J., S. 6; die deutsche Übersetzung wurde vor einigen Jahren von Tirana aus verbreitet!

[7] Čubrilović, Die Vertreibung der Albaner, S. 26.

der Zweite Weltkrieg ausbrach, wurde die Umsiedlungsaktion nicht mehr in die Tat umgesetzt.

Die schon angesprochene slawische Kolonisation Kosovos wurde als Landreform deklariert und sollte ebenfalls vornehmlich dazu dienen, den ethnischen Charakter dieses Gebietes zu verändern. Als Kolonistenland standen enteigneter muslimischer Großgrundbesitz, das Land von albanischen Aussiedlern und bisher nicht bewirtschaftete Flächen zur Verfügung. Dieses Land wurde hauptsächlich an serbische und montenegrinische Kolonisten verteilt, Kriegsveteranen wurden dabei bevorzugt. In manchen Fällen erhielten aber auch Leute Land, die mit Sicherheit nicht vorhatten, es selbst zu bebauen – so Ministerpräsident Nikola Pašić, der 3 000 ha bei der Murat Türbe auf dem Kosovo polje erhielt. Der Staat war bestrebt, vor allem die Grenzzone zu Albanien durch Kolonisten zu sichern. Insgesamt kamen in der Zwischenkriegszeit 18 000 Kolonistenfamilien nach Kosovo, was aber nur in einigen Gebieten zu einer Veränderung der Bevölkerungsstruktur führte. So stieg im Kreis Kosovo der slawische Bevölkerungsanteil von 24 Prozent im Jahr 1919 auf 37 Prozent im Jahr 1927. Insgesamt war die Kolonisation aber ein Fehlschlag. Die bescheidenen Kolonisationserfolge wurden nämlich durch die natürliche Zunahme der Albaner wieder zunichte gemacht. Der Mißerfolg wurde auch von offizieller jugoslawischer Seite zugegeben. Djordje Krstić, der 1927 als Leiter der für die Kolonisation zuständigen Agrardirektion nach Skopje kam, machte für das Mißlingen das Fehlen einer verbindlichen gesetzlichen Grundlage, die Unfähigkeit des Beamtentums und die mangelhafte finanzielle Unterstützung der Siedler verantwortlich. Er empfahl auch, die Siedler zu bewaffnen – wegen der Albaner, die den Fremden feindlich gegenüberstanden. Auch Vaso Čubrilović machte sich in seinem Memorandum Gedanken über die bisher bescheidenen Erfolge der Kolonisation. Er schlug vor, damit den Generalstab zu betrauen, der daran interessiert sein müßte, daß sich an den

Grenzen die »eigenen Elemente« niederließen. Für die Kolonisation sollte man vorzugsweise Montenegriner verwenden. Montenegro könnte seine angewachsene Bevölkerung nicht mehr ernähren und – was wichtiger war – die Montenegriner wären nach Mentalität und Temperament den Albanern ziemlich ähnlich. Sie wären deshalb »die geeignetste Waffe, um die Albaner zu bezwingen«[8].

Die Aussiedlungs- und Kolonisationspolitik der Belgrader Regierung schlug fehl, aber auch die Bemühungen, die Albaner mit den südslawischen Staatsvölkern zu assimilieren, blieben erfolglos. Die Albaner genossen im südslawischen Königreich keinerlei Minderheitenrechte, obwohl sich die südslawische Regierung 1919 im Vertrag von Saint-Germain und 1920 in einem Zusatzvertrag zum Schutz ethnischer und religiöser Minderheitengruppen verpflichtet hatte. In Belgrad argumentierte man, daß der Minderheitenschutz nur für die nördlichen, von der Habsburger Monarchie übernommenen Landesteile gelte (also für die ungarische, deutsche, italienische Bevölkerung), nicht aber für die bis 1913 vom Königreich Serbien gewonnenen Gebiete im Süden des Landes. Sämtliche öffentlichen und privaten Lehranstalten mit albanischer Unterrichtssprache (gegen Ende des Ersten Weltkrieges existierten etwa 300) wurden geschlossen. Unterrichtssprache an den Grundschulen war auch für die Albaner das Serbokroatische; albanische Kinder konnten oder wollten sie nicht besuchen, so daß die Analphabetenquote in Kosovo in der Zwischenkriegszeit 90 Prozent betrug. Amtssprache in Kosovo war Serbokroatisch; der Gebrauch der albanischen Sprache in der Öffentlichkeit und die Veröffentlichung albanischer Schriften waren zwar nicht gesetzlich verboten, sie wurden in der Polizeipraxis aber als Delikt betrachtet. Die bescheidenen kulturellen Aktivitäten der Albaner in Kosovo wurden in den Untergrund gedrängt und von Tirana nur unzulänglich unterstützt. Eine albani-

---

[8] Čubrilović, Die Vertreibung der Albaner, S. 16.

sche Intelligenz konnte sich in Kosovo und in den anderen albanisch besiedelten Landesteilen Jugoslawiens nicht entwickeln, hier mußten die Albaner auf die alte, noch im Osmanischen Reich ausgebildete Führungsschicht der grundbesitzenden Beys zurückgreifen, auf Männer wie Nexhip Draga und seinen Bruder Ferhat.

Die Albaner konnten sich als jugoslawische Staatsbürger zwar an den Parlamentswahlen beteiligen, hatten aber zunächst keine eigene politische Partei. Da eine nicht anerkannte ethnische Minderheit wie die Albaner es sich nicht leisten konnte, eine Partei auf nationaler Grundlage zu bilden, Parteien auf konfessioneller Grundlage aber bis zur Ausrufung der Königsdiktatur (1929) erlaubt waren, gründete Nexhip Draga zusammen mit einigen anderen albanischen und türkischen Großgrundbesitzern 1919 die »Džemijet« (türk. Cemiyet; alban. Xhemijet = Gesellschaft) als Interessenvertretung der Muslime »Südserbiens«. Die Partei erhielt bei den ersten Parlamentswahlen 1920 16 Prozent aller Stimmen in Kosovo und 8 Sitze. Die Belgrader Regierung unter Nikola Pašić suchte ein gutes Einvernehmen mit »Džemijet«, um sich die Mehrheit bei der Abstimmung über die neue Verfassung von 1921 zu sichern. Nach dem Tode von Nexhip (1921) übernahm sein Bruder Ferhat die Führung der Partei, die 1923 14 Parlamentssitze erhielt. Unter Ferhat Draga wurde »Džemijet« zu einer albanischen Partei, die von der Regierung Autonomie für das Kosovogebiet, Rückgabe der während der Agrarreform enteigneten Ländereien und Einführung des Albanisch-Unterrichts an den Schulen forderte. Da Pašić diese Forderungen ablehnte, ging »Džemijet« in die Opposition und trug zum Sturz der Regierung im Jahre 1924 bei. 1925 wurde Ferhat Draga wegen angeblicher Verbindungen zur albanischen »Kaçak«-Bewegung verhaftet und zu lebenslänglicher Zwangsarbeit verurteilt, »Džemijet« wurde verboten. Der Versuch, auf parlamentarischem Wege der Regierung Zugeständnisse zugunsten der albanischen Minderheit abzuringen, war damit gescheitert.

Scheitern mußte aber ebenso der Versuch, Armee und Behörden des neuen südslawischen Staates mit Waffengewalt zu bekämpfen. Dieser Versuch wurde von der »Kaçak«-Bewegung (türk. Kaçak = Flüchtiger, Schmuggler) unternommen, die bereits in den letzten Jahren der Türkenherrschaft als besondere Form des Widerstandes entstanden war. Es handelte sich dabei um Banden, die, von der Bevölkerung unterstützt, nach Guerillamanier die Organe der Staatsmacht (zunächst der türkischen, dann der serbischen und jugoslawischen) bekämpften. Gegen diese Banden, von denen die bekannteste unter Azem Bejta zeitweise 600 Kämpfer zählte, mußte die Regierung sogar Artillerie und Flugzeuge einsetzen, ohne daß sie ihrer zunächst Herr werden konnte. Zeitweilig gelang es den Kaçaken sogar, in Kosovo »Befreite Gebiete« zu behaupten (so 1923–1924 in Drenica), in denen die albanischen Freischärler allein das Sagen hatten. Die Polizei griff schließlich zum Mittel der Sippenhaft und internierte die Familienangehörigen der Partisanen, um diese zum Aufgeben zu zwingen. Trotzdem konnte die Kaçak-Bewegung erst Ende der zwanziger Jahre zerschlagen werden.

In ihrem Kampf gegen die jugoslawische Regierung waren die Kaçaken weitgehend auf sich allein gestellt. In Albanien war die innenpolitische Lage zu instabil, die Regierung in Tirana konnte es sich nicht leisten, die Kosovaren offen zu unterstützen. In Skutari war zwar seit 1918 der Sitz eines »Komitees zur nationalen Verteidigung Kosovos« *(Komiteti Mbrojtja Kombëtare e Kosovës)*, das von der italienischen Regierung zeitweise auch finanzielle Zuwendungen erhielt. Dessen Aktivitäten machte aber Ahmed Zogu ein Ende, der 1924 mit Belgrads Unterstützung in Tirana die Macht ergriffen hatte und sich 1928 zum »König der Albaner« ausrufen ließ. Die Leiter des Kosovo-Komitees wurden von Zogu ausgeschaltet: Der Freischarenführer Bajram Curri fiel 1925 im Kampf gegen Zogus Truppen, und Hasan Prishtina, der führende Kopf des Komitees, wurde 1933 in Saloniki von einem Agenten Zogus ermordet.

Kosovo während des Zweiten Weltkrieges

Der Zweite Weltkrieg schien die Kosovo-Albaner ihrem Ziel einen großen Schritt näher zu bringen. Nach der Kapitulation Jugoslawiens (17. Januar 1941) wurde Kosovo in drei Besatzungszonen geteilt – in eine italienische, eine deutsche und eine bulgarische. Zumindest Italiener und Deutsche wurden von der Mehrheit der albanischen Bevölkerung nicht als Besatzer, sondern als Befreier betrachtet. Als die Italiener am 12. August 1941 ihre Besatzungszone, die den größten Teil von Kosovo umfaßte, mit dem albanischen Mutterland vereinigten, war ein – freilich italienisches – Großalbanien entstanden. Nach der italienischen Kapitulation (8. September 1943) versprach die deutsche Reichsregierung, deren Truppen den Italienern als Besatzungsmacht folgten, die Unabhängigkeit Großalbaniens nach Kriegsende zu respektieren. In Kosovo und Westmakedonien, das ebenfalls zu Großalbanien gehörte, gab es während des Zweiten Weltkrieges albanische Schulen, albanische Verwaltung und eine albanische Gendarmerie. Die serbischen und montenegrinischen Neusiedler mußten das Gebiet wieder verlassen. Unter diesen Umständen verwundert es nicht, daß es die von den Kommunisten geleitete jugoslawische Partisanenbewegung schwer hatte, unter den Albanern Kosovos Anhänger zu finden.

Die illegale KPJ zählte vor Kriegsausbruch in Kosovo 239 Mitglieder, von denen die meisten montenegrinische Kolonisten waren, nur 23 waren Albaner. Zu Kriegsende war die Zahl der Parteimitglieder auf 1238 angewachsen, von denen weniger als 30 Prozent Albaner waren. Die erste albanische Partisaneneinheit (»Zejnel Ajdini«) wurde im September 1942 gebildet. Erst im Mai 1944, als die 1. Kosovo-Brigade aufgestellt wurde, bekam die Volksbefreiungsbewegung hier eine gewisse Massenbasis. Ende 1944 verfügten die Partisanen in Kosovo über 8 Brigaden mit 50000 Kämpfern, mehr als 6000 von ihnen fielen im Kampf gegen die Besatzungstruppen und antikommunistischen Gruppen, 12 Albaner wurden wegen ihrer Verdienste zu »Volkshelden« erklärt. Die albanische Teilnahme am Partisanenkampf ganz zu bestreiten, wie es heute in der serbischen Literatur oft versucht wird, ist also nicht berechtigt. Allerdings kämpften die kosovarischen Partisanen zumeist außerhalb Kosovos, in Makedonien, Montenegro, Serbien und in Albanien.

Mit der albanischen »Nationalen Befreiungsbewegung«, die von der erst am 8. November 1941 mit jugoslawischer Unterstützung gegründeten Kommunistischen Partei Albaniens geleitet wurde, arbeiteten die jugoslawischen Partisanen und besonders deren kosovarisches Gebietskomitee von Anfang an eng zusammen. Ende 1943 hatten das Gebietskomitee und der Stab des »Volksbefreiungskampfes für Kosovo und Metohija« sogar ihren Sitz auf albanischem Territorium, in der Malcija e Gjakovës. Trotzdem sorgte das Kosovoproblem schon zu Beginn der jugoslawisch-albanischen Zusammenarbeit für Spannungen. Die KPA hatte gemäß der damals üblichen kommunistischen Taktik die Bildung einer Volksfront aller antifaschistischen Kräfte propagiert. Am 1. und 2. August 1943 trafen sich in Mukja bei Kruja Vertreter der Nationalen Befreiungsbewegung und der nationalistischen Widerstandsorganisation »Balli Kombëtar« (Nationale Front) und beschlossen die Bildung eines paritätisch besetzten »Komitees zur Rettung Albaniens«. Als gemeinsames Ziel wurde ein »ethnisches Albanien«, d. h. die staatliche Vereinigung aller von Albanern bewohnten Gebiete, proklamiert. Auf jugoslawischen Druck hin mußte auf der 2. Konferenz der Nationalen Befreiungsbewegung in Labinoti bei Elbasan (4.–9. September 1943) die Vereinbarung von Mukja widerrufen werden. Bezüglich der Kosovofrage sagte Enver Hoxha auf dieser Konferenz, daß das Volk von Kosovo nach dem Sieg über die Besatzungsmächte und ihre Helfer selbst entscheiden müßte, welcher Seite es sich anschließen wollte – der Albaniens oder der Jugoslawiens. Ende 1943 schickte das ZK der KPJ ein

Schreiben an das ZK der albanischen Schwesterpartei, in dem diese Frage noch einmal angeschnitten wurde. Es hieß darin: »Heute die Frage des Anschlusses von Kosovo und Metohija an Albanien zu stellen, bedeutet lediglich, Wasser auf die Mühlen verschiedener Reaktionäre und der Okkupatoren selbst zu lenken, die den bewaffneten Kampf des Volkes dadurch behindern möchten, daß sie eine für sie ungefährliche und inaktuelle Frage hochspielen... Es ist wohl nicht notwendig, eigens zu betonen, daß die Frage von Kosovo und Metohija zwischen uns und dem demokratischen, antiimperialistischen Albanien kein Problem sein kann. Man muß heute beim albanischen Volk in Kosovo die brüderliche Liebe zu den heroischen Völkern Jugoslawiens entwickeln und gemeinsam den Kampf gegen die deutschen Eroberer führen... Das neue Jugoslawien, das im Entstehen begriffen ist, wird ein Land freier Völker sein, dementsprechend wird es in diesem Land keinen Raum für die Unterdrückung der albanischen Minderheiten geben.«[9]

Aus dem Schreiben wird ersichtlich, daß man von Seiten der jugoslawischen Parteiführung nicht daran dachte, Kosovo aus dem jugoslawischen Staatsverband zu entlassen. Daß man bei den albanischen Kommunisten Kosovos darüber anders dachte, wird aus der Resolution von Bujan deutlich. Vom 31. Dezember 1943 bis 2. Januar 1944 fand in Bujan (Malcija e Gjakovës, Nordalbanien) die 1. Konferenz des Nationalen Befreiungskomitees für Kosovo und Metohija statt, an der 49 Delegierte, darunter 41 Albaner, teilnahmen. Sie einigten sich auf folgende Erklärung: »Kosovo und Metohija bilden eine Region, in der die albanischen Einwohner überwiegen; diese wünschen wie eh und je mit Albanien vereinigt zu werden. Folglich ist es unsere Pflicht, den Weg aufzuzeigen, den die albanische Bevölkerung einschlagen muß, um ihre Hoffnungen zu realisieren.

---

[9] Zitiert nach der deutschen Übersetzung bei Jens Reuter, Die Albaner in Jugoslawien. München 1982, S. 37.

Der einzige Weg für die Albaner von Kosovo und Metohija, mit Albanien vereinigt zu werden, führt über den gemeinsamen Kampf mit den anderen Nationen Jugoslawiens gegen die Invasoren und ihre Streitkräfte, weil es der einzige Weg ist, die Freiheit zu gewinnen, wenn alle Völker einschließlich der Albaner in die Lage versetzt werden, ihr eigenes Schicksal zu wählen, mit dem Recht auf Selbstbestimmung, die Sezession eingeschlossen. Die Garantie dafür sind die Nationale Befreiungsarmee Jugoslawiens und die Nationale Befreiungsarmee Albaniens, die eng miteinander verbunden sind. Außerdem garantieren dafür unsere großen Verbündeten, die Sowjetunion, Großbritannien und die USA (Atlantik-Charta, Konferenzen von Moskau und Teheran)«.[10]

In einem Schreiben vom 28. März 1944 erhob das ZK der KPJ Einspruch gegen die Absicht der kosovarischen Parteiführung, sich nach Kriegsende Albanien anzuschließen. Die Frage der Grenzziehung sollte nach Beendigung der Kämpfe zwischen dem neuen Jugoslawien und dem neuen Albanien in brüderlichem Einvernehmen geregelt werden. Es berührt im übrigen etwas eigenartig, wenn sich die serbische Führung noch im Dezember 1988 genötigt sah, die ›Resolution von Bujan‹ durch Parlamentsbeschluß für ungültig erklären zu lassen.

Kosovo im sozialistischen Jugoslawien

Das Ende der Kämpfe, das eine Selbstbestimmung der jugoslawischen Albaner ermöglichen sollte, zögerte sich sowohl in Kosovo als auch in Albanien hinaus, da antikommunistische Gruppen und vor allem die »Balli Kombëtar« auch noch nach dem deutschen Rückzug 1944 weiter Wi-

---

[10] Reuter, Die Albaner in Jugoslawien, S. 38 und, für den Schluß des Zitats, Zëri i Popullit vom 17. Mai 1981, zitiert nach: Über die Ereignisse in Kosova. Artikel aus ›Zëri i popullit‹ und anderen Organen. Tirana 1981, S. 53.

derstand leisteten. Kosovo wurde 1945 zunächst unter jugoslawische Militärverwaltung gestellt und zahllose Albaner (bei den sehr widersprüchlichen Angaben ist von Tausenden die Rede) wegen tatsächlicher oder angeblicher Zusammenarbeit mit den Besatzungsmächten hingerichtet. Auf der 2. Konferenz des Nationalen Befreiungskomitees für Kosovo und Metohija vom 8. bis 10. Juli 1945 in Prizren wurde beschlossen, dieses Gebiet als autonome Region (*oblast*) wieder Serbien anzuschließen. Nach einer sehr spät veröffentlichten Aussage von Enver Hoxha tat Tito das mit Rücksicht auf die Serben. »Kosovo und die anderen von Albanern bewohnten Gebiete gehören Albanien; wir werden sie ihm zurückgeben, doch jetzt noch nicht, denn jetzt dürfte die großserbische Reaktion dies kaum akzeptieren«, soll Tito im Juli 1946 dem albanischen Parteichef während eines Besuches in Belgrad gesagt haben[11]. Möglicherweise dachte Tito auch an eine Lösung im Rahmen einer Balkanföderation: Wenn sich Bulgarien und Albanien mit Jugoslawien auf föderativer Basis zusammenschlössen, dann wäre auch ein ethnisches Albanien denkbar gewesen. Die Vorbereitungen für einen Zusammenschluß mit Albanien waren bereits ziemlich weit fortgeschritten, als der Bruch zwischen Tito und Stalin 1948 allen derartigen Plänen ein Ende bereitete.

Mit dem Status einer autonomen Region erhielten Kosovo und Metohija (Kosmet) erstmals gewisse Autonomierechte. Im Vergleich zur Vorkriegszeit war das zweifelsohne ein Fortschritt, denn die Albaner wurden als eigene Volksgruppe anerkannt. Sie erhielten in Kosmet, in Makedonien und in Montenegro albanischsprachige Schulen und eine eigene Presse; Albanisch wurde gleichberechtigte Amtssprache in Kosmet. Die politische Autonomie war allerdings auf eine lokale Selbstverwaltung beschränkt.

---

[11] Zëri i Popullit, 17. Mai 1981; zitiert nach: Über die Ereignisse in Kosovo, S. 57.

Nach dem Ausbruch des Kominform-Konflikts 1948, in dem Albanien, das bisher gar nicht dem Kominform angehört hatte, zum verbal wütendsten Gegner der »faschistischen«, »revisionistischen« und »trotzkistischen« »Tito-Clique« wurde, betrachtete die jugoslawische Führung die Albaner als unzuverlässiges Element. In Kosmet herrschte darauf, kaum eingeschränkt, die Geheimpolizei. Es kam zu willkürlichen Verhaftungen, zu gestellten Prozessen und sogar zu Morden an Albanern. Besonders die Intelligenzschicht wurde irredentistischer Bestrebungen verdächtigt, albanische Provinzpolitiker wurden von der Polizei überwacht. Die Albaner wurden de facto Staatsbürger zweiter Klasse. Man griff sogar auf ein Mittel aus der Vorkriegszeit zurück und förderte die Auswanderung muslimischer Albaner, die sich zumeist als Türken deklarierten und in die Türkei emigrierten. Bis 1966 sollen mehr als 200000 Albaner Jugoslawien verlassen haben. Das ganze Ausmaß des Polizeiterrors wurde erst offenbar, als der dafür verantwortliche jugoslawische Innenminister Aleksandar Ranković im Juli 1966 entmachtet wurde. In Partei- und Regierungskreisen begann man jetzt einzusehen, daß man den Albanern Zugeständnisse machen müsse. Kosmet, bereits 1963 wie die Vojvodina autonome Provinz innerhalb der Republik Serbien geworden, wurde 1969 »Sozialistische Autonome Provinz« unter dem alten Namen Kosovo. Durch weitere Verfassungsergänzungen erhielt sie einen republikähnlichen Status. Tito soll 1968 angeblich sogar bereit gewesen sein, den albanischen Forderungen weiter nachzugeben und Kosovo zur siebten jugoslawischen Republik zu machen, mußte auf serbische Proteste hin diesen Gedanken aber wieder fallenlassen. Die Forderung »Kosova-Republika« ist seitdem nicht mehr verstummt.

Nach Titos Tod (4. Mai 1980) kam es zu einer Radikalisierung der Situation in Kosovo. Im März 1981 fanden in Priština Massendemonstrationen statt, die von der Universität ihren Ausgang nahmen. Daß gerade die akademische Jugend extreme Forderungen unterstützte, kam nicht von ungefähr. Gemessen an der Bevölkerungsdichte hatte Kosovo die größten Studentenzahlen in ganz Jugoslawien (1981/82 26 Studenten auf 1000 Einwohner, in Slowenien und Kroatien nur 14). Die Absolventen der Universität Priština, von denen ein großer Prozentsatz auch noch Albanologie studierte, hatten außerhalb Kosovos keine, innerhalb ihrer Heimat nur eine geringe Chance auf einen Arbeitsplatz. Sie bildeten ein revolutionäres Potential, das in radikalen politischen Veränderungen den einzigen Ausweg aus der wirtschaftlichen Misere sah. Die Demonstrationen in Priština, die von der Polizei brutal unterdrückt wurden, forderten nach offiziellen Angaben 9 Tote und 250 Verletzte. Die Unruhen dehnten sich bald auch auf die Albaner im benachbarten Makedonien aus, die den Anschluß ihres Siedlungsgebietes an Kosovo und eine eigene albanische Universität in Tetovo forderten; auch in Montenegro kam es zu albanischen Solidaritätskundgebungen.

Für die jugoslawische Führung scheinen die Ereignisse in Kosovo völlig unerwartet gekommen zu sein. Man suchte zunächst im Ausland nach den Verantwortlichen und beschuldigte Tirana, die Unruhen geschürt zu haben. Das war sicher unberechtigt, denn die albanische Regierung hatte die Forderungen ihrer Landsleute in Jugoslawien nur sehr zurückhaltend unterstützt. Dem Albanien Enver Hoxhas konnte eigentlich an einem Anschluß Kosovos nicht gelegen sein, denn dieser hätte zu einem gigantischen Übergewicht in Albanien geführt und die Herrschaft der vorwiegend aus dem Süden stammenden Familienclans in Gefahr gebracht.

Der nächste Schritt der jugoslawischen bzw. serbischen Führung war, den Partei- und Regierungsapparat in Kosovo von »großalbanischen Separatisten« zu säubern. Es kam zu Entlassungen im Lehrkörper der Universität Priština, die als »Brutstätte des albanischen Nationalismus« bezeichnet wurde. Zur gleichen Zeit setzte serbischerseits eine bis heute anhaltende »wissenschaftliche« Polemik ein, in der u. a. auch nachzuweisen versucht wurde, weshalb den Albanern in Jugoslawien keine eigene Republik zugestanden werden könnte. Es wurden vor allem zwei Argumente vorgebracht: erstens könne es nicht zwei albanische Staaten geben, und zweitens hätten nicht nationale Minderheiten, sondern nur Völker ein Recht auf Selbstbestimmung.

In Kosovo kam es in den achtziger Jahren zu einer Verschärfung der Spannungen unter den Volksgruppen. Die slawische (serbische und montenegrinische) Minderheit, deren Bevölkerungsanteil seit 1970 von 18 Prozent auf 13 Prozent gesunken war, zeigte eine anhaltende Tendenz zur Abwanderung, was – mit einiger Berechtigung – auf Schikanen von seiten der albanischen Bevölkerungsmehrheit zurückgeführt wurde. Als in Belgrad Delegationen von Serben und Montenegrinern aus Kosovo erschienen und zum Einschreiten gegen albanische Übergriffe aufforderten, beschloß die serbische Regierung Ende Juni 1986, die Autonomie der Provinz Kosovo einzuschränken und sie der vorübergehenden Kontrolle der Republikregierung zu unterstellen. Von diesem Zeitpunkt an war es der damalige serbische Parteichef Slobodan Milošević, der versuchte, die Situation in »Altserbien« für seinen politischen Aufstieg zu nutzen. Er forderte eine Änderung der serbischen Verfassung von 1974, um die Provinzen Kosovo und Vojvodina wieder der serbischen Direktkontrolle zu unterstellen. Auf einer Massenkundgebung in Belgrad am 19. November 1988, an der über eine Million Menschen teilnahmen, bezeichnete Milošević die geplante Verfassungsänderung als Wiederherstellung der Einheit Serbiens. Im gleichen Monat mußte die kosovarische Parteiführung auf serbischen Druck hin zurücktreten. In Kosovo kam es daraufhin zu neuen Demonstrationen und zu einem Hungerstreik albanischer Bergleute in der Grube Stari Trg bei Trepča, der sich zu einem Generalstreik ausweitete. Die Belgrader Regierung schickte Bundespolizei und ließ den abgesetzten kosovarischen Parteichef Azem

Vllasi als Drahtzieher der Unruhen verhaften. Ende Februar 1989 wurde über Kosovo der Ausnahmezustand verhängt, und am 23. März mußte das Parlament von Kosovo der serbischen Verfassungsänderung und damit der Selbstentmachtung zustimmen. Serbien erhielt die Kontrolle über Polizei, Gerichte, Zivilverteidigung und über die Besetzung der öffentlichen Ämter in Kosovo. Ungeachtet der kritischen Lage veranstaltete die serbische Staatsführung anläßlich der 600. Wiederkehr der Schlacht auf dem Amselfeld am 28. Juni 1989 auf dem einstigen Schlachtfeld eine Gedenkveranstaltung, an der etwa zwei Millionen Serben teilnahmen; sie verlief ungestört, da die politische Führung der Albaner ihre Landsleute zu passivem Widerstand verpflichtet hatte. Im April und Mai 1990 verließen alle albanischen Mitglieder die Kosovo-Regierung; am 2. Juli 1990 riefen die albanischen Abgeordneten des Kosovo-Parlaments vor den Toren des verschlossenen Parlamentsgebäudes die »Republik Kosovo« aus und erklärten die Albaner zur gleichberechtigten Nation innerhalb der jugoslawischen Föderation. Das serbische Parlament beschloß daraufhin am 4. Juli 1990 die Auflösung von Parlament und Regierung in Kosovo, beließ allerdings dessen Vertreter im jugoslawischen Staatspräsidium, damit die Republik Serbien weiterhin über drei Stimmen im höchsten bundesstaatlichen Leitungsgremium verfügte. Vorläufiger Schlußpunkt der Entwicklung war die Verabschiedung einer Verfassung der Republik Kosovo, die am 7. September 1990 auf einem geheimen Treffen von 111 albanischen Abgeordneten des aufgelösten kosovarischen Parlaments in Kačanik erfolgte. Zum Präsidenten der Republik, deren beantragte Anerkennung durch die EG kaum Aussicht auf Erfolg hat, wurde der Schriftsteller Ibrahim Rugova gewählt.

In Kosovo herrscht seitdem Friedhofsruhe. Die Führung Rest-Jugoslawiens hat natürlich im Augenblick kein Interesse, daran etwas zu ändern und ließ sogar zu, daß die von der albanischen »Demokratischen Liga« im Mai 1992 veranstalteten Parlamentswahlen relativ ungestört durchgeführt werden konnten. Die weitere Entwicklung ist nicht voraussagbar. Der inzwischen wieder abgelöste jugoslawische Ministerpräsident Milan Panić hatte zwar bei seinem Kurzbesuch in Tirana im August 1992 angekündigt, er wolle den Ausnahmezustand in Kosovo aufheben lassen und trete für Verhandlungen mit den Albanern ein. Daß sich die Albaner Kosovos aber mit einer Wiederherstellung ihrer Autonomie im Rahmen Serbiens zufriedengeben werden, ist stark zu bezweifeln. Albanien schließlich wird, falls es in Kosovo zu einem Aufstand gegen die serbische Herrschaft kommt und dieser, wie zu erwarten, niedergeschlagen wird, nicht ruhig zuschauen können. Fast alle neuen albanischen Parteien, die Sozialisten eingeschlossen, haben den Schutz der nationalen Rechte der Auslandsalbaner in ihr Programm aufgenommen. Zwei Parteien, die Republikanische Partei und die Partei für die Nationale Einigung, haben sich die Vereinigung aller Albaner in einem Staat sogar zum Ziel gesetzt. Idajet Beqiri, der Vorsitzende der Partei für die Nationale Einigung, schließt dabei sogar die Griechenlandalbaner mit ein: »Die Vereinigung Albaniens ist ihr [der Partei] Hauptziel, wobei die albanischen Gebiete in Jugoslawien und Griechenland mit eingeschlossen werden sollten. Von einer Fläche von 28 000 qkm soll Albanien auf 75 000 qkm ausgedehnt werden.«[12] Zu den Neugründungen nach der Wende in Albanien gehören auch zwei Organisationen, deren Ziele in die gleiche Richtung gehen dürften – die Organisation der aus Griechenland stammenden Albaner »Çamëria« und die der Kosovo-Albaner »Kosova« (im März bzw. April 1991 gegründet). Im Falle eines Aufstandes in Kosovo könnte sich ein innerjugoslawischer Konflikt leicht zu einem gesamtbalkanischen ausweiten.

---

[12] Ismije Beshiri, Pluralismus in Albanien? In: Südosteuropa 40 (1991), S. 550.

Literaturhinweise

Frashëri, Kristo: The History of Albania. A Brief Survey. Tirana 1964.
Marmullaku, Ramadan: Albania and the Albanians. London 1975.
Pollo, Stefanaq u. Arben Puto: Histoire de l'Albanie des origines à nos jours. Roanne 1974.
Südosteuropa-Handbuch. Bd. 7: Albanien. Hg. Klaus-Detlev Grothusen, Göttingen 1993.
Swire, J.: Albania. The Rise of a Kingdom. London 1929; Nachdr. New York 1971.

Zur Kosovofrage:

The Albanians and Their Territories. Tirana 1985 (albanischer Standpunkt).
Cohen, Lenard: Ethnopolitical Conflict in Yugoslavia. Elites in Kosovo 1912–1982. In: Elite Studies and Communist Politics. Essays in Memory of Carl Beck. Hg. Ronald H. Linden u. Bert A. Rockman, Pittsburgh, London 1984, S. 237–291.
Dogo, Marco: Kosovo. Albanesi e Serbi: le radici del conflitto. Lungro di Cosenza 1992.
Dragnich, Alex N. u. Slavko Todorovich: The Saga of Kosovo. Focus on Serbian-Albanian Relations. New York 1984 (serbischer Standpunkt).
Juka, Safete Sophie: Kosova. The Albanians in Yugoslavia in Light of Historical Documents. New York 1984 (albanischer Standpunkt).
Kohl, Christine von u. Wolfgang Libal: Kosovo: gordischer Knoten des Balkan. Wien, Zürich 1992.
Kosovo und Metochien in der serbischen Geschichte. Lausanne 1989 (serbischer Standpunkt).
Pavlowitch, Stevan K. u. Elez Biberaj: The Albanian Problem in Yugoslavia. Two Views. London 1982.
Pulaha, Selami: Die Autochthonie der Albaner in Kosova und die sogenannte Aussiedlung der Serben gegen Ende des 17. Jahrhunderts. Tirana 1986 (albanischer Standpunkt).
Reuter, Jens: Die Albaner in Jugoslawien. München 1982.
Voje, Ignacij: Die Entwicklung des Kosovo im Lichte der ethnischen Prozesse bis zur Mitte des 18. Jahrhunderts. In: Österreichische Osthefte 33 (1991), S. 358–383.

Sandžak
von Hans-Joachim Härtel

Sandžak (türk. Fahne, Gebiet) war im Osmanischen Reich die größte territoriale administrative und militärische Einheit. Es gab mehrere derartige Regionen auf dem Balkan. Im engeren Sinne des Wortes wurde damit ein etwa 7100 qkm großes Gebiet bezeichnet, das sich östlich der Herzegowina wie ein Keil zwischen Serbien und Montenegro schob. Nach der Hauptstadt sprach man auch von dem Sandžak Novi Pazar. Ein Teil davon war einst Kernland Serbiens, wovon die Klosterbauten von Mileševo und Sopoćani sowie die Ruinen von Djurdjevo Stubovi beredtes Zeugnis ablegen. Im serbischen Nationalbewußtsein spielt dieses Gebiet daher eine gewisse Rolle, was für die weitere politische Entwicklung nicht ohne Bedeutung sein dürfte.

Als im 15. Jahrhundert die Türken vorrückten, wichen die Serben in der Folgezeit in Wanderbewegungen nach Norden zurück, soweit sie sich nicht für die Annahme des Islam entschieden. Das wirtschaftliche Zentrum verlagerte sich von der altserbischen Stadt Ras auf den neuen Markt, türkisch Yeni Pazar = Novi Pazar. Im 17. Jahrhundert gewann die Stadt ihr orientalisches Aussehen mit 23 Moscheen und zwei Derwischklöstern bei immerhin noch sieben Kirchen, darunter eine »lateinische«, d. h. eine römisch-katholische.

Als nach dem russisch-türkischen Krieg im Frieden von San Stefano im März 1878 die Grenzen auf dem Balkan neu festgelegt und im Berliner Vertrag im Juli des gleichen Jahres einer Revision unterzogen worden waren, erhielt Österreich-Ungarn das Mandat über die Länder Bosnien und Herzegowina, um die Verwaltung zu reformieren und den Landesausbau voranzutreiben. Gleichzeitig wurde ihm in Artikel 85 erlaubt, auf türkischem Gebiet im Sandžak ab September 1879 an drei Orten, in Priboj, Pljevlje und Prijepolje eine Garnison mit rund 3000 Mann einzurichten. Somit entstand eine Übergangs- und Pufferzone zwischen Österreich-Ungarn und der Türkei, zwischen Serbien, dessen Drang zum Meer dadurch gehemmt wurde, und Montenegro. Von der knapp eine halbe Million zählenden Bevölkerung waren die meisten orthodoxe Serben, 105 000 Muslime und 25 000 Katholiken, die wohl albanischer Herkunft gewesen sein dürften. Weitere Muslime slawischer Abstammung wanderten in dieser Zeit aus der benachbarten Herzegowina ein. Im Jahre 1908 spielte Österreich-Ungarn mit dem Gedanken, aus wirtschaftlichen und strategischen Gründen eine Eisenbahnlinie durch den Sandžak zu bauen, um so eine Verbindung von Wien über Mitrovica nach Saloniki zu schaffen. Das Projekt erwies sich allerdings angesichts der geographischen Gegebenheiten (hohes verkarstetes Gebirge) als schwer durchführbar und wenig erfolgversprechend, so daß es wieder fallengelassen wurde. Im Februar 1909 zog Österreich-Ungarn seine Garnisonen ab und überließ den Sandžak der Türkei.

Im ersten Balkankrieg (8. Oktober 1912–30. Mai 1913) besetzten montenegrinische Truppen bereits am 12. Oktober Bijelo Polje, die Serben eroberten am 23. Oktober Novi Pazar, tags darauf Sjenica. Als Ergebnis dieses Krieges wurde im Londoner Frieden am 30. Mai 1913 der Sandžak von Novi Pazar zwischen Serbien und Montenegro aufgeteilt. Die türkischen Muslime begannen daraufhin das Land zu verlassen, während die serbischen, deren Anzahl heute auf 200 000 geschätzt wird, zurückblieben.

Während des Zweiten Weltkriegs wurde der Sandžak erneut geteilt, doch diesmal durch die Demarkationslinie zwischen dem deutschen und dem italienischen Besatzungsgebiet, wodurch die Städte Novi Pazar, Nova Varoš und Sjenica unter deutsche, Plevlja und Bijelo Polje unter italienische Herrschaft gerieten. Mit Hilfe der Besatzungsmacht, zu der auch kroatische *ustaše* gehörten, wurde eine muslimische Miliz gebildet, und alte Strukturen wiedererrichtet. Auch hier kam es zwischen den Tito-Partisanen und ihren Gegnern zu blutigen und verlustreichen Kämpfen. Von den Besatzungsmächten sollen über 8000 Menschen erschossen worden sein. Für künftige Konflikte zwischen den einzelnen Bevölkerungsgruppen ist in dieser Zeit der Grund gelegt worden.

Durch Beschluß des sogenannten Antifaschistischen Rats der nationalen Befreiung des Sandžak wurde am 29. März 1945 der Grenzverlauf zwischen Serbien und Montenegro bestätigt, der im wesentlichen jenem von 1913 entspricht. Priboj, Prijepolje, Nova Varoš, Sjenica, Novi Pazar und Tutin fielen an Serbien, Plevlja und Bijelo Polje an Montenegro.

Weder in der Zwischenkriegszeit noch nach dem Zweiten Weltkrieg genoß die muslimische Minderheit serbischer Herkunft irgendwelchen rechtlichen Schutz. In rein religiöser Hinsicht untersteht sie den muslimischen Versammlungen (*Sabori*) in den entsprechenden Republiken mit Sitz in Priština für Serbien und Podgorica (Titograd) in Montenegro. Die Region zählt zu den wirtschaftlich unterentwickeltsten Gebieten des ehemaligen Jugoslawien. Am 10. Oktober 1991 kam es zu einer Abstimmung über die politische und territoriale Autonomie. Sechs serbische und drei montenegrinische Gemeinden schlossen sich zu einer »muslimischen Autonomen Region Sandžak« zusammen, die jedoch von Belgrad nicht anerkannt wird. Muslime stellen offiziell 58 Prozent, nach eigenen Angaben 70 Prozent der rund 440 000 Einwohner. Auf serbischen Druck hin haben im Herbst 1992 etwa 70 000 Muslime ihr altes Siedlungsgebiet verlassen müssen.

Die muslimische Minorität in Bulgarien
von Hans-Joachim Härtel

Das sogenannte zweite mittelalterliche Bulgarische Reich brach gegen Ende des 14. Jahrhunderts unter dem Ansturm der osmanischen Türken zusammen. So eroberten sie 1382 Sredec, das sie fürderhin Sofia nannten. Die Hauptstadt Veliko Tarnovo fiel 1393 in die Hände des Sultans Bajazid I. Die Sieger veränderten die Struktur des Landes in stärkerem Maß als in den anderen von ihnen eroberten Gebieten. Das Zentrum des Reiches war nicht allzu weit entfernt und brauchte aus strategischen Gründen eine Art gefestigtes Vorfeld.

Eine frühe türkische Kolonisation erfaßte zunächst Städte und Festungen, in denen sich die politisch-militärische Administration niederließ. Manche Städte wie Sofia und Plovdiv wiesen im 16. Jahrhundert bereits eine überwiegend türkische, besser gesagt islamische Bevölkerung auf, wodurch sich das Erscheinungsbild der Orte, bisweilen auch der Name änderte. Kirchen wurden, falls sie nicht zerstört waren, in Moscheen umgewandelt, neue Gebäude im orientalischen Stil entstanden. Aus strategischen Gründen wurden an den Hauptstraßen entlang den Flüssen Marica und Vardar, aber seit 1515 auch an der Schwarzmeerküste türkische Kolonisten angesiedelt. Im 17. Jahrhundert setzte sich die Erschließung Thrakiens und von Gebieten an der Donau durch türkische Ansiedler fort. Noch im 19. Jahrhundert kam es zu Versuchen, andere muslimische Volksgruppen auf bulgarischem Boden seßhaft zu machen. Erst mit dem Wiedererstehen eines autonomen bulgarischen Fürstentums im Jahre 1879 änderte sich die Lage von Grund auf.

Die Vorfahren der heutigen muslimischen Minderheiten in Bulgarien – Türken, Pomaken und Zigeuner – waren zum großen Teil Einwanderer aus Anatolien. Eine andere

Gruppe hingegen, darunter vor allem die Pomaken, war das Ergebnis einer systematischen Islamisierungspolitik gegenüber der unterworfenen Bevölkerung, deren Ausmaß und Umfang unter den Historikern jedoch umstritten ist. Zunächst traten wohl Einzelpersonen und kleinere Gruppen aus unterschiedlichen Motiven zum Islam über, sei es daß religiöse Gründe ausschlaggebend waren wie bei der Sekte der Bogumilen, die von den beiden Kirchen (der katholischen wie der orthodoxen) verfolgt worden war, sei es aus Opportunismus um wirtschaftlicher oder sozialer Vorteile willen wie bei einzelnen Grundherren. Die Furcht um Leib und Leben hat bei manchen sicher auch eine Rolle gespielt. Im bulgarischen Volkslied wird das Schicksal bulgarischer Mädchen beklagt, die von Türken geraubt und zur Ehe sowie zum Religionswechsel gezwungen wurden.

Zu Massenübertritten kam es im 17. Jahrhundert in den Rhodopen, wobei unter den Fachleuten umstritten ist, wie weit dabei Zwang und Gewalt angewandt wurde. Eine Quelle, auf die sich bulgarische Geschichtsschreiber stützen, wird von türkischen in ihrer Echtheit angezweifelt. Der griechische Metropolit von Plovdiv hatte einige Dörfer beim Großwesir Mehmed Pascha denunziert, sie weigerten sich die Abgaben zu entrichten und planten einen Aufstand. Sieben Dörfer um Cepino seien daraufhin, um Strafmaßnahmen zu entgehen, mit dem Priester Konstantin und dem Ban Veljo an der Spitze konvertiert. 1657 wurden demnach 33 Klöster und 218 Kirchen mit mehreren Dörfern zerstört. Infolge der verschiedenen Türkenkriege wurden immer wieder christliche Bevölkerungsteile der Islamisierung unterworfen.

Das seit 1879 und 1885 wieder bestehende Bulgarien trachtete stets danach, einen national homogenen Staat zu schaffen, in dem Minderheiten nur am Rande geduldet sind. Seit dem Entstehen des selbständigen bulgarischen Staats verließen Türken in größeren oder kleineren Gruppen das Land. So wurden in den Jahren 1950 bis 1951 etwa

150000 gezwungen, in die Türkei auszuwandern, die Stalin dadurch wirtschaftlich und politisch zu destabilisieren suchte. Unmittelbar nach dem Zweiten Weltkrieg hatte sich die Lage der türkischen Minderheit in Bulgarien zunächst beträchtlich verbessert, da die Kommunisten die Nationalitätenfrage an die zweite Stelle verwiesen. Die Anzahl der türkischen Lehrer wuchs von 424 im Jahre 1943 bis 1949/50 auf 1199, wodurch in kurzer Zeit die Zahl der Analphabeten von 90 Prozent auf 40 Prozent zurückging. Dank der verbesserten medizinischen Versorgung sank auch die Säuglingssterblichkeit. Im Vergleich zur bulgarischen Bevölkerung, die demographisch gerade ihren Bestand wahren konnte, stieg die Geburtenrate unter der türkischen und muslimischen an, wodurch bulgarischerseits Ängste vor Überfremdung wachgerufen wurden. In den drei Bezirken Chaskovo, Ruse und Šumen lebten 1965 780 928 Türken. Sie waren meist in der Landwirtschaft beschäftigt und ihr Bildungsniveau galt als vergleichsweise niedrig. Da eine einheitliche sozialistische bulgarische Nation geschaffen bzw. eine einzige kommunistische Nation in der Volksrepublik aufgebaut werden sollte, setzten zwischen 1980 und 1989 Versuche einer breitangelegten Assimilation ein. Die türkische Sprache sollte nach und nach aus dem öffentlichen Leben verdrängt werden.

Zunächst wurden die türkischen Schulen beseitigt. Die türkische Sektion der »Narodna prosveta«, einer Institution, die sich kultureller Arbeit, der »Aufklärung« widmete, wurde aufgelöst. Türkische Zeitungen und Zeitschriften stellten ihr Erscheinen ein. Theaterprogramme und Radiosendungen wurden verboten. Türkische Bücher entfernte man aus den Bibliotheken und untersagte die Einfuhr türkischen Schrifttums aus dem Ausland. Dichter und Schriftsteller konnten nicht mehr in ihrer Muttersprache veröffentlichen. Bei Zeremonien, Hochzeiten und anderen Feiern waren türkische Lieder verboten. Die »Kommission für die türkische Minderheit« in der Bulgarischen

Kommunistischen Partei und der Vaterländischen Front, dem Dachverband nichtkommunistischer Verbände und Gruppierungen, löste sich auf. Die Abkommen mit der Türkei über Auswanderung und Familienzusammenführung von 1978 und 1983 wurden aufgehoben. Alle Türken wurden zusammen mit den Pomaken kurzerhand als »bulgarische Mohammedaner« zum Staatsvolk gerechnet, ganz im Sinne des politischen Ziels, einen Staat mit einer einzigen Nation zu schaffen.

Die Pomaken, die im Südwesten Bulgariens, hauptsächlich in den Rhodopen zu Hause sind, werden seit jeher als islamisierte Bulgaren, den slawischen Bosniern vergleichbar, angesehen. Die Zahlenangaben schwanken stark zwischen 170 000 und 260 000. Nach einer anderen Hypothese stellen sie die letzten Reste der thrakischen Urbevölkerung dar, die zunächst die bulgarische Sprache und das Christentum übernahmen, dann aber zum Islam konvertierten. Wieder eine andere Hypothese besagt, sie seien Nachkommen der türkischsprachigen Kumanen, die ebenfalls zuerst christianisiert, dann islamisiert worden seien. Mit Hilfe der Anthropologie, wonach die Pomaken überwiegend hellhäutig und helläugig sind, und der Volkskunde, die auf viele Überlieferungen verweist, die sie mit den Bulgaren gemeinsam haben, soll ihre mehr oder weniger deutliche slawische Herkunft nachgewiesen werden. Heute leben sie abgeschieden in eigenen Dörfern in einer Art »topographischer Rückzugslage«. Ihr Haupterwerbszweig ist der Tabakanbau, der sich allerdings nicht mehr wie früher rentiert, seitdem Staatsmonopole den Preis zu ihren Ungunsten festsetzten. Wasserknappheit machte 1992 zu schaffen. Über ein eigenes Verbandswesen und besondere Institutionen verfügen die Pomaken nicht.

Um die Assimilation vor allem der Türken voranzutreiben, sollten 1984/85 die islamisch-arabischen Vor-, Vaters- und Familiennamen durch christlich-slawische ersetzt werden, wie es in den siebziger Jahren schon einmal bei den Pomaken versucht worden war. Das führte zu gewalttätigen Auseinandersetzungen, in deren Verlauf an die 1000 Personen zu Tode gekommen sein sollen, einige Tausend sollen verhaftet und einige Vertreter der Minderheiten in Lagern interniert worden sein. Muslimische Dörfer wurden von ihrer Umwelt isoliert und von der Kommunikation abgeschnitten. Zu einer Vertreibung größeren Ausmaßes kam es dann 1989, als 310 000 Türken das Land verlassen mußten. Ungefähr die Hälfte von ihnen kehrte zurück, als sich die politischen Verhältnisse in Bulgarien änderten.

Unter den neuen Bedingungen überreichten die Muslime dem Vorsitzenden der bulgarischen Nationalversammlung Stanko Todorov am 24. Januar 1990 ihre von Mufti Nedjo Gendjev formulierten Forderungen im Hinblick auf ein neues Religionsgesetz: Eröffnung einer muslimischen Ausbildungsstätte, die Herausgabe einer Zeitung und staatlicher Schutz der muslimischen Hauptfeste. Im Februar 1990 gründeten die Türken eine eigene Partei, die »Bewegung für Rechte und Freiheiten«. Ihr Ziel sollte es sein, die ethnische, kulturelle und religiöse Gleichstellung mit den Bulgaren zu erwirken. Nach einem Jahr zählte die Partei bereits 120 000 Mitglieder, die in 900 Filialen und 22 regionalen Parteizentren organisiert waren. Ihre Forderungen nach islamischer Unterweisung als Wahlfach an den Schulen, nach Restaurierung von Moscheen, Veröffentlichung von religiöser Literatur, vor allem des Koran, und der Rückgabe enteigneten Besitzes wurden zum Teil erfüllt. Als versucht wurde, die »Bewegung« von den Parlamentswahlen am 18. Oktober 1991 auszuschließen, klagte sie vor dem obersten Gericht und erreichte, daß sie Kandidaten aufstellen durfte. Bei den Wahlen errang die oppositionelle »Union der demokratischen Kräfte« einen knappen Sieg über die »Bulgarische Sozialistische Partei«, die ehemaligen Kommunisten, mit 110 zu 106 Sitzen. Die Regierungsfähigkeit der Wahlsieger hing nunmehr von den 24 Abgeordneten der »Bewegung für Rechte und Freiheiten« ab.

Am 29. Oktober 1992 stürzte die Regierung Filip Dimitrov, die ausschließlich von der »Union der demokratischen Kräfte« gestellt worden war, infolge eines Mißtrauensantrags, den offenkundig die Partei der türkischen Minderheit mit ihren Stimmen unterstützt hatte. Bereits im September des gleichen Jahres hatte sie zusammen mit den Sozialisten den Rücktritt des Parlamentspräsidenten Stefan Savov erzwungen. Einem Zusammengehen mit der »Union« stehen offensichtlich psychologische, nationale, religiöse und historische Hemmnisse im Wege.

Die Führer bestanden daher auch nicht auf einer Beteiligung an der Regierung, wie sie auch einem islamischen Fundamentalismus, der immer wieder als Gefahr gesehen wird, abschworen. Trotz dieser positiven Anzeichen hat bereits wieder eine Auswanderung von Türken eingesetzt. Zu tief sind die Gräben zwischen den einzelnen Gruppen. Auch christliche Politiker tun sich schwer, vorbehaltlos mit Muslimen zusammenzuarbeiten. Die orthodoxe Kirche pflegt die Erinnerung an die dunklen Seiten der 500 Jahre dauernden Türkenherrschaft und stellt die kirchlichen Vertreter heraus, die sich im Kampf gegen die Fremden hervorgetan haben. Aufgrund des gleichen Glaubens und der gleichen politischen Situation werden die Pomaken neuerdings von den Türken vereinnahmt. Zu allen historischen und ökonomischen Problemen kommt auch in Bulgarien eine wachsende Fremdenfeindlichkeit hinzu.

Die muslimische Minorität in Griechenland (Thrakien)
von Hans-Joachim Härtel

Griechenland hatte infolge der beiden Balkankriege und des Ersten Weltkrieges sein Territorium bis kurz vor die Tore Konstantinopels ausdehnen können. In den Friedensverträgen von Neuilly 1919 und Sèvres hatten Bulgarien und die Türkei als Verlierer weite Gebiete abtreten müssen. Bulgarien verlor seinen Zugang zum Ägäischen Meer und die Türkei war fast aus Europa verdrängt. Doch nach dem für Griechenland unglücklich verlaufenden Krieg 1919–1922 erhielt die Türkei Ostthrakien und die Inseln Imbros und Tenedos wieder zurück. Im Friedensvertrag von Lausanne vom 24. Juli 1923 wurde nicht nur der neue Grenzverlauf festgelegt, sondern auch ein Bevölkerungsaustausch und ein Minderheitenschutz für verbleibende Volksgruppen vereinbart. Der Austausch wurde nicht nach der Nationalität, sondern nach der Religionszugehörigkeit durchgeführt. So mußten griechisch sprechende Muslime ihre kretische Heimat verlassen und türkisch sprechende Christen kamen aus der Türkei nach Griechenland. Eine starke muslimische Minderheit, bestehend aus Türken und Pomaken, konnte mit Rücksicht auf die in Konstantinopel und auf einigen Inseln lebenden Griechen in Westthrakien bleiben. Genauere Daten über diese Minderheit sind schwer zu gewinnen, da sie meist, wenn sie überhaupt veröffentlicht werden, nur an versteckten Stellen zu finden sind. Insgesamt zählte man (1971) in Griechenland 112665 Muslime, wovon 7573 Türken auf Rhodos leben. Für Thrakien verbleiben somit 105092. Zieht man davon die Zahl der Pomaken und muslimischen Zigeuner ab, verbleiben für die türkische Minderheit 80000.

Diese verteilt sich auf drei Regierungsbezirke (Nomoi) im Nordosten Griechenlands. Im östlichen, unmittelbar an der türkischen Grenze gelegenen, nach dem Grenzfluß Evros (Hebros, bulg. Marica) benannten Nomos mit der Hauptstadt Alexandrupolis lebt die geringste Anzahl Türken. Bei einer Einwohnerzahl von 138998 (1971) sind es nur 5000–6000. Im Nomos Rhodopi (nach dem Grenzgebirge zu Bulgarien) stellen Türken und Pomaken mit 62 Prozent die Mehrheit der Bevölkerung (107677, davon rd. 67000 Muslime, darunter 8000 Pomaken). Die Hauptstadt Komotini (türk. Gümülcine) hat bis auf den heutigen Tag einen gewissen orientalischen Charakter bewahrt, der besonders an Markttagen sichtbar wird, wenn Bauern und Händler in ihrer traditionellen Kleidung vom Land hereinkommen. Auch im Nomos Xanthi machen die Muslime eine leichte Mehrheit von 55 Prozent aus, rd. 46000 bei 82917 Einwohnern. Hier leben die meisten Pomaken: 20000 um ihr Zentrum Echinos in einer Art Rückzugsgebiet. Sie sind faktisch gezwungen, vier Sprachen zu erlernen: die Muttersprache (Pomakisch, ein bulgarischer Dialekt), Türkisch für die Grundschule, Griechisch als Amtssprache und für die oberen Schulklassen, schließlich Arabisch als Sprache der Religionsausübung.

Die Muslime Griechenlands, die seit dem 14. Jahrhundert, was die Türken betrifft, eingewandert sind, oder wie die Pomaken nicht klar zu erkennender Herkunft (slawisierte Thraker, islamisierte Slawen, lauten zwei der am meisten genannten Hypothesen), sind Sunniten. Sie verfügen über 259 Moscheen und zwei theologische Hochschulen (*Medresen*) in Komotini und Echinos. Im Unterschied zur Türkei, wo Atatürks laizistische Reformen im Rechtswesen zum Tragen kamen, sind drei Muftis, also religiöse Führer, für familienrechtliche Fragen (Ehe, Erbschaft) zuständig. Sie werden aus den Mitteln religiöser Stiftungen (*vakufs*) bezahlt. Ebenfalls im Unterschied zur Türkei, wo das Tragen spezifischer Gewandung für Geistliche verboten ist, zeigen sie sich mit Fes und grünem Talar in der Öffentlichkeit. Es bestehen 279 Volksschulen, ein Gymnasium und eine private pädagogische Hochschule, die sich in Thessaloniki befindet. Eigene Radio- und Fernsehprogramme werden für diese Minderheit nicht ausgestrahlt. Sie ist deshalb auf den Empfang von Sendungen aus der nahen Türkei angewiesen, wodurch in politischen Krisen eine bestimmte Einflußnahme möglich wird. Die wichtigste Erwerbsquelle der Muslime ist die Landwirtschaft, vor allem der Tabakanbau, und in geringerem Maß das Handwerk. Türken wie Pomaken siedeln in geschlossenen Gebieten. Im Alltag gilt das Zusammenleben mit den Griechen als problemlos. Trotz des festgeschriebenen Minderheitenschutzes kann es in Krisenzeiten zu gewissen Benachteiligungen kommen, indem Baugenehmigungen verweigert und Landkäufe verhindert werden. Nach der Zypernkrise 1974 wanderte auch eine größere Anzahl in die Türkei aus. Zum Studium und zur qualifizierten Berufsausbildung suchen manche Muslime ihr ursprüngliches Heimatland auf. Aus wirtschaftlichen Gründen gehen vor allem kinderreiche Familien in die großen Zentren Saloniki und Athen, wo sie, allein auf sich gestellt, der Assimilation erliegen.

Literaturhinweise

Andreades, K.G.: The Moslem Minority in Western Thrace. Thessaloniki 1956, Nachdr. Amsterdam 1980.
Baest, Torsten T.: Neues aus der »einheitlichen sozialistischen Nation«: Die VR Bulgarien und ihre türkische Minderheit (1944–1985), in: Neuer Nationalismus und nationale Minderheiten. Hg. Sozialistisches Osteuropa-Komitee, Hamburg 1985, S. 92–118.
Georgeoff, John: Ethnic Minorities in the People's Republic of Bulgaria. In: The Politics of Ethnicity in Eastern Europe. Hg. George Klein und Milan Reban, New York 1981.
Gonatas, Neofytos u. Paraskevas Kydoniates: E mousoulmanike meionotiteia tes Thrakes. Komotene 1985.
Grulich, Rudolf: Die türkische Volksgruppe in Jugoslawien. In: Materialia Turcica 1 (1975), S. 22–34.
Grulich, Rudolf: Die türkische Minderheit in Griechenland. In: Materialia Turcica 3 (1977), S. 83–88.

Hoepken, Wolfgang: Modernisierung und Nationalismus: Sozialgeschichtliche Aspekte der bulgarischen Minderheitenpolitik gegenüber den Türken. In: Nationalitätenprobleme in Südosteuropa. Hg. Roland Schönfeld, München 1987, S. 255–280.

Hoepken, Wolfgang: Emigration und Integration von Bulgarien-Türken seit dem Zweiten Weltkrieg. In: Minderheitenfragen in Südosteuropa. Hg. Gerhard Seewann, München 1992, S. 359–376.

Hoepken, Wolfgang: Türken und Pomaken in Bulgarien. In: Südosteuropa-Mitteilungen 1992, H., S. 141–151.

Jong, F.de: The Muslim Minority in Western Thrace. In: World Minorities in the Eighties. Hg. G. Ashworth, Sunbury 1980.

Karpat, Kemal (Hg.): Turks in Bulgaria. International Journal of Turkish Studies 4 (1989), H.2.

Konstantinov, Yulian: An Account of Pomak Conversation in Bulgaria (1912–1990). In: Minderheitenfragen in Südosteuropa. Hg. Gerhard Seewann, München 1992, S. 343–358.

Meinardus, Roland: Die Türkeipolitik Griechenlands. Der Zypern-, Ägäis- und Minderheitenkonflikt aus der Sicht Athens (1967–1982). Frankfurt a.M. 1983.

Meinardus, Roland: Die griechisch-türkische Minderheitenfrage. In: Orient 26 (1985), S.48–61.

Perry, Duncan: Ethnic Turks Face Bulgarian Nationalism. In: RFE (Radio Free Europe-) Report, 15.03.1991, S. 5–7.

Petkov, K. u. G. Fotev: Etničeskijat konflikt v Bulgarija 1989. Sofia 1990.

Reuter-Hendrichs, Irena: Jugoslawiens Muslime. In: Südosteuropa-Mitteilungen 1982, H. 2, S. 105–115.

Sarides, Emmanuel: Ethnische Minderheit und zwischenstaatliches Streitobjekt. Die Pomaken in Nordgriechenland. Berlin 1987.

Sarinay, Yusuf: The Rights of the Turks of Western Thrace and the Greek Policy. In: Turkish Review (Ankara), Bd. 5, 23, 1991, S. 27–38.

Schönfeld, Roland (Hg.): Nationalitätenprobleme in Südosteuropa. München 1987.

Seyppel, Tatjana: Das Interesse an der muslimischen Minderheit in Westthrakien (Griechenland) 1945–1990. In: Minderheitenfragen in Südosteuropa. Hg. Gerhard Seewann, München 1992, S. 377–392.

Troebst, Stefan: Zum Verhältnis von Partei, Staat und türkischer Minderheit in Bulgarien 1956–1985. In: Nationalitätenprobleme in Südosteuropa. Hg. Roland Schönfeld, München 1987, S. 231–254.

Turkish Minority in Western Thrace. In: Turkish Review (Ankara), Bd. 5, 26 (1991), S. 5–11.

Varsanis, K.: Die Türken in Griechenland. In: Handbuch der westeuropäischen Regionalbewegungen. Hg. J. Blaschke, Frankfurt a.M.

Makedonien/Mazedonien
von Katrin Völkl

> »Dort hatte Paulus in der Nacht eine Vision. Ein Mazedonier stand da und bat: Komm herüber nach Mazedonien und hilf uns!«
>
> (Apostelgeschichte 16,9)

Der aus der Antike stammende Name Makedonien/Mazedonien wurde erst wieder im 19. Jahrhundert aufgenommen: griech. Makedonia; mak., bulg., serb. Makedonija. Das Gebiet ist heute aufgeteilt auf Bulgarien (nach dem gleichnamigen Gebirge als »Pirin-Makedonien« bezeichnet, mit einem Anteil von 9100 qkm und 0,5 Millionen Einwohnern), auf Griechenland (»Ägäis-Makedonien« mit 34203 qkm und 1,88 Millionen Einwohnern) und auf den Staat Makedonien (»Vardar-Makedonien«) mit 25713 qkm und 1,7 Millionen Einwohnern; Stand: 1975)[1]. Letzterer befand sich als Sozialistische Teilrepublik Makedonien bis zu seiner Unabhängigkeitserklärung am 21. November 1991 im jugoslawischen Staatsverband.

Die gesamte Landschaft wird durch die Gebirgszüge des Olymp im Süden, durch den nördlichen Pindos, die Šar Planina im Westen und Norden und durch das Rilamassiv sowie die Rhodopen im Nordosten begrenzt. In ethnischer und konfessioneller Hinsicht stellt das Gebiet einen für europäische Verhältnisse wohl einzigartigen Fall dar, weil hier auf einer relativ kleinen Fläche derart viele und verschiedene Völkerschaften leben wie kaum anderswo. Die Mehrzahl stellen Slawen (genauer Makedonen, die 1945 als jüngste europäische Nation von Jugoslawien anerkannt worden waren, sowie eine serbische und bulgari-

---

[1] Daten aus: Meyers Enzyklopädisches Lexikon. Bd. 15, 9. Aufl., Mannheim, Wien, Zürich 1975, S. 489.

Makedonien

sche Minderheit) und Griechen (in Ägäis-Makedonien), daneben siedeln hier in größerer Zahl Albaner (in West-Makedonien), Zigeuner, weit weniger Türken (vor allem im »Jürüklük« im Osten der Republik Makedonien) sowie Balkanromanen, nämlich Aromunen (= Zinzaren, Makedorumunen; sie wohnen in Städten, kompakter im Osten Vardar-Makedoniens) sowie Meglenorumunen (in der Stadt Gevgelija und in Ägäis-Makedonien); noch zu Beginn des 20. Jahrhunderts waren auch Deutsche, Juden und Armenier als Minderheiten vertreten.

In Vardar-Makedonien wurden in der Volkszählung von 1981 insgesamt 1 909 136 Einwohner erfaßt, davon 1 279 323 Makedonen (67 Prozent), 377 208 Albaner (19,8 Prozent, diese Zahl dürfte mittlerweile stark gestiegen sein), 86 591 Türken (4,5 Prozent), 44 468 Serben (2,3 Prozent), 43 125 Roma (2,3 Prozent), 39 513 Muslime (als Nationalität; 2,1 Prozent), 6384 Walachen (= Aromunen; 0,3 Prozent), 3920 Montenegriner (0,2 Prozent), 3307 Kroaten (0,2 Prozent) sowie 1980 Bulgaren (0,1 Prozent). Daneben wurden registriert: Griechen (707), Slowenen (648), Deutsche (288) sowie einige wenige Tschechen, Italiener, Ungarn, Rumänen, Ukrainer, Juden, Österreicher, Polen, Russen und Slowaken[2].

Was die Konfession betrifft, so gehören die Makedonen, Bulgaren und Serben überwiegend dem christlich-orthodoxen Glauben an, mit Ausnahme von wenigen griechisch-katholischen Makedonen und der Torbeši (hauptsächlich in der Region Dolna Reka), die ethnische Makedonen, jedoch islamischer Religionszugehörigkeit sind. Muslime sind die Türken und in der Regel auch die Albaner, doch findet sich unter ihnen in der Region Gorna Reka auch eine geringe Zahl Orthodoxer.

Daß Makedonien im Laufe seiner Geschichte ein ständiger Zankapfel war, liegt in erster Linie daran, daß sein Besitz den Zugang zur Ägäis ermöglichte. Dies provozierte Serbien, Bulgarien, Griechenland und das Osmanische Reich im 19. und 20. Jahrhundert zu gegenseitiger Rivalität, die in blutigen Kämpfen ausgetragen wurde. Die Konkurrenz hat sich bis heute erhalten, sie begründet den Standpunkt der Balkanstaaten im Konflikt um das zerfallene Jugoslawien. Den Anspruch auf das Land suchte und fand man in der eigenen nationalgeschichtlichen Entwicklung, denn jeder der genannten Staaten hatte vormals im Mittelalter makedonisches Gebiet erobert.

---

[2] Statistički godišnik na SR Makedonija. 1990. God. 25. Skopje 1990, S. 108.

Makedonien vom Mittelalter bis zum Ende der Osmanischen Herrschaft

Nach der Landnahme der Slawen auf dem Balkan im 6. und 7. Jahrhundert war als ersten den Bulgaren eine Staatsbildung im »Ersten Bulgarischen Reich« (680–1018) gelungen. Unter Zar Simeon (893–927) erreichte es seine größte Ausdehnung, zwischen Adria und Schwarzem Meer, bis vor Saloniki und Konstantinopel. Geschwächt durch innere Aufstände und durch die kriegerischen Auseinandersetzungen mit Byzanz, der anderen Großmacht am Balkan, verfiel das Reich wieder. Es mußte sich schließlich dem byzantinischen Kaiser unterwerfen. Zwar gelang es Zar Samuil von Westbulgarien (Makedonien) aus, noch einmal im »Westbulgarischen« bzw. »Makedonischen Reich« eine für Byzanz bedrohliche Position einzunehmen und der bulgarischen Kirche im Patriarchat von Ohrid einen neuen Mittelpunkt zu schaffen, 1014 unterlag er jedoch Kaiser Basileios II. (976–1025), dem »Bulgarenschlächter«, der 1018 in Ohrid einzog.

Die Restauration ihres Staates gelang den Bulgaren erst knapp 200 Jahre später, als sich das »Zweite Bulgarische Reich« (1187–1256) unter den Brüdern Petar (Theodor) und Asen aus dem byzantinischen Reich herauszulösen vermochte. Ivan Asen II. (1218–1241) führte es auf den Höhepunkt seiner territorialen Macht, die wie schon das »Erste Bulgarische Reich« auch Makedonien einschloß, den Zentral- und Westbalkan, Teile Albaniens und im Norden bis über Belgrad, im Osten über Adrianopel und an der Adria bis nach Dyrrhachion/Durazzo reichte. Sein Untergang – beschleunigt durch den Mongolensturm 1241/42 – kam nicht zuletzt dem Aufstieg Serbiens zur Führungsmacht am Balkan zugute.

In einer gewaltigen Anstrengung gelang es dem Erobererzar Stefan Dušan Uroš IV. (1331–1355), sein serbisches Großreich über Dalmatien, den größten Teil Albaniens, über den Epirus und Makedonien (mit Ausnahme Salonikis, das byzantinisch blieb) sowie über Teile Mittelgriechenlands im Süden und bis nach Belgrad im Norden auszudehnen. Als Höhepunkt ließ er sich 1346 in Skopje zum »Zaren der Serben und Griechen« krönen. Konstantinopel, sein erträumtes Ziel, bezwang er aber nicht. Auch eine den Tod überdauernde Sicherung seines Besitzstandes gelang nicht, da übermächtige partikulare Interessen des Adels die Zentralregierung auseinanderrissen, die den heranziehenden Truppen der Osmanen – den neuen Herren auf dem Balkan – keinen wirkungsvollen Widerstand entgegensetzen konnte. 1371 erlitten die vereinten Truppen serbischer Fürsten an der Marica eine vernichtende Niederlage: Sultan Murad I. unterwarf Makedonien; 1387 fiel Saloniki. In der Schlacht auf dem Amselfeld (Kosovo polje) 1389 errangen die Osmanen den endgültigen Sieg über Serbien; für ein halbes Jahrtausend sollte die Hohe Pforte über den größten Teil Südosteuropas regieren.

Saloniki wurde zwar noch einmal 1402, nach der osmanischen Niederlage gegen die Mongolen unter Timur Lenk, von Byzanz zurückerobert und 1423 an die Republik Venedig weiterverkauft, 1430 erstürmte Sultan Murad II. die Stadt jedoch, die er als Zugang zur Adria benötigte.

Die Osmanenherrschaft auf dem Balkan ist, obgleich sie eine Wende der Gesamtverhältnisse bewirkte, sicher nicht kategorisch als »türkisches Gewaltjoch« zu bezeichnen. Tatsächlich waren die politischen Gegebenheiten der mittelalterlichen Staaten in Südosteuropa schon vor der osmanischen Eroberung nicht mehr stabil gewesen, bedingt durch die Interessen rivalisierender Fürstenhäuser, die nun einen großen Teil ihrer Macht an die Pforte verloren. In Makedonien, das nun wie die übrigen osmanisch besetzten Gebiete vom westlichen Einfluß völlig abgetrennt wurde, setzte ein tiefgreifender Prozeß der Islamisierung und Orientalisierung ein. Städte und Märkte erhielten einen orientalischen Charakter. In Skopje (türk. Üsküb, serb. Skoplje) beispielsweise, einer bereits in illyrischer

Zeit gegründeten Stadt, zeugen noch heute eine Anzahl von Moscheen, ein *Hamam* (türkisches Badehaus) aus dem 15. Jahrhundert, sowie ein *Han* (Herberge) aus dem 17. Jahrhundert von der einstigen türkischen Lebensweise. Auch in ethnischer Hinsicht traten spürbare Veränderungen für das Land ein: Zahlreiche Türken zogen als neue Grundherren, als bäuerliche Siedler oder als Gewerbetreibende zu; Griechen sowie Armenier bestimmten zunehmend den Handel. In dieser Branche waren auch Juden sehr stark vertreten. Ihr ältestes Zentrum auf dem Balkan war Saloniki, das in osmanischer Zeit temporär die größte jüdische Gemeinde Europas und für immer das wichtigste sephardische Zentrum in Südosteuropa wurde. Zwar existierte hier schon seit dem 9. Jahrhundert eine relativ große jüdische Gemeinde, die durch Zuwanderer – z.B. im 15. Jahrhundert aus Bayern vertriebene Aschkenasim – ständig anwuchs; die bedeutendste Ansiedlungswelle erfolgte jedoch 1492 nach der Vertreibung der Sephardim aus Spanien, die im Osmanischen Reich wegen ihrer wirtschaftlichen Fähigkeiten mit offenen Armen aufgenommen wurden und schließlich das jüdische Leben im makedonischen Raum prägten.

Der europäische Besitz der Pforte war seit frühester Zeit als Vilajet Rumelien in das Osmanische Reich eingegliedert (*Vilajet* ist eine osmanische Großprovinz, die von einem Großgouverneur – *Beglerbeg* – organisiert wurde. Ihr untergeordnet war der vom *Sancakbeg* geleitete *Sancak*). Im Zuge innenpolitischer Reformen, die nach dem zunehmenden Machtverfall der Pforte besonders im 19. Jahrhundert unausweichlich waren, kam es 1864 zu einer Neugliederung der Verwaltungseinheiten: Nun entstanden neben den Vilajet Adrianopel, Janina und Skutari auf makedonischem Territorium die Vilajet Monastir/Bitola, Saloniki und Kosovo (mit Üsküb/Skopje als Mittelpunkt).

Insgesamt waren die Veränderungen während der Osmanenherrschaft durch die Islamisierung und Orientalisierung im makedonischen Raum so eingreifend, daß sich noch heute Auswirkungen in Wirtschaft und Gesellschaft zeigen.

Das nationale Erwachen auf dem Balkan im 19. Jahrhundert

Das Interesse am Territorium Makedoniens und damit die »makedonische Frage«, die einen Teilbereich der »osmanischen Frage« darstellt, entstand mit der nationalen und staatlichen Emanzipation der Balkanvölker aus dem osmanischen Reich ab dem 19. Jahrhundert. Bereits zu diesem Zeitpunkt von einem makedonischen Volk zu sprechen, ist sicherlich verfrüht, doch liegen die Wurzeln der makedonischen Volkswerdung wohl begründet in den Auseinandersetzungen der Nachbarstaaten um das Land im 19. Jahrhundert. Den Griechen stand dabei die Wiedergeburt des byzantinischen Reiches vor Augen, die Serben strebten die Erneuerung des Dušan-Reiches an und die Bulgaren die Wiederherstellung des Staates von Zar Simeon. In jedem Fall bedeutete es die Einbeziehung des makedonischen Territoriums und seiner Bewohner, worüber die drei sich formierenden Staaten in den schärfsten Gegensatz gerieten.

Bulgarien wähnte sich schon im Besitz des ersehnten Landes, als der dem türkisch-russischen Krieg 1877/78 folgende Friede von San Stefano (am 3. März 1878 nach russischen Vorstellungen abgeschlossen) die Bildung eines Großbulgarien vorsah, das – neben dem heutigen Staatsgebiet und Teilen Thrakiens – vor allem ganz Makedonien (im Westen über Ohrid hinaus, im Süden bis an die Ägäis) umfassen sollte; Saloniki gedachte man dem Osmanischen Reich zu belassen. Die europäischen Großmächte revidierten aber auf dem Berliner Kongreß vier Monate später diese Grenzziehungen. Bulgarien wurde auf sein altes Gebiet reduziert, Südbulgarien als Provinz Ostrumelien dem Sultan unterstellt und Makedonien schließlich wieder der osmanischen Verwaltung untergeordnet. Der Traum vom »San-Stefanska-Bălgarija« sollte ab jetzt jedoch eine Konstante in der bulgarischen Außenpolitik werden.

Nachdem das politische Ringen um Makedonien vorerst noch zugunsten des Osmanischen Reiches ausgegangen war, verlegten sich Serbien, Bulgarien und Griechenland auf eine neue Art der Beeinflussung, nämlich über ihre Nationalkirchen, die unter der christlichen Bevölkerung im Osmanischen Reich die jeweilige nationale Gesinnung verbreiten sollten. Einen Vorteil besaß hierbei die griechische Orthodoxie, die als einzige autokephale Kirche nach der Aufhebung des Ohrider Erzbistums 1767 nunmehr die griechischen Ansprüche auf Makedonien verbreitete: »Greek churches and schools in the Turkish empire became the means to pressure, and to prepare inhabitants on Turkish territory in favour of union with Greece«[3]. Die bulgarische Konkurrenz trat verstärkt an, nachdem 1870 unter russischer Rückendeckung das bulgarische Exarchat eingesetzt wurde. Auch dieses versuchte über Schulen, die makedonische Bevölkerung zu infiltrieren. Die serbische Propaganda in Makedonien organisierte ein 1868 in Belgrad gegründetes »Komitee für serbische Schulen und Lehrer in Altserbien und Makedonien«. Mit der Zeit entstanden in Makedonien über die serbischen, griechischen und bulgarischen Kirchen und Schulen richtiggehende Indoktrinationszentren, unter deren massivem Druck die Bevölkerung öffentlich entweder die serbische, griechische oder bulgarische Kirchen- (und damit Staats-) Angehörigkeit deklarieren mußte. Auf diese Weise konnten die Regierungen in der internationalen Diplomatie eine offizielle Begründung für ihre Ansprüche auf das Land vorweisen.

Neben diesen Infiltrierungsversuchen von außen erwuchs jetzt zum ersten Mal in Makedonien eine geheime,

[3] Klimet Dzambazovski, Macedonia on the Eve of the Balkan Wars. In: East Central European Society and the Balkan Wars. Hg. Béla K. Király u. Dimitrije Djordjevic, New York 1987, S. 213–220, hier S. 213.

national-makedonisch ausgerichtete Bewegung, die »Innere Makedonische Revolutionäre Organisation«, IMRO (mak. Vnatrešna makedonska revolucionarna organizacija, VMRO), 1893 ins Leben gerufen. Ihr Ziel war die Vorbereitung einer allgemeinen Rebellion gegen die türkische Herrschaft und gegen die Agitation der Balkanstaaten unter dem Motto »Makedonien den Makedonen!«. In der Folgezeit geriet die Bewegung allerdings immer stärker in das bulgarische Fahrwasser, so daß die Organisation schließlich den Anschluß Makedoniens an Bulgarien propagierte.

Es ist schwer zu beurteilen, ob und wie sehr die Bevölkerung Makedoniens diese Freischaren zu unterstützen bereit war. Sicherlich war sie mit der osmanischen Herrschaft nicht zufrieden. Der Anschluß an einen anderen Staat bot jedoch wohl kaum eine plausible Alternative. Ob man bereits im Land selbst an die Autonomie dachte (makedonische Emigrantenkolonien im Ausland, z.B. diejenige in Sankt Petersburg, hatten sich dies sehr wohl zum Ziel gesetzt), sei dahingestellt. Dagegen sprach schon die Tatsache, daß sich in Makedonien bisher kein gemeinsames starkes Nationalgefühl hatte entwickeln können – weder ein serbisches, noch ein bulgarisches (was wohl noch am ehesten vorhanden war), griechisches oder makedonisches. Darüber hinaus scheute man vor den terroristischen Methoden der Freischärler zurück, da man die Vergeltung durch die osmanische Gendarmerie befürchtete, die gegen »Kollaborateure« in der Bevölkerung hart vorging. Dies zeigte sich besonders nach dem Ilinden-Aufstand vom 2. August 1903, benannt nach dem Tag des hl. Elias (= *Ilin; den* = Tag), der heute in Makedonien ein Nationalfeiertag ist. Unter Führung der IMRO übernahm damals die Bevölkerung des Vilajet Monastir – offenbar immerhin an die 27 000 Bewaffnete – die Regierung und rief die »Republik von Kruševo« aus. Bereits im Oktober setzten jedoch die türkischen Truppen dem schon von Zeitgenossen als naiv betrachteten Versuch brutal ein Ende. Wenn auch dieser

Aufstand keine unmittelbare Bedrohung für die osmanische Herrschaft bedeutete, hatte er dennoch eine Internationalisierung des Streites um Makedonien bewirkt, forciert durch die darauf folgenden osmanischen Repressionen. So forderten der russische Zar Nikolaus II. und der österreichische Kaiser Franz Joseph I., die um eine Einflußsphäre auf dem Balkan rivalisierten, dem Sultan Abdul Hamid II. im Mürzsteg-Programm (benannt nach dem Verhandlungsort, einem Schloß nördlich von Graz) 1903 eine Befriedungsaktion ab, die aber nur teilweise zur Beruhigung des Landes beitrug. Als 1909 die »Jungtürken« (die sich bezeichnenderweise auf makedonischem Territorium formiert hatten) durch einen Putsch den Sultan absetzten und als neue Machthaber das friedliche Zusammenleben der Völker in Makedonien in Aussicht stellten, blieb auch dies ein leeres Versprechen.

Zwischenzeitlich war es nämlich in Makedonien zu verstärkten Aktionen von bewaffneten Banden gekommen. Während vor dem Ilinden-Aufstand vor allem IMRO-Gruppen aus Bulgarien in Guerilla-Manier Unsicherheit im Land verbreiteten, sandten jetzt in erhöhtem Maße die serbische und die griechische Regierung bewaffnete *četnici*- bzw. *andarte*-Einheiten (serb. *četa* = Schar; griech. *antartes* = Rebell) nach Makedonien, die das Land terrorisierten und Attentate sowohl gegen die türkischen Behörden als auch gegen die andersnationalen Konkurrenz-Verbände verübten[4]. Besonders die Zivilbevölkerung wurde hiervon hart in Mitleidenschaft gezogen und »wechselte mit unwahrscheinlicher Behendigkeit, je nach den Wünschen der jeweiligen Bandenmachthaber im Dorf

---

[4] Zu bewaffneten Aktionen von griechischen und serbischen Freischärlern vor den Balkankriegen vgl. Gligor Todorovski, The Greater Serbian Armed Propaganda in Macedonia after the Ilinden Uprising until the Balkan Wars. In: La Macédoine et les Macédoniens dans le passé. Recueil d'articles scientifiques. Skopje 1970, S. 231–240; Krste Bitoski, Armed Actions as a Means of Greek Propaganda in Macedonia (1904–1908). Ebd., S. 241–253.

oder Tal, nationales Bekenntnis und Namen. Angehörige einer Familie bekannten sich bisweilen zu verschiedenen Parteiungen.«[5] Damit war die militärische Auseinandersetzung um Makedonien eingeleitet, die in den beiden Balkankriegen einen ersten Höhepunkt fand.

Die Balkankriege (1912–1913) und die Aufteilung Makedoniens

Die Voraussetzung für den ersten Balkankrieg war die Bildung eines Bündnissystems zwischen Serbien, Bulgarien, Griechenland und Montenegro in der ersten Jahreshälfte 1912, ein Balkanbund gegen das Osmanische Reich, der unter dem maßgeblichen Einfluß Rußlands entstand, das sich die Vormachtstellung auf dem Balkan erhoffte. Das grundlegende Ziel des Bundes bestand darin, die noch unter osmanischer Herrschaft stehenden Gebiete am Balkan – in erster Linie ging es um das albanische und makedonische Territorium – zu »befreien« und der jeweiligen eigenen Machtsphäre einzuverleiben. Insgesamt stellte der Balkanbund von 1912 den ersten Zusammenschluß der aus dem Osmanischen Reich gelösten Völker überhaupt dar, um gemeinsam den Kampf gegen die ehemaligen Besatzer aufzunehmen, andererseits aber auch – dies trifft vor allem für Serbien und seine Schutzmacht Rußland zu –, um Österreich-Ungarn von einer weiteren Besitznahme auf dem Balkan abzuhalten. Das entscheidende Hemmnis für die zukünftige Kooperation unter den Balkanstaaten bestand darin, daß Fragen der territorialen Aufteilung der eroberten Gebiete von vornherein nicht genügend geklärt worden waren, was zweifellos die Ursache für den Ausbruch des zweiten Balkankrieges war.

Die Hauptlast des ersten Balkankrieges, der am 17. Ok-

---

[5] Gerhart Wolfrum, Die Völker und Nationalitäten. In: Osteuropa-Handbuch Jugoslawien. Hg. Werner Markert. Köln, Graz 1954, S. 14–36, hier S. 32.

tober 1912 nach der türkischen Kriegserklärung auf ein Ultimatum der Bündnispartner hin ausbrach, hatten die Bulgaren zu tragen, da sie den Vorstoß nach Osten – nach Thrakien und Konstantinopel – durchführen mußten. Die serbischen, griechischen und montenegrinischen Truppen konnten im makedonischen und albanischen Gebiet kaum größeren türkischen Widerstand erwarten. Schon am 3. Dezember 1912 kam es durch ein osmanisches Friedensangebot zum Waffenstillstand. Die Verhandlungen zwischen der Pforte und den Balkanstaaten in London, die am 30. Mai 1913 zum Friedensvertrag führten, begleitete eine Botschafterkonferenz der europäischen Mächte, die eine Anzahl von Problemen unter ihre Kompetenz gestellt hatte, so die Gestaltung des neuen Staates Albanien, der auf Wunsch der Donaumonarchie 1912 gebildet wurde.

Die Balkanallianz zerbrach jedoch nach kurzer Zeit wieder an der makedonischen Frage, nachdem Bulgarien vom Traum des »San-Stefanska-Bălgarija«, das Makedonien miteinschloß, nicht abließ und am 29. Juni 1913 erneut die Kampfhandlungen einleitete. Im zweiten Balkankrieg, dem Interallianzkrieg, stand ihm neben Serbien, Griechenland und der Türkei nun auch Rumänien gegenüber, das sich die Süd-Dobrudscha (das Cadrilater) erhoffte. Auf sich allein gestellt, unterlag Bulgarien der feindlichen Übermacht. Im Friedensvertrag von Bukarest (10. Oktober 1913) verlor es die Süd-Dobrudscha und konnte in Makedonien nur einen schmalen Streifen bis zur Wasserscheide zwischen Struma und Vardar halten. An Griechenland mußten Saloniki und Süd-Makedonien (bis zur Mesta/griech. Nestos) abgegeben werden. Einzig über das heutige Alexandrupolis blieb Bulgarien der Zugang zur Ägäis erhalten. Im Frieden von Konstantinopel, den das Land mit der Türkei separat abschloß, wurde darüber hinaus die Marica als bulgarische Ostgrenze festgelegt. Makedonien wurde ein weiteres Mal zwischen Griechenland, Serbien und Bulgarien aufgeteilt.

Nach den Schrecken der Kriegshandlungen hatte die

makedonische Bevölkerung nunmehr das nicht weniger verhängnisvolle Regime der drei Okkupationsmächte zu ertragen, die sofort nach dem ersten Balkankrieg daran gingen, die neuen Territorien ihrem eigenen Verwaltungssystem anzugliedern. Dieser Vorgang verlief in allen drei Teilen ähnlich. So vertrieb die serbische Armee schon nach den ersten größeren Siegen die türkischen Beamten und stellte das eroberte Gebiet unter Militärverwaltung. Die Angliederung erfolgte durch die Neueinteilung der hinzugewonnenen Gebiete in Bezirke, die sich rücksichtslos über ethnische Prinzipien hinwegsetzte. Ähnlich rigoros verwaltete Bulgarien sein im ersten Balkankrieg okkupiertes Gebiet in Ost- und Südostmakedonien. De jure wurde die Region als »Kriegsgubernium« betrachtet, was schon daran ersichtlich war, daß ein General an der Spitze stand. Auch dieses Gebiet teilte man nach der Vertreibung der Türken unverzüglich in Bezirke und diese wiederum in Kreise und Gemeinden ein. Im Oktober 1912 entstanden so die Kreise Drama, Seres und Štip. Dazu kam im Dezember 1912 noch der Kreis von Kukuš. Nach dem Frieden von Bukarest verlor Bulgarien jedoch einen großen Teil der Gebiete an Griechenland und Serbien; die ansässige Bevölkerung mußte eine weitere Neuordnung der Grenzen über sich ergehen lassen. Das von der griechischen Armee besetzte Ägäis-makedonische Gebiet (mit dem Zentrum Saloniki) wurde zur Verwaltung ebenfalls in drei Kreise eingeteilt: Saloniki, Ber und Seres, welche wiederum in 18 Provinzen untergliedert waren.

Darüber hinaus begannen die Besatzer nun mit einer Jagd auf alles Andersnationale, d.h. Bulgarische (bei den Serben), »Serbo-« und »Griechomanische« (bei den Bulgaren) und auf alles Bulgarischsprechende (bei den Griechen). Besonders die türkische Bevölkerung wurde schweren Verfolgungen ausgesetzt. Massenweise wurden Schulen und Kirchen der anderen Nationen geschlossen oder zerstört, dafür der Besuch in den entsprechenden griechischen, serbischen oder bulgarischen Institutionen unter

Strafandrohung vorgeschrieben, ebenso der Gebrauch dieser Sprachen. Dabei fiel die Gräzisierung wesentlich schwerer als die Serbisierung oder Bulgarisierung, da das Makedonische als slawische Sprache dem Bulgarischen und Serbischen sehr nahe steht. Daher schickten besonders die Griechen in großer Zahl Lehrer und Geistliche ins Land. Lehrer und Geistliche der anderen Nationen wurden unter Druck gesetzt und in vielen Fällen umgebracht, wenn sie sich nicht willfährig zeigten; im Zuge der Denationalisierung mußten die Menschen ihren Namen die Endsilben »-ić«, »-ov« oder »-es« anfügen und sich offiziell als Serben, Bulgaren oder Griechen deklarieren.

Noch schlimmer war der Terror, der von den jeweiligen bewaffneten Einheiten ausging. Hunderte von Ortschaften wurden zerstört, deren Bewohner umgebracht oder in die Emigration gezwungen. Die internationl besetzte Carnegie-Kommission[6] und die in Serbien, Griechenland, Bulgarien und der Türkei verfaßten Propagandaschriften, in denen die Staaten einander die Grausamkeiten während der Kriege vorwarfen, geben durch die Berichte über Massaker, Plünderungen, Vertreibungen und Gewaltverbrechen in übergroßer Zahl eine annähernde Vorstellung von dem Leid, das die Zivilbevölkerung auf sich nehmen mußte.

Zwischen den Weltkriegen

Die Enttäuschung über den Verlust Makedoniens durch den zweiten Balkankrieg veranlaßte Bulgarien, bei Ausbruch des Ersten Weltkrieges die Schutzmacht zu wechseln. Nicht mehr auf Rußland, sondern auf die Mittelmächte setzte es nun seine Hoffnungen. Das Angebot der Entente, ihm das serbische Makedonien östlich des Vardar

---

[6] Dotation Carnegie pour la Paix international. Enquête dans les Balkans. Paris 1914.

zu überlassen, schlug es aus. Abermals erlebte Bulgarien ein Fiasko: Zwar konnte es Vardar-Makedonien von 1915 bis 1918 okkupieren, nach dem verlorenen Krieg wurde ihm dieses jedoch im Frieden von Neuilly (27. November 1919) wieder abgesprochen und dem 1918 gegründeten »Königreich der Serben, Kroaten und Slowenen« (SHS) als »Südserbien« zugeschlagen.

Auf den Friedenskonferenzen von Paris war auch diskutiert worden, Makedonien gewisse Autonomierechte zuzugestehen, dies wurde jedoch wegen des »negativ gestimmten französischen Stabes« fallengelassen[7]. Damit waren die Grenzbestimmungen des Friedens von Bukarest 1913 und die Aufteilung Makedoniens auf Serbien bzw. auf das südslawische Königreich, auf Griechenland sowie Bulgarien wieder in Kraft getreten, nur mit der Korrektur, daß die Stadt Strumica und Umgebung mit rund 60 000 Bewohnern aus dem griechischen Gebiet jetzt an das SHS-Königreich kam. Insgesamt hatte sich Griechenland in Paris den größten Brocken des makedonischen Bodens geholt (35 169 qkm), an Serbien fielen 25 774 qkm, und Bulgarien, dem Kriegsverlierer, blieben immerhin noch 6798 qkm, allerdings vornehmlich Hochgebirgsland. Die von den drei Staaten 1912/1913 eingeleitete Makedonien-Politik fand nun ihre Fortsetzung.

In Vardar-Makedonien unterwarf Belgrad im weiteren die nach wie vor ethnisch nicht klar zuzuordnende makedonische Bevölkerung einer strikten Serbisierungspolitik: Man erklärte sie generell zu Serben und ließ nur mehr Serbisch als Sprache der Liturgie, der Schulen und der Verwaltung zu, ohne allerdings eine endgültige Durchsetzung des serbischen Nationalgefühls zu erreichen.

Mit der 1931 in Kraft getretenen Verwaltungseinteilung des Königreiches – jetzt mit dem neuen Namen Jugoslawien –, die das gesamte Staatsterritorium ohne Rücksicht auf nationale oder wirtschaftliche Aspekte in Banschaften

[7] Istorija na makedonskiot narod. Skopje 1972, S. 234.

aufgliederte, entstand in »Südserbien« die Vardar-Banschaft, die sich bis kurz vor Niš nach Norden zog.

Die wirtschaftliche Durchdringung und die Landreform, die ab den zwanziger Jahren im ganzen Staat durchgeführt wurde, stießen in Makedonien auf größere Schwierigkeiten, da aus der osmanischen Erbmasse in besonderem Maße Großgrundbesitz (*çiftlik*) vorherrschte, der von christlichen Hintersassen bewirtschaftet worden war. Nach der Enteignung des Bodens erhielten vor allem diese – neben den Kriegsfreiwilligen – den aufgeteilten Grundbesitz zur Besiedlung. Ökonomisch war das Land, das nur schlechte Transportwege besaß, wenig ergiebig.

Diese Schwäche war unter anderem auch darauf zurückzuführen, daß eine endgültige Befriedung der Region nach den langen Kriegsjahren von 1912 bis 1918 noch keineswegs eingetreten war. Denn mit den Grenzziehungen der Pariser Vorortverträge wollte sich die bulgarische IMRO nicht zufriedengeben und sorgte weiterhin durch ständige Übergriffe von Bulgarien aus auf SHS-Territorium für einen Kleinkrieg, was das Verhältnis der beiden Staaten erheblich belastete. Eine vorsichtige Annäherung wurde insbesondere durch einen Zwischenfall bei Kriva Palanka (nördlich von Štip) Anfang August 1926 zunichte gemacht, als sich IMRO-Freischärler erst nach längerem Gefecht auf bulgarisches Territorium zurückdrängen ließen. Nach weiteren IMRO-Attentaten – besonders auf Militärangehörige im Raum Štip – erklärte Belgrad schließlich Anfang 1928 eine vollständige Grenzsperre gegen Bulgarien. Erst ab Januar 1930 konnten die Grenzverhältnisse wieder normalisiert werden. Mitgliedern der IMRO sollen von 1919 bis 1937 auf jugoslawischem Territorium rund 2800 Attentate gelungen sein. Am spektakulärsten, da es die internationale Politik betraf, war der Mordanschlag auf den serbischen König Aleksandar I. und den französischen Außenminister Barthou in Marseille 1934, den Anhänger der IMRO gemeinsam mit einer anderen Untergrundgruppierung, der kroatischen Ustaša, bewerkstelligten.

Obwohl die IMRO ab 1934 nach einem Offizierssputsch in Bulgarien offiziell verboten war, setzte die Organisation auch weiterhin ihren Kleinkrieg fort.

Das Verhältnis zwischen dem SHS-Königreich und Griechenland wurde bis zum Ende der zwanziger Jahre getrübt durch Forderungen aus Belgrad nach einer Freihafenzone im Hafen von Saloniki, über die schon zu osmanischer Zeit Verhandlungen geführt worden waren. Zur Untermauerung des Anspruchs erwarb Belgrad sogar Aktien auf die Bahnstrecke Gevgelija-Saloniki (auf griechischem Boden). Darüber hinaus mußte der SHS-Staat ein griechisches Abkommen mit Bulgarien verhindern, das alle in Griechenland lebenden »Slawophonen« als Bulgaren erkannte, wohingegen Belgrad diese (man ging von rund 800 000 Menschen aus) als »Südserben« definieren lassen wollte. Erst durch den Friedensvertrag vom 27. März 1929 stabilisierten sich die Beziehungen.

Für diese Zeit lassen sich die ersten Vermutungen über die ethnische Zusammensetzung des damaligen Makedonien anstellen, wo fast eine Million (ethnische) Makedonen gelebt haben müssen. Dies läßt sich aus der ersten Volkszählung Jugoslawiens aus dem Jahre 1948 schließen, in der sich insgesamt 810 126 Einwohner als Makedonen bezeichneten, während 61 140 die bulgarische Volkszugehörigkeit angaben[8].

Im griechischen Teil Makedoniens wurde nach der Konvention über den griechisch-türkischen Bevölkerungsaustausch, der im Januar 1923 als Teil des Friedensvertrags zwischen den beiden Ländern in Lausanne unterzeichnet wurde[9], der größte Teil der aus der Türkei ausgewiesenen Griechen angesiedelt. Von nun an überwog hier der griechische Charakter. Die übrigen Volksgruppen, vornehmlich Aromunen und Slawen, wurden unter Zwang gräzisiert, besonders während des Regimes von

[8] Wolfrum, Die Völker und Nationalitäten, S. 16.
[9] Abdruck in: Stephen P. Ladas, The Exchange of Minorities. Bulgaria, Greece and Turkey. New York 1932, S. 787–794.

General Metaxas 1936–1941, dem Anführer einer kleinen, rechtsextremistischen Gruppe.

Der Zweite Weltkrieg und die jugoslawische Teilrepublik Makedonien

Der Zweite Weltkrieg brachte abermals eine Änderung der Grenzziehungen in Südosteuropa mit sich. Jugoslawien wurde 1941 in die Kampfhandlungen einbezogen. Im April besetzten deutsche, italienische und ungarische Truppen das Land und teilten es auf. Den Verhandlungen zwischen dem deutschen Außenminister Ribbentrop und seinem italienischen Kollegen Ciano vom 21. bis 22. April 1941 gemäß kam der Westteil Makedoniens mit den Städten Tetovo, Gostivar, Kičevo, Struga und Debar formal an das neue, von Italien kontrollierte »Großalbanien«. Saloniki unterstellte man direkt der deutschen Verwaltung. Das übrige makedonische Territorium, und dies war der größere Teil, sowie einen Teil Südostserbiens erhielt Bulgarien als Belohnung für seinen Beitritt zur deutsch-italienischen Achse. Das Land beteiligte sich selbst nicht aktiv am Krieg, sondern okkupierte erst nach dem Abschluß der unmittelbaren Kampfhandlungen die ihm zugesagten Regionen Thrakiens und Makedoniens, die sich bis nach Ohrid erstreckten. Die bulgarische Regierung setzte zwei Verwaltungsbezirke (Bitola und Skopje) fest, die sie einem strengen administrativen Apparat unterstellte. Ähnlich verfuhren die Italiener. Sie errichteten in Debar ihre Präfektur, und Unterpräfekturen in Tetovo, Gostivar, Kičevo, Struga und abermals Debar. Darüber hinaus installierten sie ein eigenes Verwaltungs-, Militär- und Polizeisystem. Neben diesen Einheiten hatte schließlich auch die deutsche Wehrmacht Besatzungstruppen stationiert.

Während dieser Zeit fielen die makedonischen Juden der deutschen Vernichtungsmaschinerie zum Opfer, da sie – anders als die bulgarischen Juden, die dem Holocaust entgingen – nicht die bulgarische Staatsbürgerschaft erhielten: Die Deportationen aus Saloniki in die polnischen Vernichtungslager begannen Anfang 1943; rund 45650 Juden – fast ausnahmslos aus der Stadt stammend – fanden den Tod. Im bulgarisch beherrschten Makedonien wurden über 7000 Juden in einem Konzentrationslager in Skopje gesammelt und Ende März 1943 nach Treblinka überstellt[10].

Kurz nach der Kapitulation Bulgariens (23. August 1944) dekretierte Hitler, um das Eindringen westalliierter und sowjetischer Truppen zu verhindern, am 5. September 1944 noch die Ausrufung der Selbständigkeit Makedoniens. Dieses überstürzte Unterfangen scheiterte aber schon daran, daß sich Ivan Mihajlov, ehemaliger Kopf der IMRO, weigerte, die Führung zu übernehmen, da ihm – wie er angab – die Anhängerschaft in der Bevölkerung fehle[11]. Auch weitere Versuche, durch eine »Quisling«-Regierung das bulgarische Regime nach dessen Rückzug zu ersetzen, waren fehlgeschlagen: Weder das am 30. August 1944 gegründete »Centralen komitet na narodnata milicija« (Zentralkomitee der Volksmiliz) noch dessen Nachfolgeinstitution ab dem 10. September 1944, das »Mesten komitet za Skopje i okolijata« (Örtliches Komitee für Skopje und die Umgebung) konnte die deutsche Stellung in Makedonien mehr stabilisieren. Ende November 1944 verließen die letzten Soldaten der Wehrmacht das Land. Jetzt übernahmen die kommunistischen Tito-Partisanen das Gebiet.

Diese hatten sich bisher nur im italienischen Territorium Westmakedoniens durchgesetzt, während sie im bul-

---

[10] Zahlen aus: Wolf Oschlies, Bulgarien – Land ohne Antisemitismus. Erlangen 1976, S. 66–76. Dazu auch: Hans-Joachim Hoppe, Bulgarien. In: Dimension des Völkermords. Die Zahl der jüdischen Opfer des Nationalsozialismus. Hg. Wolfgang Benz. München 1991, S. 275–310, hier S. 296–297.

[11] Akten zur Deutschen Auswärtigen Politik. Serie E. Bd. 8, Göttingen 1979, S. 414, Anm. 3.

garisch beherrschten Teil wegen der effektiven Besatzungspolitik Bulgariens nicht hatten Fuß fassen können. Sofia hatte seine Truppen, die bis 1944 kaum im Kriegsgeschehen eingesetzt werden mußten, zur vollen Verfügung.

Richtungweisend für die Nachkriegsentwicklung Makedoniens im jugoslawischen Staatsverband war die erste Sitzung des höchsten legislativen und exekutiven Organs einer makedonischen Republik, »Antifašističko Sobranje na Narodnoto osloboduvanje na Makedonija« (ASNOM; Antifaschistischer Rat der Volksbefreiung Makedoniens), im südserbischen Kloster Prohor Pčinjski am 2. August 1944 (einem Jahrestag des Ilinden-Aufstandes). Während dieser Sitzung wurde die staatsrechtliche Bestimmung Makedoniens als gleichberechtigte föderale Einheit im Rahmen des zu gründenden Jugoslawien proklamiert. Mit diesem *fait accompli*, das schließlich auch Moskau akzeptieren mußte, beendete Tito die seit der Zwischenkriegszeit bestehende Kontroverse innerhalb der sonst so einigen kommunistischen Welt um die Zugehörigkeit und staatliche Gestaltung Makedoniens. 1920 hatten nämlich die kommunistischen Parteien Bulgariens, Jugoslawiens, Griechenlands und Rumäniens unter bolschewistischer Führung in Sofia eine »Kommunistische Balkanföderation« ausgerufen, der – entsprechend den Beschlüssen des 5. Komintern-Kongresses vom März/Juni 1924 – ein »vereintes, unabhängiges Makedonien« angehören sollte[12]. Als aber Tito auf der ersten AVNOJ-Sitzung[13] im November 1942 in Bihać die Makedonen als eine der fünf konstituierenden Nationen Jugoslawiens aufführte und auf der zweiten AVNOJ-Sitzung im November 1943 in Jajce das

---

[12] L. A. D. Dellin, Das Mazedonien-Problem in kommunistischer Sicht: ein Lösungsversuch im Rahmen einer Balkanföderation. In: Südost-Forschungen 28 (1969), S. 238–264, hier S. 243.

[13] AVNOJ = Antifašističko veće narodnog oslobodjenja Jugoslavije (Antifaschistischer Rat der Volksbefreiung Jugoslawiens), gebildet am 26. November 1942 in Bihać unter Tito als eine Art provisorischer Partisanen-Regierung.

neue Jugoslawien in seinen Kriegsgrenzen zur föderativen Republik mit sechs Einheiten – darunter Makedonien – erklärte, hatte die bulgarische KP, die Makedonien als Bestandteil des eigenen Landes betrachtete, das Nachsehen.

Mit dem 2. August 1944 waren die Makedonen also als Staatsnation innerhalb Jugoslawiens anerkannt. Unabhängig waren sie freilich nicht, denn die Errichtung der Teilrepublik Makedonien nach der endgültigen Entsetzung (im offiziellen Sprachgebrauch »Befreiung«) des Landes erfolgte unter der strengen Aufsicht der kommunistischen Zentralregierung in Belgrad. Die ersten makedonischen Gemeindewahlen fanden im März 1945 statt. Eine gewählte verfassungsgebende Versammlung rief am 31. Dezember 1946 eine sofort in Kraft tretende Verfassung aus.

In den ersten Nachkriegsjahren brachte die makedonische Frage Jugoslawien und Bulgarien einander näher, da seit 1944 Verhandlungen zwischen Tito und dem bulgarischen Ministerpräsidenten Dimitrov über eine jugoslawisch-bulgarische Konföderation geführt wurden. Die bulgarische Regierung war in diesem Zusammenhang für eine kurze Weile ungewöhnlicherweise bereit, eine kulturelle Autonomie für die makedonische Bevölkerung in Pirin-Makedonien zuzulassen und die Entwicklung eines nationalen Bewußtseins dort zu fördern. Es durften sogar Lehrer aus Vardar-Makedonien nach Bulgarien entsandt werden. Die Vergünstigungen verschwanden jedoch rasch wieder, nachdem die KPJ 1948 nach Titos Bruch mit Stalin aus dem Kominform, dem kommunistischen Informationsbüro, ausgeschlossen wurde. Als Folge distanzierte sich Dimitrov auf Stalins Veranlassung hin von den Föderationsplänen; Moskau schlug einen Konfrontationskurs gegen Titos »zweiten Weg des Sozialismus« ein. In den kommenden Jahrzehnten, ja selbst noch nach dem Tode Titos 1980 und nach dem politischen Umbau in Ost- und Südosteuropa blieb der Streit um die Makedonien-Frage ein regelmäßig wiederkehrendes Moment im Umgang der beiden Staaten, der jedesmal neu aufflammte, wenn sich die Gegenseite in irgendeiner Weise zur Problematik äußerte. So meldete am 3. Juni 1986 Radio Jugoslawien, daß Bulgarien hartnäckig die Existenz des makedonischen Volkes leugne, das seit Jahrhunderten Bestandteil der Weltgemeinschaft sei. Diese Äußerungen würden die bulgarischen Bestrebungen nach freundlicher Zusammenarbeit mit Jugoslawien nachhaltig stören.

Gelegentlich erhoben Belgrad und in dessen Schatten Skopje verbal Ansprüche auf Ägäis-Makedonien, was auch der Verbindung zu Griechenland nicht förderlich war. Fast traumatisch hatte sich hier noch die Tatsache ausgewirkt, daß während des griechischen Bürgerkrieges 1946–1949 ein Teil der slawischen Minderheit in Nordgriechenland Kontakte mit den kommunistischen griechischen Aufständischen unterhielt, die durch die kommunistischen Regierungen von Albanien und Jugoslawien unterstützt wurden. Nach der Niederlage der griechischen Kommunisten 1949 flohen viele Slawen aus Ägäis-Makedonien nach Bulgarien oder Jugoslawien, so daß das griechische Element nun im griechischen Makedonien noch stärker dominierte.

Im jugoslawischen Makedonien ging die kommunistische Republikführung nach 1945 daran, der Bevölkerung das makedonische Nationalgefühl systematisch näherzubringen, die einzige nationale Indoktrinationsarbeit auf makedonischem Gebiet, die – anders als die Versuche Bulgariens, Griechenlands und Serbiens zuvor – schließlich erfolgreich verlief. Belgrad förderte dies wohlwollend, da auf diese Weise bulgarischen territorialen Aspirationen der Wind aus den Segeln genommen werden konnte. Mit am wichtigsten war hierbei die Propagierung und Kodifizierung der makedonischen Sprache, die bereits am 2. August 1944 in Prohor Pčinjski zur offiziellen Staatssprache proklamiert worden war. Das Makedonische, eine südslawische Sprache, die mehr noch als dem Serbischen dem Bulgarischen nahe steht und über die bereits durch die Vorarbeiten des makedonischen Kulturpropagators Krste

Petkov Misirkov (1874–1924) – erwähnt sei sein Werk ›Za makedonckite raboti‹ (Zum makedonischen Problem, 1903) – grundlegende Thesen formuliert waren, wurde nun sehr schnell standardisiert: Kurz nacheinander arbeitete man ein Regelwerk zur makedonischen Rechtschreibung, eine Grammatik und ein Wörterbuch aus. Daneben erschienen literarische Werke wie beispielsweise der Roman ›Selo zad sedumte jaseni‹ (Das Dorf hinter den sieben Eschen) von Slavko Janevski (1953). Die makedonische Lyrik hatte bereits um die Jahrhundertwende bemerkenswerte Erfolge vorzuweisen.

Mit großem Eifer ging man außerdem daran, der neuen makedonischen Staatlichkeit eine geschichtliche Begründung zu unterlegen. Historiker wurden angehalten, den Beginn der makedonischen Nationalgeschichte bereits in der Zeit der slawischen Landnahme im frühen Mittelalter aufzuspüren, was in dieser Formulierung jedoch nicht haltbar ist.

Ein weiterer bedeutender Akt war die Bildung einer makedonisch-orthodoxen Landeskirche. Noch am 2. März 1952 hatte die makedonische KP in ihrem Organ ›Nova Makedonija‹ geäußert: »Unsere Partei ist niemals indifferent gewesen gegenüber der religiösen Ideologie und der Kirche, aber heute geht es darum, den ideologischen Kampf systematisch und täglich zu führen: mit Hilfe der Presse, der Massenorganisationen, der kulturellen Einrichtungen, um alle religiösen Vorstellungen vom Universum, alle Vorurteile und religiösen Überlieferungen zu zerstören.«[14]

Diese repressive Politik gab man jedoch auf, als man den Vorteil einer positiven Kirchenpolitik für die eigenen nationalen Ziele erkannte: So begrüßte man nun den schrittweisen Ablöseprozeß der orthodoxen Kirche in Makedonien von der serbischen Orthodoxie. Einen autonomen

---

[14] Zit. nach: Alberto Galter, Rotbuch der verfolgten Kirche. Recklinghausen 1957, S. 376.

Status erlangte die makedonische Orthodoxie erstmals – dies bereits unter den Sympathiebekundungen der örtlichen kommunistischen Partei – auf der Synode vom 4. bis 6. Oktober 1958, wo die Neugründung des Erzbistums von Ohrid beschlossen wurde, das allerdings mit dem serbischen Erzbischof Dositej Stojković besetzt wurde. Formal verblieb man noch in jurisdiktioneller Einheit mit der serbischen Mutterkirche, deren Patriarch weiterhin als Oberhaupt der makedonischen Gläubigen anerkannt wurde. Diese makedonische Absonderung segnete ausgerechnet der russische Patriarch Aleksij offiziell während seiner Reise durch Jugoslawien und Bulgarien 1962 ab, nicht nur zum Argwohn der serbischen, sondern auch der bulgarischen Kirche und Regierung. Am 18. Juli 1967 erklärte sich schließlich eine Synode makedonischer Kirchenvertreter in Ohrid trotz des vehementen Widerstandes der serbischen Bischofsversammlung endgültig zu einer autokephalen Kirche. Die »makedonska pravoslavna crkva« betrachtet sich seitdem als unabhängig. In der Folge wurden die makedonischen Bischöfe von der serbischen Kirche exkommuniziert – einträchtig unterstützt durch das bulgarische und griechische Patriarchat. Weder das serbische Patriarchat noch das griechische (ökumenische) Patriarchat in Konstantinopel haben bisher die Trennung legitimiert, dulden sie jedoch. Von der makedonischen Republikführung wurde die junge Nationalkirche hingegen sofort anerkannt. Die Ausbildung von Geistlichen, die vorher meist nach Belgrad zum Studium geschickt worden waren, ermöglicht die 1977 eröffnete theologische Fakultät in Skopje. Skopje ist gleichzeitig der Sitz der makedonischen Kirche, deren Eparchien/Bistümer sich in Skopje, Bitola, Ohrid, Veles und Štip befinden, daneben gibt es zwei Eparchien in Übersee, wo die meisten makedonischen Emigranten leben, die amerikanisch-kanadische und die australische. Die makedonisch-orthodoxe Kirche hat wie fast alle orthodoxen Kirchen eine katholische Entsprechung in der »Makedonisch-unierten

Kirche« mit byzantinischem Ritus, die 1859 nach der Union von Kukuš/Kilkis (heute griechisch) entstanden war, aber nur sehr wenige Gläubige zählt[15].

Insgesamt ist der staatlich gelenkte Makedonisierungsprozeß durchaus nicht in edlen Motiven der Urheber begründet. Vielmehr galt es, die Makedonen auf die Seite Titos zu ziehen und eine nationale Trennung von den Bulgaren herbeizuführen. Daß dies auf fruchtbaren Boden bei der betroffenen Bevölkerung fiel, belegt das Resultat: Es hat sich tatsächlich ein makedonisches Nationalgefühl ausgeprägt. Im Nachhinein ist dies die Bestätigung der politischen Vorgehensweise. Denn die Makedonen hatten sich in den Jahrzehnten zuvor jeder anderen gewaltsamen nationalen Übervorteilung durch Serben, Griechen und Bulgaren verweigert, wofür schon die jeweiligen Besatzungsregime Begründung genug waren. Allgemein ist die Herausbildung eines Volkes bzw. einer Nation angesichts der äußeren Bedrohung durch andere Staaten sicherlich ein seltener Fall; Bernath spricht in diesem Zusammenhang von Oppositions-Nationalismus[16].

Allerdings gehörte die SR Makedonien zu den wirtschaftlich unterentwickelten Republiken Jugoslawiens. Dies liegt in erster Linie an der schwachen Infrastruktur und an der unbedeutenden Industrie, die viele Arbeiter zur Auswanderung veranlaßte. Diese vollzog sich in mehreren Wellen: nach dem Ilinden-Aufstand, nach den Balkankriegen und – aus Ägäis-Makedonien – während des griechischen Bürgerkrieges 1946–1949. Die in den fünfziger bis siebziger Jahren abgewanderten Gastarbeiter kehren aber heute in zunehmendem Maß wieder in ihre Heimat zurück.

Nach dem verheerenden Erdbeben im Sommer 1963

---

[15] Vgl. dazu Rudolf Grulich, Die unierte Kirche in Mazedonien (1856–1919). Würzburg 1977.

[16] Mathias Bernath, Das mazedonische Problem in der Sicht der komparativen Nationalismusforschung. In: Südost-Forschungen 29 (1970), S. 237–248.

ließ zwar ein dynamischer und schwungvoller Wiederaufbau kurzzeitig Hoffnungen auf wirtschaftliche Besserung aufkommen, bald gewannen jedoch die Schwierigkeiten wieder die Oberhand: Während beispielsweise 1966 die Arbeitslosenquote 16,4 Prozent betrug, war sie 1981 bereits auf 22,3 Prozent angestiegen. Auch das Bildungsniveau ist in dem vornehmlich agrarisch geprägten Land nicht besonders hoch, so betrug die Analphabetenquote 1971 rund 18 Prozent.

Besonders seit den achtziger Jahren hat sich der Konflikt mit der sich stark vergrößernden albanischen Bevölkerung immer mehr in den Vordergrund geschoben. Die Albaner, die vor allem im Westen des Landes siedeln, bilden in den Städten Tetovo und Gostivar sogar die überwiegende Mehrheit. Während die Makedonen die albanische Übervölkerung befürchteten (man rechnet jetzt mit wenigstens 400 000 makedonischen Albanern, an die 20 Prozent der Gesamtbevölkerung), fühlten sich die Albaner wiederum durch die staatlichen Zwangsmaßnahmen bedroht, was zu heftigen Kontroversen zwischen den beiden Völkern führte: Makedonische Politiker beklagten die »nationalistischen Manifestationen« von Albanern, die Angst unter der Bevölkerung verursachten. So würden die Albaner dafür sorgen, daß sie »ethnisch reine« Straßen bewohnen und dementsprechende Caféhäuser unterhalten. Außerdem würden albanische Hodschas moslemische Makedonen unter Androhung der Exkommunikation zwingen, sich als Albaner zu bezeichnen[17]. Andererseits betrachtete es die kommunistische Republikführung noch Ende der achtziger Jahre als »zivilisatorische Aufgabe«, die traditionell um Häuser und Höfe gebauten hohen Mauern der Albaner einzureißen oder auf ein niedrigeres Niveau abzutragen.

Eine weitere antialbanische Maßnahme war die Reduzierung der Kinderzulagen vom dritten Kind an, was aber

---

[17] Osteuropa-Archiv (1988), A 108–A 109.

weniger die albanische als vielmehr die makedonische Geburtenrate herabsetzte[18].

Der Weg zur Unabhängigkeit: Zwischen »vier Feuern«

Während die Republiken Slowenien und Kroatien ab 1989 verstärkt die staatliche Unabhängigkeit von Jugoslawien anstrebten, gehörte Makedonien anfangs nicht zu den Förderern ähnlicher Pläne. Die Republik hatte auf der Gipfelkonferenz der blockfreien Staaten im September 1989 in Jugoslawien – zusammen mit Serbien und Bosnien-Herzegowina – noch entschlossen die bisherige Politik der Blockfreiheit verteidigt, als die slowenischen und kroatischen Vertreter bereits für die Annäherung an Westeuropa und die Europäische Gemeinschaft plädierten. Im Lauf des Jahres 1990 zeigten sich jedoch in den kommunistischen Kreisen Makedoniens und in der Regierung erhebliche Loyalitätsdefizite: Der 14. und letzte Parteitag des Bundes der Kommunisten Jugoslawiens – im Anschluß daran löste er sich auf – wurde am 26. Mai 1990 nur mehr formell zu Ende gebracht. Die Makedonen hatten sich dabei schon auf die Seite der slowenischen und kroatischen Vertreter geschlagen, die bei dieser Veranstaltung nicht mehr anwesend waren. Jedoch hielt Skopje relativ lange an der Fiktion eines einheitlichen Staates Jugoslawien fest und versuchte noch im Sommer 1991, ähnlich wie Bosnien-Herzegowina, im Streit der westlichen Republiken mit der serbischen Zentrale vermittelnd einzugreifen. Schließlich erkannte die makedonische Führung, daß mit dem Austritt Sloweniens und Kroatiens die serbische Übermacht den Reststaat völlig übernehmen würde. Die Angst davor beschleunigte den politischen Umbau und die Ablösung der kommunistischen Elite: Bei den ersten

---

[18] Viktor Meier, Kein sicherer Satellit Serbiens mehr. In: Frankfurter Allgemeine Zeitung, 8. 8. 1990.

freien makedonischen Wahlen vom 9. November 1990 wurden zum ersten Mal mehrere Parteien zugelassen, darunter die albanische »Partei der Demokratischen Prosperität« (Partija na demokratski prosperitet, alb.: Partia e prosperitetit demokratik). Die Ergebnisse der Wahlen erbrachten keine eindeutige Mehrheit. Stärkste Partei wurde die nationalistische und antikommunistische »IMRO-Demokratische Partei für nationale makedonische Einheit« (VMRO-Demokratska partija za nacionalno makedonsko edinstvo) mit 37 von 120 Sitzen. Nur wenige Mandate bekam die zweite nationale Partei, die »Allmakedonische Bewegung für Aktion« (Pokret za semakedonska akcija). Der Bund der Kommunisten Makedoniens, der sich den Zusatz »Partei des demokratischen Wandels« zugelegt hatte (SKM-Partija na demokratska preobrazba), errang 31 Sitze und schnitt damit zusammen mit dem »Bund der Reformkräfte Jugoslawiens« (Sojuz na reformskite sili na Jugoslavija), der auf 19 Sitze kam, relativ gut ab. Die albanische »Partei der Demokratischen Prosperität« stellte 25 Abgeordnete. Im Januar 1991 einigte man sich auf die Einsetzung einer eher gemäßigten Führung unter dem Reformkommunisten Kiro Gligorov. Dieser erwies sich als durchaus überlegener Kandidat, als er sich – anders als seine Amtsvorgänger – betont gegen die Albaner-Feindlichkeit aussprach; somit verhinderte er vorerst den offenen Ausbruch des Konfliktes mit der albanischen Bevölkerung. In gleicher Weise setzte er sich für die Selbständigkeit Makedoniens ein. Falls Kroatien und Slowenien aus dem jugoslawischen Staatsverband ausscheiden sollten, so äußerten Gligorov und die Führer aller großen Landesparteien übereinstimmend, würde Makedonien ebenfalls eigene Wege gehen. »Südserbien«, wie vor dem Zweiten Weltkrieg, wolle es nie wieder werden.

Im Plebiszit vom 8. September 1991 befürworteten 72 Prozent der Wahlberechtigten die Verselbständigung der Republik im Falle der Sezession Sloweniens und Kroatiens. Allerdings hatten die meisten Albaner das Referendum boykottiert, um gegen ihre öffentliche Benachteiligung zu demonstrieren. Sie stimmten ihrerseits in einem Referendum vom 11. und 12. Januar 1992 über die politische und territoriale Autonomie ihrer Siedlungsgebiete ab. Trotz offensichtlicher Einschüchterungsversuche durch die makedonische Polizei – die Regierung hatte diese Umfrage zuvor als illegal und verfassungswidrig bezeichnet – sprachen sich albanischen Angaben zufolge 90 Prozent dafür aus.

Die definitive Trennung Skopjes von Belgrad erfolgte im Oktober 1991, als das makedonische Parlament beschloß, die »nichtigen und illegalen« Entscheidungen des seit dem Putsch vom 3. Oktober 1991 nur noch von Serben und Montenegrinern kontrollierten »jugoslawischen« Staatspräsidiums nicht mehr anzuerkennen. Makedonien werde seine Souveränität und territoriale Unversehrtheit selbst verteidigen[19]. Am 17. November 1991 verabschiedete das Parlament in Skopje eine neue Verfassung[20], am 21. November 1991 erklärte sich Makedonien zu einem unabhängigen Staat. Mit diesem Schritt hatte es sich endgültig auf die Seite der nach Demokratie strebenden Republiken Kroatien und Slowenien gestellt, wenn auch nicht aus freien Stücken, sondern durch die Notwendigkeit gezwungen.

Die Abspaltung von Jugoslawien führte auch in der makedonisch-orthodoxen Kirche zu Spannungen. Der Metropolit Gavril Milošev von Ohrid und Skopje erklärte Mitte Dezember 1991 seinen Rücktritt aus Protest gegen diejenigen Repräsentanten seiner Kirche, die sich weiterhin an die Belgrader Regierung anlehnen wollten.

---

[19] Mazedonien erkennt Staatspräsidium nicht mehr an. In: Süddeutsche Zeitung, 17. 10. 1991.
[20] Abdruck in: Služeben vestnik na Republika Makedonija, 22. 11. 1991, S. 808 ff.; Auszüge aus der neuen Verfassung der ehemaligen jugoslawischen Teilrepublik Makedonien. In: Südosteuropa 41 (1992), S. 729–732.

Der Heilige Synod der orthodoxen Kirche Makedoniens weigerte sich jedoch, seinen Rücktritt anzunehmen[21].

Eine Folge der staatlichen Trennung war die Gefahr einer direkten Konfrontation mit Belgrad, das inzwischen seine serbisch-kommunistische Armee und deren Verbündete, die Freischärler – wieder einmal *četnici* –, in einen brutalen Krieg gegen Slowenien und Kroatien geschickt hatte. Auch in Makedonien sah es Ende 1991 so aus, als wolle Belgrad mit einem Militäreinsatz drohen, nachdem die Zahl der in Makedonien lebenden Serben (maßlos überhöht) auf 300 000 beziffert wurde, die eine ähnliche Sprengkraft entwickeln könnten wie die serbische Minderheit in Kroatien[22]. In dieser Zeit bot der serbische Ministerpräsident Milošević, der die Bildung eines »Großserbien« skrupellos vorantreibt, dem griechischen Premier Mitsotakis, wie dieser verlauten ließ, die Aufteilung Makedoniens zwischen Serbien und Griechenland an. Bislang ist es bei Wortgefechten geblieben. Zwar gelang es dem makedonischen Präsidenten, einen friedlichen Abzug der »jugoslawischen Volksarmee« bis Mitte April 1992 aus seinem Land durchzusetzen, aber dies bedeutet keine Garantie für das zukünftige Wohlverhalten Serbiens, zumal in Belgrad von führenden Politikern verlautet, daß Makedonien nur eine »titoistische Erfindung« sei und historisch zu Serbien gehöre. Vor diesem Hintergrund ist auch erklärbar, warum das über Serbien verhängte internationale Embargo durch Erdöltransporte aus Makedonien und durch Lieferungen aus Griechenland, die über Makedonien verlaufen, gebrochen wird. Das Land, das sich militärisch nicht wehren kann, weil es selbst kaum über bewaffnete Truppen verfügt, ist der serbischen Erpressung ausgeliefert.

Der Weg Makedoniens zur vollen Unabhängigkeit durch die völkerrechtliche Bestätigung war alles andere als

---

[21] Mazedonier für eigenständige Kirche. In: G2W. Glaube in der 2. Welt 20 (1992), Nr. 1, S. 7–8.

[22] Patrick Moore, Yugoslavia. Ethnic Tension Erupts into Civil War. In: RFE/RL Research Report 1 (1992), Nr. 1, S. 68–73, hier S. 73.

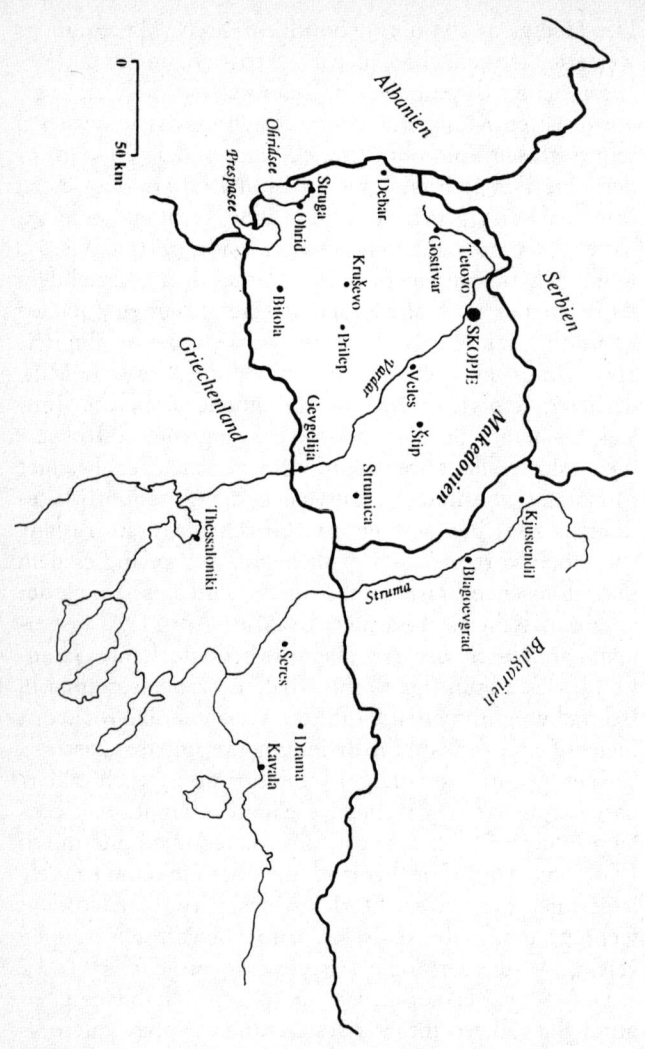

Republik Makedonien

einfach. Zuerst bestätigten sie nur wenige Länder (darunter die Türkei, Slowenien, Kroatien und Litauen), die Anerkennung durch die EG scheiterte lange Zeit am griechischen Veto: Obwohl Makedonien in drei Verfassungszusätzen festhält, daß es keine Gebietsansprüche an Nachbarn hat, die Grenzen als unabänderlich betrachtet und sich nicht in die »souveränen Rechte und inneren Angelegenheiten anderer Staaten einmischen« will[23], verweigert Griechenland die Anerkennung des makedonischen Staates und behindert die Einfuhr von Lebensmitteln und sonstige Lieferungen nach Makedonien, dem Land, von dem aus der antike griechische Held Alexander der Große sein Weltreich eroberte. Nationalistische Veranstaltungen und Bekenntnisse zum »3000-jährigen griechischen Charakter Makedoniens« scheinen im Moment in Griechenland, das sich in eine gefährliche Interessengemeinschaft mit Belgrad begeben hat, besonders populär. So versammelte sich in Saloniki im März 1992 in einem gewaltigen Aufwand eine halbe Million Menschen zu einer Kundgebung, um gegen angebliche »Gebietsansprüche« der »Skopje-Nationalisten« und für das »ewig griechische« Makedonien zu demonstrieren. Griechische Piloten stören sogar den makedonischen Flugverkehr[24]. Besonderen Anstoß nimmt man an der Staatsbezeichnung »Republik Makedonien«, die »automatisch« den Anspruch auf das klassische griechische Erbe deutlich mache und Territorialforderungen an (das Nato-Mitglied) Griechenland, das auf die fragwürdigen Aussagen der nationalistischen VMRO verweist, suggeriere. Daher bestand man auf dem unverfänglichen Namen »Republik von Skopje«. Die Anerkennung Makedoniens durch Rußland im August 1992 betrachtete Athen

---

[23] Auszüge aus der neuen Verfassung, S. 371 f.; Viktor Meier, Mazedonien hat seine Vorleistungen erbracht. In: Frankfurter Allgemeine Zeitung, 16. 3. 1992.
[24] Viktor Meier, Bedroht von zwei Seiten. Mazedonien in Gefahr. In: Frankfurter Allgemeine Zeitung, 22. 1. 1993.

als »unfreundlichen Akt«[25]. Als Makedonien am 8. April 1993 endlich in die UNO aufgenommen wurde, durfte dies auf Betreiben Griechenlands nur unter der umständlichen Bezeichnung »Frühere jugoslawische Republik Mazedonien« geschehen. Dies war gleichsam das Signal für die EG-Staaten, Makedonien ebenfalls anzuerkennen, was am 15. April in Brüssel bestätigt wurde.

Offizieller griechischer Haltung zufolge gibt es auf griechischem Staatsgebiet selbst keine slawische Minderheit, sondern nur Griechen und »slawophone Griechen«, die infolge der slawischen Überlagerung ihre griechische Muttersprache aufgegeben hätten. Allgemein wird jedoch die Zahl der slawischen Minderheit in Ägäis-Makedonien auf immerhin 10000 bis 50000 geschätzt[26].

Bulgarien verfolgt eine ähnliche Politik. Es bestätigte zwar als erster Staat die Unabhängigkeit der makedonischen Republik, nicht jedoch die makedonische Nation, d.h. Sofia bestreitet die Existenz eines unabhängigen makedonischen Volkes. Dieser Schritt muß in Skopje daran erinnern, daß Sofia schon einmal eine ähnliche Position, nämlich in den Vorgesprächen zum Balkanbund 1912 eingenommen hat, als es die Eingliederung des gesamten makedonischen Territoriums in das eigene Staatsgebiet erhoffte. Der makedonischen Minderheit in Bulgarien – jugoslawische Schätzungen gingen von ca. 200000 Makedonen aus – räumte auch die neue bulgarische Regierung bisher keinerlei Gruppenrechte ein, sie werden weiterhin als »Bulgaren« betrachtet.

Zu Albanien bestehen mittlerweile gute Kontakte. Beim Besuch Gligorovs in Tirana Ende Mai 1992 stellte die albanische Regierung sogar die Anerkennung Makedoniens in Aussicht, selbst auf die Gefahr hin, daß Griechenland als

---

[25] Suzanne Crow, Russia and the Macedonian Question. In: RFE/RL Research Report 1 (1992), Nr. 45, S. 36–38.

[26] Duncan M. Perry, Macedonia. A Balkan Problem and a European Dilemma. In: RFE/RL Research Report 1 (1992), Nr. 25, S. 35–45, hier S. 36.

Gegenmaßnahme eine Massenabschiebung albanischer Flüchtlinge einleiten sollte[27]. Außerdem erklärte sich die Partei der Albaner in Skopje bei der Regierungsumbildung im Juli 1992 bereit, das neue Kabinett zu unterstützen; an der seit September 1992 eingesetzten Regierung ist die albanische Partei ebenfalls beteiligt, was einen bedeutenden Schritt zur inneren Konsolidierung darstellt. Dies allein löst jedoch die weiteren Probleme des Landes nicht: Die hohe Arbeitslosigkeit wird noch dadurch verstärkt, daß keine Rohstofflieferungen aus dem Ausland mehr eintreffen und somit eine Anzahl von Betrieben schließen muß; das Ausbleiben durchreisender Touristen aus Nord- und Mitteleuropa kostet die Republik Millionen an Deviseneinnahmen, der Flüchtlingsstrom aus dem Kriegsgebiet Bosnien-Herzegowina – im Juli 1992 registrierte man 35 000 Menschen – belastet die Staatsfinanzen zusätzlich, weil bisher keinerlei westliche Hilfe eintraf. Die galoppierende Inflation kann nicht aufgehalten werden; Kredite werden von der Weltbank ohne die völkerrechtliche Anerkennung des Landes nicht vergeben. Mittlerweile nehmen Provokationen der serbischen Minderheit zu, die sich plötzlich wie in anderen ehemals jugoslawischen Republiken in ihren Rechten beschränkt sieht. Geschürt wird dies auch von der serbisch-orthodoxen Kirche, die sich die makedonische Orthodoxie wieder angliedern möchte, sowie von serbischen Nationalistenführern. Ob die bisher zur Beobachtung an der serbisch-makedonischen Grenze stationierten UNO-Soldaten tatsächlich ein serbisches Übergreifen auf Dauer verhindern können, ist fraglich.

Die weitere politische Entwicklung wird zeigen, ob die »makedonische Frage«, die jetzt wieder gestellt wird, endlich befriedigend gelöst werden kann. Makedonien, das kleine Land zwischen den »vier Feuern« Albanien, Serbien, Bulgarien und Griechenland, wird sicherlich auf

---

[27] Mazedoniens Präsident in Albanien. In: Süddeutsche Zeitung, 4. 6. 1992.

rechtzeitige und uneigennützige Unterstützung von außen angewiesen sein. Dabei sollten die europäischen Staaten, die bisher in ihrer »Jugoslawien-Politik« kläglich versagt haben, versuchen zu erkennen, daß die Sicherung des makedonischen Staates den alten Streit zwischen Serbien, Bulgarien und Griechenland wenigstens entschärfen wird, und daß somit der makedonische Nationalismus ein friedensstabilisierender Faktor auf dem Balkan sein kann – ein Zug, der dem Nationalismus sonst allgemein kaum zueigen ist.

Literaturhinweise

Adanır: Die Makedonische Frage, ihre Entstehung und Entwicklung bis 1908. Wiesbaden 1979.

Jašar-Nasteva, Olivera: Soziolinguistische Aspekte des Makedonischen und der anderen Sprachen in der Republik Makedonien. In: Die Welt der Slaven 37 (1992), S. 188–210.

de Jong, Jutta: Der nationale Kern des makedonischen Problems. Ansätze und Grundlagen einer makedonischen Nationalbewegung (1890–1903). Ein Beitrag zur komparativen Nationalismusforschung. Frankfurt a.M., Bern 1982.

Kondis, B.: The »Macedonian Question« as a Balkan Problem in the 1940s. In: Balkan Studies 28 (1987), Nr. 1, S. 151–160.

Peyfuss, Max Demeter: Die Aromunen in der VR Makedonien. Einige Angaben über ihre gegenwärtige Lage. In: Österreichische Osthefte 7 (1965), S. 114–117.

Troebst, Stefan: Mussolini, Makedonien und die Mächte 1922–1930: Die »Innere Makedonische Revolutionäre Organisation« in der Südosteuropapolitik des faschistischen Italien. Köln 1987.

Troebst, Stefan: Die bulgarisch-jugoslawische Kontroverse um Makedonien: 1967–1982. München 1983.

Troebst, Stefan: Makedonische Antworten auf die »Makedonische Frage« 1944–1992: Nationalismus, Republiksgründung, *nation-building*. In: Südosteuropa 41 (1992), S. 423–442.

Istrien und Dalmatien
von Michael Strupp

Gegenstand dieser Abhandlung ist der schmale Küstensaum am westlichen Rand des Territoriums der 1991 endgültig zerfallenen Sozialistischen Föderativen Republik Jugoslawien, also die in ungefährer Nordwest-Südost-Richtung entlang der Adria sich erstreckende Region vom Golf von Triest bis etwa zur Bucht von Kotor samt dem küstennahen Hinterland und den vorgelagerten Inseln. Der Anteil des früheren Jugoslawien an der Adriaküste bemißt sich vom italienisch-slowenischen Küstengrenzpunkt Lazzaretto – San Bartolomeo im äußersten Norden bis zur Adriamündung des montenegrinisch-albanischen Grenzflusses Bojana im tiefen Süden in der Luftlinie auf ungefähr 640 km. Die den Eigenheiten der örtlichen Topographie exakt folgende Küstenlinie einschließlich der vorgelagerten Inseln läßt sich jedoch auf mehr als 6000 km schätzen. Diese Diskrepanz macht deutlich, wie vielgestaltig zerlappt und oft bizarr zerfranst, wie unübersichtlich und kompliziert im Terrain der Verlauf dieser östlichen Gestade des Adriatischen Meeres ist. Dies konnte nicht ohne Einfluß auf die geostrategische Funktion und machtpolitische Disponierbarkeit des betreffenden Grenzsaums in der Geschichte wie in der unmittelbaren Gegenwart bleiben.

Hinzu kommt, daß die oft nur ein paar Kilometer landeinwärts in nordwestlich-südöstlicher Richtung im Gleichzug zur Meeresküste aneinandergereihten Gebirgsketten der Dinarischen Alpen eine früher nur schwer zu überwindende Sperrzone vom Fuße der österreichischen Alpen bis zur Morava-Vardar-Furche bilden. Es ist also ein natürlicher, fast hermetischer Riegel vorhanden, der meistens bis dicht an das Adriagestade heranreicht und den der moderne Verkehr zum Teil erst in den letzten Jahrzehnten völlig aufgebrochen hat (so wurde eine Eisenbahnlinie vom montenegrinischen Bar bis zur jugoslawischen Hauptstadt Belgrad erst 1976 fertiggestellt). Weniger schroff ist die tektonische Bruchstelle zwischen dem Küstenstreifen und dem erhöhten Hinterland nur im Inneren der Halbinsel Istrien. Dort fällt das verkarstete Bergland zwar nach Osten zu im sogenannten Tschitschenboden (Čičarija) steil ab, erfährt gen Westen zu aber eine flache Abdachung, so daß sich ein relativ breiter Küstensaum zur Adria hin ergibt. Sonstige Auflockerungen des strengen Trennschemas sind nur die mäßig hohe, sanft hügelige Ebene der Ravni Kotari bei Zadar und das Delta der Neretva. Letzterer gelingt im süddalmatischen Abschnitt gegenüber der Halbinsel Pelješac der Durchbruch zu den adriatischen Gewässern. Der Küste vorgelagert sind, die Strecke von der Quarner-Bucht im Norden entlang dem sogenannten kroatischen Litorale (Küstengebiet) und den Gestaden Nord- und Mitteldalmatiens bis etwa Dubrovnik im Süden begleitend, Schwärme von größeren und kleineren Inseln, die oft kettenartig dicht aufeinanderfolgen und in ihrem vielgestaltigen Gewirr den Küstenraum noch weiter zergliedern.

Die enge Verzahnung von Land und Meer, die Knappheit des verfügbaren schmalen Küstensaums, eingezwängt zwischen Meeresrand und abweisender Barriere der Gebirgszüge, hat der Mentalität und Lebensart, wie auch der soziokulturellen Orientierung der Bevölkerung ihren Stempel aufgedrückt. Die weltoffenen, frühzeitig romanisierten und dem »lateinischen« Christentum verhafteten Istrier und Dalmatiner tendierten immer schon zur maritimen Sphäre und zu den gegenüberliegenden Gestaden im Westen. Gleichzeitig war ihr Lebensraum dauernd Objekt von Ambitionen aus der Richtung der Gegenküste, aber auch von Begehrlichkeiten von jenseits der Markscheide des Gebirges. Von dort aus erfolgten immer wieder Angriffswellen der kontinentaleuropäischen und düsteren »orientalischen Despotien« (K. A. Wittfogel) bis zur adriatischen Uferlinie. In dieser prekären natürlichen Lage entwickelten die Bewohner Istriens und Dalmatiens eigenwilligen Freisinn und urbanen Bürgerstolz, aber auch Fortschrittsgeist und republikanisch geprägte Liberalität, vor allem jedoch einen starken Unabhängigkeitswillen bis hin zum Anarchismus (Seeräuberschlupfwinkel entlang der Küste).

Istrien

Istrier und Dalmatiner waren in der Vergangenheit in erster Linie Schachfiguren, teilweise aber auch schlau taktierende Profiteure (siehe Dubrovnik) einer überaus wechselvollen Geschichte. Die im 3. Jahrhundert v. Chr. in den adriatischen Raum ausgreifenden Römer trafen in Istrien auf eine illyrisch-keltische Mischbevölkerung; das von ihr bewohnte Land samt den in der Quarner-Bucht vorgelagerten Inseln geriet bis etwa 50 v. Chr. unter römische Botmäßigkeit. Nach dem Zerfall Westroms stand Istrien kurze Zeit unter der Herrschaft Odoakers und der Ostgoten, fiel 539 an Byzanz und wurde vom Exarchat Ravenna aus verwaltet, das sich an der adriatischen Küste häufiger slawischer und awarischer Einfälle zu erwehren hatte. Ab dem 7. Jahrhundert begannen sich Teile der slawischen Eindringlinge im Inneren der Halbinsel seßhaft niederzulassen. 789 kam Istrien zum Frankenreich, 952 wurde es dem Herzogtum Bayern angegliedert, 976 aber dem Herzogtum Kärnten einverleibt, 1040 schließlich in den Rang einer Markgrafschaft erhoben. Als solche unterstand es ab 1077 dem Patriarchen von Aquileja, dann mehreren deutschblütigen Adelsgeschlechtern (Eppensteiner, Sponheimer, Andechs-Meranien), 1209 bis 1420 erneut Aquileja. Die größeren Siedlungen Istriens, vor allem an der Küste, gerieten nun immer mehr in den machtpolitischen Sog der aufsteigenden Adriamacht Venedig. Andererseits konnte das österreichische Habsburg im Landesinneren sich 1374 der inzwischen von der Mark Istrien abgespaltenen Grafschaft Istrien bemächtigen, acht Jahre später an der Küste auch Triest an sich bringen. 1420 trat Venedig in Istrien endgültig das Erbe des inzwischen zusammengebrochenen Patriarchenstaates von Aquileja an, so daß Istrien von nun an bis zum Ende des 18. Jahrhunderts praktisch geteilt blieb: Habsburgs territoriale Macht ragte in Gestalt eines eigenartig geformten südlichen Anhängsels des Herzogtums Krain in das Innere Istriens hinein. Dieser habsburgische Zipfel, der interessanterweise bis 1866 auch den südlichsten Bereich des Territoriums des Deutschen Bundes abgrenzte, hatte das Städtchen Pazin (Mitterburg; it. Pisino) zum Mittelpunkt. Er reichte im Norden bis in die Gegend des Tschitschenbodens um die strategisch besonders wichtige Festung Buzet, die nicht nur zwischen Venedig und Österreich heiß umkämpft war, sondern auch (zwischen 1470 und 1511) von den Türken mehrmals vergeblich berannt wurde. An seinem östlichen Rand, der durch die Gestade der Quarner-Bucht markiert war, schloß dieser territoriale Vorposten Habsburgs den wegen seines milden Klimas schon früh aufstrebenden Küstenort Abbazia (Opatija) samt der Herrschaft Kastav ein.

Nach der Absetzung des letzten Dogen der Republik Venedig durch Napoleons Truppen fiel auch das bisher venezianische Istrien im Frieden von Campoformio 1797 an Österreich. Eine Episode blieb die napoleonische Herrschaft, während der Istrien als Teil der sogenannten »Illyrischen Provinzen«, neben Westkärnten, Osttirol und Teilen Kroatiens mit Dalmatien, verwaltet wurde (vom Frieden von Schönbrunn 1809 bis zur Abdankung Napoleons 1814). Seit 1816 gehörte Istrien zum habsburgischen Teilkönigreich Illyrien, das jedoch 1849 aufgelöst wurde und dem nunmehrigen Habsburger Kronland »Küstenland« (Primorje) Platz machte. Das einem Wiener Statthalter unterstellte »Küstenland« bestand aus den Landschaften Görz-Gradisca, Istrien und Triest, die über jeweils eigene

Landtage verfügten. Diese administrative Konstruktion überdauerte noch 70 Jahre bis zum Zusammenbruch der k. u. k. Monarchie 1918/1919.

Das Kroatische Litorale

Einen eigenständigen historischen Entwicklungsweg nahm das ab der Quarner-Bucht sich in südlicher Richtung erstreckende sogenannte »Kroatische Litorale«, also der rasch vom Meer zu den Karst-Höhen des Hinterlandes (im südlichen Bereich des Velebit-Gebirges) aufsteigende adriatische Küstenstreifen zwischen der früheren Herrschaft Kastav über Rijeka (früher it. Fiume; dt. Sankt Veit am Pflaum), Senj (frühere österreichische Bezeichnung Zengg), Karlobag bis zum Gebiet um Starigrad, wo die Grenze des ehemaligen österreichischen Kronlandes Dalmatien begann. Hinzuzurechnen sind die Inseln der Quarner-Bucht, also im wesentlichen Cres-Lošinj, Krk, Rab und Pag. Diese Eilande gerieten bald unter den Einfluß der Gegenküste (Venedig), der die slawisch durchsetzte Mischbevölkerung stark romanisierte, während sich an der begleitenden Küste überwiegend die Kroaten, insbesondere lokale Piratensippen und Adelsgeschlechter (Frankopanen oder Frangipani), aber auch vor den Türken aus dem Hinterland geflohene Volksgruppen wie die Uskoken und Morlaken (Maurowlachen) festsetzen konnten. Zunächst als Teil des byzantinischen Militärbezirks Dalmatien beansprucht, wurde dieser Küstenstreifen ab dem 7. Jahrhundert zum Einwanderungsgebiet der südslawischen Kroaten, die nach dem Aussterben ihrer Dynastie (1091) ihre Selbständigkeit gegen Venedig und Ungarn aber nicht mehr behaupten konnten: 1102 votierte der kroatische Adel für eine Personalunion des »Regnum tripartitum« (Kroatien, Slawonien, Dalmatien) mit Ungarn. Die Türken drangen zeitweise in Angriffswellen vom Osten vorstoßend bis zur Küste vor, wovon die trutzige

Uskokenburg Nehaj (»Fürchte nichts«) in Senj (Zengg) zeugt. Das Litorale entlang der Adria blieb indessen zwischen Ungarn und Venedig umstritten, wobei die Quarner-Inseln unangefochten venezianischer Botmäßigkeit unterstanden, zeitweilig mit Ausnahme der größten Insel Krk, wo die kroatischen Frankopanen vom Vinodol (Weintal) und von Senj aus Fuß faßten.

Mit der beginnenden Stagnation der Seemacht Venedigs wurde der kroatische Küstensaum angesichts der Türkengefahr immer fester in den Staatsverband zwischen Habsburg und dem nichtosmanischen Restungarn eingegliedert. Die Küstenlinie vom Vinodol gegenüber Krk im Norden über Senj und Karlobag bis Starigrad im Süden (Grenze zum venezianischen, dann österreichischen Dalmatien) wurde im Jahre 1578 Bestandteil der zur Abwehr der osmanischen Bedrohung errichteten kroatischen »Militärgrenze« (Vojna Krajina), ein im Nordosten bis zur Save reichender Verteidigungsgürtel. In diesem wurden (gemäß dem Organisations- und Verfassungsstatut von 1739) überwiegend kroatische, zu einem ungefähren Drittel aber auch ethnisch serbische Wehrbauern als »Grenzer« (*graničari*) mit Selbstverwaltung in »Militärgrenzlehen« angesiedelt, die später in bäuerliches Eigentum umgewandelt worden sind. 1851 wurde der hier interessierende westliche Abschnitt der »Militärgrenze« als Bestandteil des Kronlandes Kroatien-Slawonien direkt dem österreichischen Kriegsministerium unterstellt, bis nach dem kroatisch-ungarischen Ausgleich (1868) auf Druck der Ungarn im Jahre 1881 die Aufhebung dieses Sonderregimes und die Eingliederung der Zone in die transleithanische (d.h. ungarische) Reichshälfte erfolgte. Dieses historische Relikt sollte über hundert Jahre später zu einer der wesentlichen Triebfedern der jugoslawischen Tragödie werden (Abspaltung der Kniner Krajina).

Eine gewisse Sonderrolle im kroatischen Litorale, relevant im Hinblick auf die spezielle politisch-völkerrechtliche Entwicklung nach dem Ersten Weltkrieg (»Freistaat

Fiume«), spielte die Hafenstadt Rijeka (Fiume). Kern Rijekas ist die auf den Grundmauern des römischen Kastells Tarsatica errichtete slawische Festung Trsat, die mit dem umliegenden Siedlungsgebiet im 13. Jahrhundert an die Herren von Duino (nordwestlich von Triest) kam. Die Duineser verpachteten 1337 die Stadt an die Frankopanen (Frangipani), welche damals die Küste bis hinunter nach Senj beherrschten. Die Frankopanen wurden 1399 von den Herren von Walsee abgelöst, die wiederum 1466 Fiume an Kaiser Friedrich III. und damit an die Habsburger verkauften. Der günstig gelegene Hafen nahm einen raschen Aufschwung und wurde zur Konkurrenz für die Venezianer, die die aufsteigende Rivalin 1508 verwüsteten. 1530 wurde die weitgehende Selbstverwaltung der frühen Neuzeit durch ein Statut Ferdinands I. bestätigt. Im Jahre 1717 wurde der Freihafen eingerichtet, der die autonomistischen Regungen in Fiume noch verstärkte, woraufhin Maria Theresia 1779 Fiume per Diplom aus der »Handelsprovinz des Litorale« und damit aus der Entwicklung des übrigen kroatischen Küstenlandes herauslöste und zum *corpus separatum* (»abgetrenntes Gebilde«) der ungarischen Krone erklärte. 1809 wurde Fiume als eine der napoleonischen »Illyrischen Provinzen« konstituiert, kam nach dem Ende der Herrschaft Napoleons 1814 wieder zu Österreich und bildete 1816 einen Bestandteil des habsburgischen Teilkönigreiches Illyrien, bevor es 1849 dem Kronland Kroatien-Slawonien und 1868 erneut der ungarischen Reichshälfte zugeschlagen wurde.

Dalmatien

Unter »Dalmatien« soll hier die adriatische Küstenregion zwischen der Gegend um Starigrad, auf dem Festland gegenüber der Insel Pag, im Norden und dem Landstrich um die Bucht von Kotor im Süden verstanden werden, also ungefähr das Territorium des früheren österreichischen

Kronlandes Dalmatien. Der Name geht auf den illyrischen Stamm der Delmater zurück: Hier mischten sich in einem jahrtausendelangen Prozeß altbalkanisch-illyrische, griechisch-römische, byzantinische, slawische, venezianisch-italienische und germanisch-österreichische Einflüsse. Der Hang vieler Küstenbewohner zum Piratentum wurde bereits im 3. Jahrhundert v. Chr. von Rom aus durch Strafexpeditionen bekämpft. Weitere Erhebungen der Delmater beendete Octavian (der spätere Kaiser Augustus) mit der um 35 v. Chr. von Istrien aus nach Süden vorangetriebenen Unterwerfung. Nach der Niederschlagung des pannonisch-illyrischen Aufstandes wurde im Jahre 9 n. Chr. die römische Provinz Dalmatien mit dem Hauptort Salonae (heute Solin, ein Stadtteil von Split) errichtet. Die oberflächlich romanisierte und zum Christentum bekehrte Provinz kam bei der Reichsteilung 395 zum Westreich, 489 unter die Herrschaft Theoderichs, 535 schließlich zum Byzantinischen Reich. Die seit dem sechsten Jahrhundert einfallenden Slawen und Awaren eroberten schrittweise große Teile von Küste und Hinterland, während die zum Exarchat von Ravenna bzw. zum Verwaltungsbezirk Dalmatien gehörenden Städte Zadar, Trogir, Split, Dubrovnik und Kotor sich als byzantinische Brückenköpfe halten konnten. Im 10. und 11. Jahrhundert versuchten die kroatischen Könige, diese Städte in ihre Gewalt zu bringen. Als die kroatische Krone 1102 an die ungarischen Könige fiel, hatte auch die Seerepublik Venedig begonnen, sich hier festzusetzen. Die venezianischen »Pfeffersäcke« benötigten die gegenüberliegende Adriaküste in erster Linie als Sicherung des Zugangs zu ihren Besitzungen auf dem griechischen Festland und in der Ägäis, von wo aus der lukrative Handel mit der Levante betrieben wurde. Die von kolonialistischer Unterdrückung des Slawentums begleitete Herrschaft Venedigs brachte es mit sich, daß die Küstenstädte wieder mehr romanischen Charakter bekamen. Aus den Auseinandersetzungen, die mit den in den ländlichen Gebieten zwischen

Zadar und Split sich weiter behauptenden Ungarn, sporadisch aber auch mit den Bosniaken und Serben geführt wurden, ging Venedig als Sieger hervor: 1420 eroberte Venedig mit Ausnahme Ragusas (Dubrovniks) die gesamte dalmatinische Küstenregion einschließlich eines schmalen Saumes um die Bucht von Kotor (Cattaro). Im 16. Jahrhundert eroberten die Türken, die bis dicht vor Zadar vordrangen, Teile Dalmatiens, ab Mitte des 17. Jahrhunderts konnten die Venezianer dem Sultan diese Gebiete wieder abnehmen. Bis zum Triumph Napoleons im Frieden von Campoformio (1797), der die Lagunenstadt die Unabhängigkeit und damit auch ihr gesamtes Adriareich kostete, war Dalmatien mit Zadar als Hauptort Venedigs Besitztum. 1797 geriet der Markuslöwe unter das »Habsburger Joch«, somit fiel auch Dalmatien an Österreich, dies allerdings zunächst nur für ein knappes Jahrzehnt. Die französischen Intermezzi der Angliederung an das napoleonische Königreich Italien (1806–1809) bzw. der Einverleibung Dalmatiens in den Verband der »Illyrischen Provinzen« (1809–1813) waren jedoch gleichermaßen von kurzer Dauer. Unter die Herrschaft Habsburgs zurückgekehrt, wurde Dalmatien 1816 zu einem eigenen Teilkönigreich erhoben, 1861 hingegen als Kronland der westlichen cisleithanischen Reichshälfte zugeteilt. Obwohl die Dalmatiner 1848/1849 die Wiener Regierung gegen die Ungarn unterstützt hatten, kamen sie nach dem österreichisch-ungarischen Ausgleich (1867) aufgrund des unmittelbar darauf folgenden, staatsrechtlich umstrittenen kroatisch-ungarischen Ausgleichs (1868) an die östliche (transleithanische) Reichshälfte, d.h. in den Machtbereich der Stephanskrone.

Dubrovnik (Ragusa), die ehemalige »Perle der Adria« verdient angesichts ihrer historischen Sonderrolle innerhalb Dalmatiens eine eigene Betrachtung. Dubrovnik ging aus einem Fischerdorf hervor, in dem sich nach 600 n. Chr. illyrische Flüchtlinge aus dem von Slawen und Awaren zerstörten Epidaurus (heute Cavtat, ein zwischen Kroaten und Serben/Montenegrinern 1991/1992 besonders umkämpfter Badeort etwas südlich von Dubrovnik) angesiedelt hatten. Dieses Ragusium (später romanisiert Ragusa) stand bis 1205 unter byzantinischer Oberhoheit, entwickelte sich jedoch schon früh zu einer weitgehend selbstregierten Stadtrepublik und bis zum Spätmittelalter zur Metropole des Balkanhandels und zu einer der stärksten Seemächte der damaligen Zeit. 1205 bis 1358 war Ragusa allenfalls nominell von Venedig abhängig, das die interne Autonomie Ragusas unangetastet ließ. Ab 1358 bestand ein lockeres Vasallenverhältnis zu Kroatien-Ungarn, bis 1526 der Halbmond über Ragusa aufstieg. Jedoch bestätigte die Pforte die Autonomieprivilegien der Stadt, die im Schutze großzügiger, durch raffinierte Schaukelpolitik zwischen den Mächten Venedig, Ungarn und Osmanenreich abgesicherter Selbständigkeit sogar mit Indien und Amerika Handel trieb und angesichts des Aufblühens von Kunst und Literatur innerhalb ihrer Mauern als »südslawisches Athen« gepriesen wurde. Zugleich wurde Ragusa zum Zentrum der Gegenreformation, der Sultan erhob die Stadt zur Schutzmacht aller im Osmanischen Reich lebenden Katholiken. Aufgrund ihrer vorzüglichen defensiven Befestigung konnte Ragusa niemals mit militärischer Gewalt eingenommen werden. Die innere Stabilität wurde durch ausgeklügelt vorsichtige, fast demokratisch zu nennende Spielregeln des Umgangs mit der politischen Macht gesichert, so wurde beispielsweise das Amt des »Rektors«, des Pendants zum venezianischen Dogen, in allmonatlichem Turnus gewechselt. Die von den Stadtherren verfolgte Politik sozialer Daseinsvorsorge war durchaus vorbildlich und ein Fanal in einem Meer »orientalischer Despotien«: Schon 1303 gab es zwei Amtsärzte, 1317 wurde die erste Apotheke eingerichtet, eine der ältesten Europas, 1347 gründete man das erste Altersheim, 1416 wurde der Sklavenhandel verboten, 1432 ein Heim für Findelkinder geschaffen, 1435 eine Wasserleitung angelegt, die noch heute funktioniert. 1808 löste Napoleon I. den ragusanischen Senat auf und verleibte die Stadtrepublik den kurzlebigen »Illyrischen Provinzen« ein, nach Napoleons Fall ging Ragusa (Dubrovnik) im nunmehr österreichischen Dalmatien auf.

Der dalmatinische Autonomismus, Kroatien und Serbien

Das republikanisch-freisinnige Dubrovnik, aber auch einige andere Städte der Adriaküste wie Zadar, Šibenik und Split wurden allmählich zu Keimzellen einer modernen dalmatinischen Autonomiebewegung. In ihr waren aber nicht nur proitalienische, antihabsburgische, sondern auch antikroatische Stimmungen und Tendenzen vertreten. Bereits Ende des 18. Jahrhunderts hatte Kreljanović sein Buch ›Dalmazia autonoma‹ veröffentlicht: Er verlieh darin der Ansicht vieler seiner slawischen Landsleute im Bereich der südlichen Adria Ausdruck, wonach Dalmatien als eigenständige Einheit gegenüber dem restlichen Kroatien angesehen werden müsse. Die Autonomisten des 19. Jahrhunderts fanden ihre Anhängerschaft vornehmlich in Kreisen der wohlhabenderen Kaufleute und Gewerbetreibenden des urbanen Milieus sowie der Grundbesitzer. Sie betonten den mediterranen, eher romanisch-italienischen Charakter der Dalmatiner und ihrer Kultur und Lebensart. Die zunächst nur den Akzent kultureller Eigenart setzende Autonomiebewegung politisierte sich rasch: So wandte sich der Dalmatiner Tommaseo 1861 in seiner Schrift ›Ai Dalmati‹ vehement gegen eine von den sogenannten »Illyristen« favorisierte Vereinigung Dalmatiens mit dem übrigen Kroatien. Einige radikale Autonomisten sahen die direkte Unterstellung Dalmatiens unter die Wiener Zentrale in der Rechtsform eines Habsburger Kronlandes sogar als kleineres Übel gegenüber dem Schicksal Restkroatiens, welches in der ungarisch dominierten südöstlichen Reichshälfte der Stephanskrone zu huldigen hatte.

Objektiv nutzte der dalmatinische Autonomismus zweifellos der großitalienischen Irredenta-Bewegung, die dem Verlust der Adriabesitzungen Venedigs nachtrauerte und ihn zu revidieren suchte. Auf gewisses Wohlwollen stießen die partikularistischen Tendenzen unter den adriatischen Küstenbewohnern freilich auch bei den Vorkämpfern einer serbisch dominierten südslawischen Vereinigung und großserbischen Expansion. Die selbstbewußten Regungen dalmatinischer Eigenständigkeit innerhalb des kroatischen Lagers kamen natürlich der serbischen Taktik des »divide et impera« entgegen. Nicht von ungefähr vertrat der serbische Premierminister und spätere Regierungschef des vereinigten SHS-Staates, Nikola Pašić, in einem Telegramm von 1914 die These: »Dalmatien wünscht die Annexion durch Serbien, das ist sein Ideal und sein Interesse...«

Was den religiösen Aspekt betrifft, so hatte die serbisch-orthodoxe Kirche sich immer zutiefst verdrossen gezeigt über den Verlust der kirchlichen Jurisdiktion von Byzanz über Dalmatien an den römischen Papst im 10. Jahrhundert. Revisionistische Träume der Orthodoxie im Hinblick auf Dalmatien setzten sich auch nach dem Ersten Weltkrieg fort. So bezog sich ein 1927 erschienener Katechismus der serbischen Orthodoxie auf Dalmatien als den »serbischen Westen« mit den »serbischen Bistümern« Ston, Dubrovnik und Kotor. 1969, also erst vor gut zwanzig Jahren, veröffentlichte der Serbe Potkozarac in Smederevo ein Buch mit dem Titel ›Srbi u prošlosti‹ (Die Serben in der Vergangenheit), worin er den Beweis dafür zu erbringen sucht, daß die Bewohner Dalmatiens, Bosniens und anderer (nichtserbischer) jugoslawischer Regionen ethnisch reine Serben seien und die »Grenzen Serbiens von Djevdjelija [Gevgelija, an der mazedonisch-griechischen Grenze] bis Split reichen«.

Mögen auch regionale Sonderentwicklungen und Eigentümlichkeiten die Dalmatiner weiterhin von den übrigen Kroaten unterscheiden, so kann man doch heute von einem deutlichen Partikularismus oder gar Separatismus des dalmatinischen Teils des kroatischen Nationalstaates kaum sprechen. Das historisch fundierte Selbstbewußtsein des Dalmatiners besonders in den früher florierenden Küstenstädten Dubrovnik, Zadar, Šibenik, Trogir, Split entspricht wohl eher, wie es Pedro Ramet ausdrückt, dem harmlosen Stolz des Texaners auf sein »Texanersein«.

Der italienische Irredentismus, der SHS-Staat und der »Freistaat Fiume«

Der italienische »Irredentismus« in bezug auf Trient, Triest und die von Venedig verlorene istrisch-dalmatinische Gegenküste der Adria war schon vor dem Risorgimento latent vorhanden, vor allem in Venetien. Der Begriff »terre irredente« (unerlöste Gebiete) selbst kam jedoch erst nach der Einigung Italiens 1861/1866 auf. Diese Bewegung, von Republikanern, Radikalen und kulturpolitischen Clubs getragen, stand anfangs in scharfem Gegensatz zur offiziellen, zum Dreibund mit Deutschland und der österreichisch-ungarischen Monarchie hin orientierten Regierungspolitik. Sie bewirkte jedoch Spannungen zwischen Rom und Wien, da sie die italienische öffentliche Meinung im Sinne eines immer extremeren Nationalismus und territorialen Revisionismus beeinflussen konnte. Innig verzahnt mit der Irredenta-Problematik war die sogenannte »Adriatische Frage«: Sie kaschierte die mehr oder weniger geheime Sehnsucht einflußreicher italienischer Kreise bis in die Reihen der römischen Ministerkabinette vor dem Ersten Weltkrieg nach dem »mare nostro«, in nostalgischer Erinnerung an die unumschränkte Vorherrschaft der Venezianer im gesamten adriatischen Raum einschließlich der südslawischen, albanischen und griechischen Gegenküsten. Nach dem Scheitern des ersten Abessinien-Abenteuers 1896 wurde die Adria-Frage Teil des italienischen Gesamtkonzepts wirtschaftlicher und politischer Expansion im Mittelmeerraum. Unglücklicherweise standen dem jedoch die balkanisch-adriatischen Interessen der k. u. k. Monarchie und – nicht zuletzt – die Ambitionen der von der osmanischen Herrschaft befreiten autochthonen Balkanstaaten entgegen, insbesondere der immer selbstbewußter auftrumpfenden Serben bezüglich eines ungehinderten Zugangs zu einer »freien Adria«.

Nachdem der Erste Weltkrieg begonnen hatte, ging das bis dahin neutrale Italien im (zunächst geheimen) Londoner Vertrag 1915 auf einen Tauschhandel mit der Entente ein: Diese Absprache stellte Italien den Zugewinn großer Territorien (vor allem in Afrika) in Aussicht, darunter außer Triest, Görz-Gradisca, Istrien mit Pola (Pula) ausgedehnte Gebiete der Adria-Gegenküste einschließlich Dalmatiens und Teilen Albaniens, und zwar im Gegenzug zur Kündigung des Dreibundes durch Rom und zum italienischen Kriegseintritt gegen Deutschland/Österreich-Ungarn. Diese Pläne stießen natürlich auf den heftigen Widerstand der mit der Entente verbündeten Serben, die sich keinesfalls um die Gebiete entlang der Küste prellen lassen wollten, nachdem sie schon in den beiden Balkankriegen 1912/1913 – aufgrund italienischen und vor allem österreichischen Widerstandes vergeblich – den Zugang zur Adria erstrebt hatten. Die in den Pariser Vorortverträgen 1919 verankerten territorialen Verschiebungen als Ergebnis des Ersten Weltkrieges mußten die extremen Nationalisten Italiens als »verratenen Sieg« empfinden: In Abweichung von den Londoner Kriegszielversprechungen des Jahres 1915 erhielt Italien im Friedensvertrag von Saint-Germain-en-Laye außer Südtirol bis zum Brenner zwar das Kanaltal um Tarvis (Tarvisio), die Julische Mark mit Görz (Gradisca) und dem Isonzo-Tal, Triest und ganz Istrien, hingegen nicht Fiume (Rijeka) und das kroatische Litorale und vor allem nicht Dalmatien. Das frühere Kronland Dalmatien kam vielmehr an den neuen südslawischen SHS-Staat, der allerdings nach energischen Protesten im

Nachkriegsitalien in einem weiteren Territorialvertrag von Rapallo (1920) zugunsten Roms auf den früheren venezianischen Brückenkopf Zadar (Zara) und auf die strategisch wichtige, ziemlich weit in die offene Adria vorgeschobene kleine Insel Lastovo (Lagosta) verzichten mußte. Von den umstrittenen Inseln der Quarner-Bucht, die zusammen mit Istrien und Görz das österreichische Kronland »Küstenland« gebildet hatten, konnte sich der SHS-Staat in Rapallo Krk und einige kleinere Eilande sichern. Außerdem wurde die beiderseitige Grenzlinie ziemlich weit östlich im Ostkrain festgelegt, wobei das wegen seiner Quecksilbervorkommen wichtige Idria (Idrija) sowie Adelsberg (Postojna) der italienischen Seite zugeschlagen wurden.

Als buchstäblicher Pfahl im Fleische Italiens wurde von der unter den Einfluß der Mussolini-Faschisten geratenen Irredenta-Bewegung die Fiume/Rijeka-Problematik empfunden. Diese fand aufgrund des Vertrages von Rapallo mit der Proklamation des »Freistaates Fiume« (ein Kompromiß zwischen den Maximalforderungen Roms und Belgrads) einen nur vorläufigen Abschluß. Wohl kaum ein Ereignis nach dem Ende des Ersten Weltkrieges löste bei den sich als betrogene Sieger fühlenden italienischen Ultras eine derartige Frustration aus wie der (zeitweilige) Verzicht auf diese hochtrabend als »città italianissima« bezeichnete Hafenstadt an der Quarner-Bucht. Dabei wurde von italienischer Seite wohlweislich verdrängt, daß Rijeka (Fiume) sogar in der romfreundlichen Geheimabsprache von London 1915 den Südslawen zugesprochen worden war. Auf der anderen Seite hatte auch der neugegründete Staat der Serben, Kroaten und Slowenen gewaltige Abstriche von seinen Maximalforderungen hinnehmen müssen, die die südslawische – praktisch von dem Serben Pašić dominierte – Delegation bei Verhandlungsbeginn Januar 1919 in Paris präsentiert hatte: Ost- und Nordalbanien mit Skutari (Shkodër), die Adriaküste von Fiume bis Spizza samt allen Inseln, Istrien mit Pula, die Julische Mark mit

Triest bis zum Isonzo, Südkärnten, Banat etc. hatten als unverzichtbar für das neue südslawische Königreich gegolten.

Die am grünen Tisch in Rapallo entworfene prekäre Existenz des künstlichen Gebildes »Freistaat Fiume« währte denn auch nicht allzu lange angesichts der Verhärtung der Fronten sowohl auf italienischer als auch auf südslawischer Seite. In einem Klima nationalistisch aufgepeitschter Gefühle hatten in Italien die Annexionisten immer mehr Oberwasser bekommen. Schon vor dem Vertrag von Rapallo hatte der Mussolini-Freund Gabriele d'Annunzio, literarischer Protagonist der exaltiert-pathetischen, zugleich dekadent-morbiden »fin-de-siècle«-Stimmung in Italien, in der Nacht vom 11. auf den 12. September 1919 an der Spitze von etwa 1000 »Legionären« einen bewaffneten Handstreich gegen Fiume durchgeführt und die Hafenstadt eingenommen, ohne auf Widerstand zu stoßen. D'Annunzio konnte auch noch die Quarner-Inseln Cres, Krk und Lošinj besetzen und im September 1920 eine »Italienische Quarner-Regentschaft« proklamieren, doch mußte er einige Monate später nach dem Vertragsschluß von Rapallo (November 1920) mit seinen Getreuen Fiume wieder verlassen. In Rapallo wurde der Freistaat Fiume in den Grenzen des ehemaligen »Corpus separatum« der Habsburgerzeit aus der Taufe gehoben, doch machte die »fünfte Kolonne« der italienischen Annexionisten in Fiume sofort deutlich, daß die Vereinigung mit Rom das »einzige Ziel« bleiben sollte. Die örtlichen Autonomisten gewannen zwar überraschend die Wahlen zur Fiumer Konstituante. Der endgültige Untergang des fragilen Gebildes, das seit dem Rapallo-Vertrag auch noch durch einen zur Infiltration einladenden Küstenkorridor mit dem italienischen Istrien verbunden war, ließ sich allerdings nur ungefähr ein Jahr aufhalten. Im März 1922 beschossen Faschisten aus Triest und Fiume selbst mit einem Kanonenboot den Gouverneurspalast. Nach einem kurzen Interregnum italienischer Annexionisten wurde

Fiume im Vertrag von Rom (1924) endgültig an Italien übergeben, der östliche Stadtteil Sušak fiel an den SHS-Staat.

Die Entwicklung der Binnengrenzen Jugoslawiens im adriatischen Küstenraum bis zum Ende des Zweiten Weltkrieges

Aufschlußreich ist die Entwicklung der Binnengrenzen des SHS-Königreiches, das 1929 auch offiziell in »Jugoslawien« umbenannt wurde, bis zum Ausbruch des Zweiten Weltkrieges bzw. dessen Ende 1945. Die Verwaltungsgliederung des SHS-Königreiches war zunächst weitgehend an die Grenzen der Teilgebiete angeglichen, aus welchen der Staat 1919 entstanden war. Als eine der sieben *pokrajine* (Provinzen) wurde Kroatien-Slawonien konstituiert, und zwar in den geschichtlichen Grenzen (also im Osten einschließlich des Srem bzw. Syrmiens bis Zemun/Semlin dicht vor Belgrad), wobei im Einklang mit dem Rapallo-Vertrag von 1920 ein kleiner Sprengel der früheren Herrschaft Kastav bis nordwestlich von Fiume/Rijeka (1924 an Italien) vorstieß und auch die große Quarner-Insel Krk einbezogen war. Die eigenständige *pokrajina* Dalmatien deckte sich im Norden bei Starigrad mit der Nordgrenze des früheren Habsburger Kronlandes gleichen Namens, allerdings ohne die nunmehr italienische Exklave Zara (Zadar) mit Umland und ohne das weit in die offene Adria vorgeschobene Eiland Lagosta (Lastovo), ebenfalls von nun an ein strategischer Vorposten Italiens. Die (seit dem Frieden von Passarowitz/Požarevac 1718) traditionellen Verbindungskorridore Bosnien-Herzegowinas – nunmehr ebenfalls eine *pokrajina* – zur Adria blieben erhalten, nämlich einerseits der heute wieder sehr aktuelle Korridor um den Küstenort Neum und um die nadelförmige Mini-Halbinsel Klek davor, am östlichen Rand des Deltas der Neretva gelegen, und andererseits der (später verschwundene) zweite Korridor der sogenannten Sutorina (nach dem gleichnamigen Flüßchen) bis kurz vor Hercegnovi einschließlich der winzigen Halbinsel Prevlaka am südwestlichen Eingang der Bucht von Kotor. Der noch zum vormaligen Kronland Dalmatien gehörende Küstensaum rund um die Bucht von Kotor einschließlich der malerischen Orte Risan, Perast, Tivat und des früheren k. u. k. Kriegshafens Kotor selbst verblieb bei der dalmatinischen *pokrajina*, desgleichen der südöstlich sich anschließende schmale Küstenstreifen der heutigen montenegrinischen Riviera bis zum kurz vor Bar/Antivari in die Adria mündenden Flüßchen Željeznica, welches bis Ende des Ersten Weltkrieges die Grenzlinie zwischen Österreich-Ungarn und Crnagora (Montenegro) markiert hatte.

Schon ab 1924 wurde in schrittweiser Ausführung der Bestimmungen der großserbisch orientierten »Veitstag-Verfassung« vom Juni 1921 eine Verwaltungsreform in Gang gesetzt, die im Rahmen einer radikal zentralistischen Neuregelung nach französischem Departement-Muster die bisherigen *pokrajine* (Provinzen) durch 33 der Zentralregierung in Belgrad unmittelbar unterstellte *oblasti* (Regionen) ersetzte. Unterschwelliges Motiv dieser administrativen »Rationalisierung« war die von serbischen Extremisten schon lange geforderte Zerschlagung der historischen Länderstrukturen, an die sich die Autonomiebestrebungen der nichtserbischen Staatsvölker, insbesondere der Kroaten, knüpften, und die Aufteilung der Siedlungsräume der nationalen Minderheiten auf serbische Kern- und Mehrheitsgebiete. Zwar wurden diesmal bei der Neubildung der *oblasti* – mit bezeichnenden Ausnahmen in Montenegro und in der Wojwodina – die Grenzen der früheren Bezirke (*okrugi* bzw. *županje* in Kroatien) noch nicht verwischt, die unitaristisch-proserbische Absicht des Manövers trat jedoch in der Aufteilung z.B. Sloweniens in zwei, Kroatien-Slawoniens in vier, Dalmatiens in zwei *oblasti* zu Tage (die innerdalmatinische Verwaltungsgrenze lag zwischen Omiš und Makarska, damit war

Dalmatien faktisch sogar viergeteilt; der süddalmatinische Küstenstreifen ab Hercegnovi mit der Kotor-Bucht bis zur Željeznica kurz vor Bar kam jetzt an die *oblast* Zeta, d.i. Montenegro).

Der nächste administrative Schlag der großserbischen Königsdiktatur Aleksandars I. folgte 1929/1931. Statt der zweifellos unübersichtlichen bisherigen 33 *oblasti* wurden neun sogenannte Banschaften (*banovine*) gebildet, die – unter gröbster Mißachtung historisch gewachsener Zusammenhänge und ethnischer Proportionen zugeschnitten – allesamt der Zentralregierung in Belgrad unmittelbar unterstellt waren. Die Oktroyierung geschichtsloser technisch-bürokratischer Verwaltungseinheiten sollte alle föderalistischen Bestrebungen und autonomistischen Kräfte, vornehmlich die der Dalmatiner und übrigen Kroaten, in die Schranken weisen. Die neun Banschaften zuzüglich der Präfektur Groß-Belgrad waren territorial so raffiniert konstruiert, daß sich in sieben von zehn Einheiten eine ethnisch serbische Bevölkerungsmehrheit ergab. An die Stelle der kroatisch-dalmatinischen *oblasti* traten die Sawe-Banschaft und die Banschaft Küstenland mit dem Verwaltungszentrum Split, wobei letztere um große Teile der Herzegowina mit Mostar und Gebieten entlang der Neretva und des oberen Vrbas erweitert wurde. Die südliche Grenze der Küsten-Banschaft lag interessanterweise in der Gegend des Korridors von Neum. Die im Süden anschließende Zeta-Banschaft war ein um den ausgedehnten süddalmatinischen Küstenstreifen ab der Halbinsel Pelješac über Dubrovnik hinaus bis zum Eingang der Kotor-Bucht, sowie zusätzlich um Teile der östlichen Herzegowina, des Sandžak Novi Pazar und der Kosovo-Metohija grotesk vergrößertes Montenegro.

Die im kroatisch-serbischen Ausgleich (*sporazum*) der letzten Augustwoche 1939, wenige Tage vor Ausbruch des Zweiten Weltkrieges, den Kroaten gemachten oberflächlichen Zugeständnisse bedeuteten in territorialer Hinsicht, daß die nunmehr vorgesehene »Autonome Banschaft

Kroatien« aus den bisherigen Banschaften Sawe und Küstenland bestehen sollte, vermehrt um einige Landstriche in der Vojvodina, entlang der unteren Sawe, zwischen Vrbas und Bosna und um den traditionell dalmatinischen Küstensaum von Neum über Dubrovnik bis zur Halbinsel Prevlaka vor Hercegnovi bzw. der Bucht von Kotor. Die auf dem Papier zugestandene weitgehende innere Selbstverwaltung wurde indes dadurch relativiert, daß die neue autonome Banschaft keineswegs alle Kroaten in ihren Grenzen vereinigte und andererseits serbisches Siedlungsgebiet mitumschloß. Das *sporazum* blieb aufgrund des Kriegsausbruchs Makulatur.

Nachdem Hitler am 27. März 1941 (Tag des Belgrader Staatsstreichs gegen die achsenfreundliche Regentschaft und Regierung Cvetković), beschlossen hatte, »Jugoslawien militärisch und als Staatsgebilde zu zerschlagen«, was auch prompt in die Tat umgesetzt wurde, stand die Aufteilung Jugoslawiens unter die Achsenmächte und ihre Verbündeten bzw. Lakaienstaaten auf der Tagesordnung. Dabei prallten vor allem Ansprüche des neugebildeten Ustaša-Regimes in Zagreb (sogenannter »Unabhängiger Staat Kroatien« der Ustaša-Faschisten unter Ante Pavelić) und die ungewöhnlich üppigen Territorialforderungen Mussolinis aufeinander. Italien verleibte sich östlich der bisherigen Idria-Adelsberg-Grenzlinie die Unterkrain mit Ljubljana ein und sicherte sich einen Korridor zum nördlichen Abschnitt des kroatischen Litorale bis Bakar/Kraljevica gegenüber der Quarner-Insel Krk, außerdem Krk (Veglia) selbst und die Nachbarinsel Rab. Der übrige Teil des kroatischen Litorale einschließlich der Insel Pag wurde Kroatien überlassen. Der Brückenkopf Zara (Zadar) wurde zugunsten Italiens landeinwärts wesentlich erweitert um Gebietsteile der Landschaft Bukovica bis Knin in der kroatischen (überwiegend serbisch bewohnten) Krajina, in südlicher Richtung um die Krka-Mündung einschließlich Šibenik sowie, mit Teilen der landesinneren Zagora, den anschließenden Küstensaum nach Süden über

Primošten, Trogir bis Split. Östlich von Split erst begann der kroatische Abschnitt Dalmatiens mit Einschluß der Inseln Brač und Hvar sowie der Halbinsel Pelješac, jedoch ohne die strategisch bedeutsamen Inseln Vis, Korčula und Mljet, auf denen sich Mussolinis Kriegsmarine festsetzte. Der (in Wirklichkeit nur nominelle) Machtbereich des Ustaša-Staates bezog zwar Dubrovnik noch ein, endete dann aber abrupt an der Küstenlinie in der Gegend von Cavtat; das ins Landesinnere hinein beträchtlich vergrößerte Einzugsgebiet der Bucht von Kotor wurde wiederum Italien zugeschlagen. Die Administration der Ustaša-Behörden im süddalmatinischen Abschnitt stand mehr oder weniger nur auf dem Papier: Pavelić-Kroatien wurde noch durch eine deutsch-italienische Demarkationslinie in zwei Besatzungsgebiete geteilt, wobei die etwa südlich einer Linie Zagreb-Banjaluka-Sarajevo festgelegte italienische Zone noch einmal in zwei Militärbezirke aufgesplittert war, von denen wiederum der an der Adriaküste gelegene praktisch aus der kroatischen Verwaltung ausschied. Besagte deutsch-italienische Demarkationslinie hätte bei günstigem Ausgang des Hitler-Mussolini-Abenteuers künftig wohl ganz allgemein das italienische Interessengebiet auf dem Balkan nach Norden und Osten hin begrenzen sollen. Die weitreichenden Träume des Duce in bezug auf eine unumschränkte Herrschaft des faschistischen Roms im Adriaraum rund um das »mare nostro« waren jedoch bald ausgeträumt. Nach dem Sturz Mussolinis und der Kapitulation Italiens erklärte Pavelić die italienisch-kroatischen Verträge von 1941 für null und nichtig und gliederte ganz Dalmatien samt Inseln – zumindest auf dem Papier – noch in sein immer mehr von den Partisanen Titos und Draža Mihajlovićs bedrohtes Territorium ein.

Die Neuordnung der innerjugoslawischen Grenzen nach dem Sieg Titos

Nach dem Zusammenbruch des Ustaša-Regimes und seiner Schirmherren Hitlerdeutschland und Mussolini-Italien übernahmen die Partisanen Titos die Macht und riefen die Volksrepublik aus. Während des Partisanenkrieges hatte man auf seiten der Tito-Kommunisten natürlich andere Sorgen gehabt, als intensiv über mögliche Nachkriegsgrenzen innerhalb eines kommenden föderativen Jugoslawien nachzudenken. Was territoriale Vorstellungen betrifft, so hatte es in der frühen Phase der Aufstandsbewegung fast skurrile Phänomene gegeben: Nach der Beseitigung der ohne Rückfrage bei Stalin errichteten titoistischen »Volksrepublik Užice« 1941/1942 durch deutsche Truppen retirierte der Hauptteil der Partisanenverbände in die unwegsameren gebirgigen Teile Montenegros. Dort wurde in der Gegend des Bergmassivs Durmitor ein neuer kommunistischer Staat ausgerufen, der originellerweise am 8. Februar 1942, wieder ohne jede Weisung Moskaus, ja gegen die politischen Absichten Stalins, den Anschluß an das (damalige) ideologische Vaterland als »Bundesrepublik der UdSSR« verkündete. Auch in der Endphase der Befreiung Jugoslawiens wurde der grenzpolitischen Ausgestaltung des vorgesehenen institutionalisierten Föderalismus nur nachrangiger Stellenwert beigemessen, dies wohl auch deswegen, weil man (etwas voreilig) schon geistig die kommende große »Balkan-Föderation« zu antizipieren begann: In diesem ersehnten übernationalen Konglomerat sollten so kleinliche Sorgen wie die administrative-territoriale Unterteilung der Binnenräume im Zeichen des »proletarischen Internationalismus« keine große Rolle spielen. Dies mag erklären, warum Milovan Djilas in seinen Memoiren (Teilband ›Jahre der Macht‹) nur ganz kurz im Zusammenhang mit den Umtrieben des später als Stalins »Maulwurf« im Belgrader Politbüro entlarvten »kroatischen Nationalisten« Andrije Hebrang auf die Frage der föderalen Binnengrenzen der jugoslawischen Teilrepubliken bzw. deren Festlegung im internen Dunstkreis der Macht zu sprechen kommt. Hebrang habe schon zu einer Zeit, »als der Krieg kaum zu Ende war«, damit begonnen, sich für eine Grenze Kroatiens zu Serbien stark zu machen, wie sie Österreich-Ungarn bis 1918 gehabt hatte, also »bis Zemun, entlang der Save bis zur Einmündung in die Donau«. Als diese »großkroatischen« Positionen Hebrangs bekannt wurden, seien die Vojvodiner, besonders die Serben aus dem Srem (Syrmien), alarmiert und verstimmt gewesen. Auf Titos Vorschlag hin habe das Politbüro in Abwesenheit Hebrangs eine »Grenzkommission« ernannt, die formelle Bestätigung durch das Parlament erfuhr und zu deren Chef Djilas bestellt wurde. Die Kommission habe aus »Serben, Kroaten und anderen« bestanden und sich bei ihrer Arbeit an das »ethnische Prinzip« gehalten, um das Minderheitenproblem in Serbien bzw. Kroatien so gering wie möglich zu halten und »das nationale Gefüge möglichst wenig zu stören«. Umstritten seien lediglich die Ortschaft Ilok (zwischen der Donau und der Fruška Gora im äußersten östlichen Zipfel Slawoniens) und die Bunjevci gewesen, eine bedeutende kroatische Volksgruppe. Über andere mögliche Grenzprobleme Binnenjugoslawiens schweigt sich Djilas aus.

In der Tat erschien die Neuordnung der Binnengrenzen zwischen den sechs jugoslawischen Teilrepubliken auf den ersten Blick als nicht übermäßig problematisch, von der administrativen Abgrenzung der »Autonomen Provinz Vojvodina« (mit mehreren Minderheiten, vor allem Ungarn) sowie des »Autonomen Gebietes Kosovo-Metohija« (mit weit überwiegendem albanischen Bevölkerungsanteil) innerhalb der Volksrepublik Serbien vielleicht abgesehen. Die föderale Grenzziehung zwischen den neugegründeten Volksrepubliken Slowenien und Kroatien im Norden Istriens ab einem Punkt etwas südöstlich von Postojna (Adelsberg), wo die alte italienisch-jugoslawische Staatsgrenze von Rapallo 1920 und Rom 1924 verlaufen war, in westlicher Richtung bis zur adriatischen Küste mußte aufgeschoben werden, weil sie in entscheidendem Maße von der endgültigen Lösung des Triest-Problems, also eines Außengrenzen-Komplexes, abhing (dazu eingehender unten). Ansonsten war allgemeiner Konsens, sich – bis auf ein paar insgesamt geringfügige Abweichungen – pauschal an die Grenzen der historischen Landesteile anzulehnen, aus denen der SHS-Staat 1919 hervorgegangen war. Von diesen Ausnahmen sind hier nur kurz diejenigen zu erwähnen, die für den adriatischen Küstenbereich relevant sind. Die historischen Länder Dalmatien (ohne die Bucht von Kotor und Umland) und Kroatien-Slawonien (ohne Syrmien bzw. Srem, ursprünglich bis Zemun/Semlin) wurden zur Volksrepublik Kroatien zusammengeschlossen. Entsprechend dem Friedensvertrag mit Italien 1947 erhielt Kroatien außerdem den Hauptteil Istriens, unbeschadet der noch offenen Triest-Frage zunächst nur bis zum Flüßchen Mirna und dem Adriahafen Novigrad (Cittanova), wo die triestinische Besatzungszone B südlich abgegrenzt war. Außerdem kamen natürlich Rijeka (Fiume), die bislang italienischen Quarner-Inseln Cres und Lošinj (Krk sowieso), ferner praktisch die gesamte adriatische Küstenlinie einschließlich des Litorale und der früheren italienischen Inselvorposten Lastovo (Lagosta) und Palagruža (Pelagosa) an Kroatien. Im Süden blieb der Neum-Korridor zugunsten eines »historischen Ausgangs zur Adria« für die nunmehr gebildete Volksrepublik Bosnien-Herzegowina erhalten, während der andere bosnisch-herzegowinische Mini-Korridor zur Adria, der sogenannte Sutorina-Zipfel bis zur Halbinsel Prevlaka am westlichen Eingang der Bucht von Kotor jetzt endgültig beseitigt wurde. Hinfort findet sich der südlichste Punkt Bosnien-Herzegowinas am Fuße des Berges Štedar bei Sitnica. Von diesem Dreiländereck Bosnien-Herzegowina/Kroatien/Montenegro verläuft die kroatisch-montenegrinische Grenzlinie in leichter Nordwest-Südost-Richtung an Sitnica vorbei über die Ilijina Kita, umgeht den Ort Prijevor, begleitet vom Hügel Studeno aus ein Stück das Flüßchen Sutorina und erreicht vom Hügel Kohila aus einen Punkt ungefähr vier Kilometer vor dem Oštri Rt, dem Kap der Halbinsel Prevlaka am südwestlichen Eingang der Bucht von Kotor. Die Halbinsel Prevlaka selbst verblieb somit unter kroatischer Gebietshoheit, während der übrige Hauptteil der Bucht von Kotor an den Kurorten Njivice und Igalo vorbei über Hercegnovi, Zelenika, Bijela usw. nunmehr an Montenegro fiel.

Die Triest-Frage

Ungleich gewichtiger als die innerjugoslawischen Binnengrenzen der Teilrepubliken war in den außenpolitischen Vorstellungen der Tito-Kommunisten der Komplex einer endgültigen, für das Südslawentum »gerechten« Festlegung der völkerrechtlichen Außengrenzen insbesondere gegenüber Italien. Auch gegenüber Österreich, dem durch die Hypothek des Anschlusses an Hitlerdeutschland belasteten Nachbarn, hatte Tito bereits im Juni 1945 aufgetrumpft: »Kärnten ist ein Teil unseres Territoriums...« In unserem Zusammenhang relevant ist die sogenannte Triest-Frage, die, durch den »Kalten Krieg« zugespitzt, noch im Herbst 1953 Rom und Belgrad an den Rand eines »Heißen Krieges« bringen sollte.

Die den italienischen Frontenwechsel von 1915 honorierende Grenzziehung nach dem Ersten Weltkrieg hatte in Istrien und nördlich davon etwa 400 000 Slowenen und Kroaten im Herrschaftsbereich Italiens belassen, wobei das italienische Element nur in Triest, in einigen Städten des julischen und istrischen Hinterlandes sowie entlang der Adriaküste ethnisch beachtlich verankert war. In Artikel 21 des Friedensvertrages mit Italien vom 10. Februar 1947 wurde als Kompromiß zwischen den Maximalpositionen Titos und des italienischen Premierministers Alcide De Gasperi, die Triest jeweils für sich beanspruchten, das sogenannte »Freie Territorium Triest« geschaffen. Dieses umschloß die Stadt Triest mit ihrer unmittelbaren Umgebung sowie ein etwa halbkreisförmiges Segment rund um die nördliche Adriabucht, beginnend am Flüßchen Timavo bei Duino im Nordwesten über Muggia, Koper (Capodistria), Piran (Pirano), Umag (Umago) und im Tal der Mirna (Quieto) bei Novigrad (Cittanova) im Süden endend, wobei landeinwärts das Gebiet mit Buje (Buie) als lokalem Zentrum einbezogen war. Die vorläufige Regelung der Triest-Frage 1947 kam den Forderungen der (noch heute als Autonomiebewegung aktiven) Triestiner »Indipendentisten« nur teilweise entgegen, die damals das Heil zwischen den Fronten Italiens und Jugoslawiens in einem dauerhaft eigenständigen, territorial grotesk vergrößerten Völkerrechtssubjekt »Freistaat Triest« suchten. Andererseits stellte diese Kompromißregelung zunächst sowohl die radikalen italienischen Irredentisten, die erneut ganz Istrien verlangten, als auch die Slowenen einigermaßen ruhig, deren Wortführer Edvard Kardelj (später Titos Stellvertreter) schon 1942 Triest als »autonomes Territorium« innerhalb eines neu zu bildenden slowenischen Staates sehen wollte (zeitweise wurde in Belgrad bzw. Ljubljana sogar erwogen, Triest als siebte Teilrepublik dem föderativen Jugoslawien anzuschließen). Dieser künstliche modus vivendi im Fall Triest krankte seit Beginn an mehreren Geburtsfehlern, die mit Fortschreiten des Kalten Krieges immer deutlicher wurden. Zum einen war das Freie Territorium Triest durch die sogenannte Morgan-Linie in die Besatzungszonen »A« und »B« geteilt, wobei die (kleinere) Zone A mit der Stadt Triest weiterhin amerikanisch-britischer, die (größere) Zone B südlich von Muggia/Lazzaretto hingegen jugoslawischer Militärverwaltung unterstand. Die andere Crux bestand darin, daß laut Annex VI zum Friedensvertrag mit Italien ein vom UNO-Sicherheitsrat zu benennender Gouverneur in Triest die Regierungsgeschäfte leiten sollte, über dessen Bestallung und Person sich der Sicherheitsrat aber im Schatten des immer schärfer werdenden Ost-West-Gegensatzes nicht einigen konnte. Unterdessen band Jugoslawien die von ihm verwaltete Besatzungszone B mit administrativen Maßnahmen immer stärker an sich. Andererseits schloß die amerikanisch-britische Militärverwaltung der Zone A mit Rom mehrere Abkommen, in deren Folge die Abhängigkeit dieser Zone vor allem von der italienischen Wirtschaft zementiert wurde. Als die Italiener wegen des Stillstands in der Frage der endgültigen territorialen Bereinigung des Triest-Problems 1952/1953 intern damit drohten, das Projekt einer »Europäischen Verteidigungsgemeinschaft« (EVG) platzen zu lassen, signalisierten die Westmächte ihre Bereitschaft, Rom zumindest die Zone A zu überlassen. Tito bekam davon offenbar rechtzeitig Wind und lancierte Ende August 1953 eine Depesche der jugoslawischen Nachrichtenagentur, aus der sich herauslesen ließ, daß Belgrad seinerseits die formelle Annexion der Zone B proklamieren werde. Der italienische Premier Giuseppe Pella beorderte daraufhin drei Divisionen an die Grenze zu Slowenien, Tito antwortete mit Manövern in Grenznähe zu Triest: Flugs befanden sich beide Kontrahenten am Rand eines »heißen« Krieges. Der gefährliche Konflikt konnte erst ein gutes Jahr später entschärft werden, indem zwischen den Regierungen Großbritanniens, Italiens, der USA und Jugoslawiens am 5. Oktober 1954 in London ein sogenanntes »memorandum of understanding« unterzeichnet wurde. Dieses bestimmte die Beendigung der britisch-amerikanischen Militärverwaltung in der Zone A und den Abzug ihrer Streitkräfte aus dieser Zone sowie das Ende der jugoslawischen Militäradministration in der Zone B. Zone A im Norden wurde der italienischen, Zone B im Süden der jugoslawischen Zivilverwaltung unterstellt. Somit erhielt die bisherige Morgan-Linie zwischen den beiden Besatzungszonen mit geringfügigen kosmetischen Änderungen die Qualität einer Staatsgrenze, zumindest de facto. Denn wie fragil dieses Londoner Memorandum von 1954 hinsichtlich seiner künftigen völkerrechtlichen Bestandskraft de iure war, wird daran ersichtlich, daß eine Völkerrechtswissenschaftlerin noch 1962 davon ausging, daß durch die Londoner Abmachung acht Jahre zuvor (nur) eine Aufteilung des Gebietes erfolgt sei, »obwohl rechtlich das Freie Territorium von Triest noch weiterbesteht«. Aus juristischer Sicht mußte verwundern, daß das Memorandum nicht unterzeichnet, sondern lediglich paraphiert worden ist, und daß zwar beiderseitige Ratifizierung erfolgte, die Ratifikationsurkunden aber nicht wie üblich ausgetauscht wurden. Die Abmachung wurde auch nicht entsprechend Artikel 102 der UN-Charta zur Registrierung beim UN-Generalsekretär hinterlegt. Es blieb also auch nach 1954 in der Triest-Frage bei einem irritierenden Schwebezustand, man spürte, daß das letzte Wort zur Schließung der Akte Triest noch nicht gesprochen war.

Erst im November 1975 wurde durch den italienisch-jugoslawischen Vertrag von Osimo (bei Ancona) die endgültige Beilegung des Triest-Disputes – völkerrechtlich gesehen – vollzogen. Das umfangreiche Vertragswerk von Osimo ist 1977 in Kraft getreten und sanktionierte u.a. den Gebietstransfer hinsichtlich der beiden Zonen A und B, richtete eine »freie Industriezone« entlang der Grenze ein und erhob den fast vorbildlichen Volksgruppen- bzw. Minderheitenschutz des Londoner Memorandums zum jeweils innerstaatlich verbindlichen Minderheitenrecht für die (ca. 53 000) Slowenen in der früheren Zone A und für die (nach Vertreibung bzw. Abwanderung nur noch ca. 10 000) Italiener in der ehemaligen Zone B. Außerdem ermöglichte der Vertrag von Osimo ausdrücklich die freiwillige Umsiedlung von Angehörigen der jeweiligen Volksgruppe von A nach B und umgekehrt. Obwohl das Vertragswerk von Osimo einen bemerkenswert gut austarierten modus vivendi zwischen beiden Seiten darstellt, gerade auch was die Minderheitenregelung angeht, waren viele Triestiner damit absolut nicht einverstanden. Eine nach Osimo neu gegründete autonomistische »Liste für

Triest« wurde bei den Kommunalwahlen 1978 auf Anhieb stärkste regionale Partei und besetzte anschließend lange Jahre wichtige Posten in der Triestiner Lokalregierung.

Minderheiten- und Grenzfragen im istrisch-dalmatinischen Bereich nach dem Zerfall Jugoslawiens

Alarmierend ist, daß sich vor dem Hintergrund der aktuellen Unabhängigkeitsprozesse, in welchen sich Slowenien und Kroatien befinden, in Italien die Stimmen zu mehren beginnen, die unverhüllt oder kaschiert eine Revision der bisherigen italienisch-jugoslawischen Staatsgrenzen ins Spiel bringen. Solche revisionistischen Töne aus der italienischen Ecke finden in Autonomistenkreisen der Halbinsel Istrien – auch wegen der wirtschaftlichen Attraktivität Italiens – einen gewissen Widerhall. Die Lage für die rund um Triest, entlang der istrischen Adriaküste und an einigen Plätzen Inneristriens (z.B. in der Gegend von Buje) stark verstreute italienische Minderheit ist insofern komplizierter geworden, als die nach der vorläufigen Regelung der Triest-Frage im Londoner Memorandum von 1954 gezogene föderale Republikgrenze zwischen Slowenien und Kroatien, quer durch die obere nördliche Hälfte der Halbinsel Istrien, nunmehr aufgrund der anerkannten Regeln der Staatensukzession die volle völkerrechtliche Qualität einer internationalen Staatsgrenze erlangt hat.

Nach dem Londoner Memorandum war die slowenische Föderalgrenze zu Kroatien im istrischen Bereich von einem Punkt bei Zrenj (Schnittpunkt mit dem östlichen Verlauf der Grenze der früheren Zone B) in westlicher Richtung zum Meer hin so gezogen worden, daß Slowenien, das sich damals mit Titos Stellvertreter und Chefideologen Kardelj in der Partei- und Regierungsspitze Gesamtjugoslawiens großen Einflusses erfreute, den entwickelteren Nordteil der Zone B an der Dragonja (Dragogna) entlang bis zu ihrer Mündung in die Adria am Südrand der Bucht von Piran bekam. Auf diese Weise waren die bedeutenden Adriahäfen Koper (Capodistria), Izola (Isola d'Istria) und Piran (Pirano) in slowenischen Besitz gelangt. Was die italienische Volksgruppe betrifft, so befinden sich nunmehr etwa 3000 Italiener auf der slowenischen Seite der Grenze. Für die kroatische Seite der Grenze wird eine Zahl von »über 20000 Italienischsprachigen« angegeben, was aber unbeschadet von Staatsangehörigkeitsfragen auch die Reste des italienischen Volkstums entlang der gesamten Adriaküste bis hinunter nach Dalmatien umfassen dürfte (bei der gesamtjugoslawischen Volkszählung von 1981 hatten sich nur 15132 Personen als Italiener bezeichnet). Aufgrund der Tatsache, daß sich die Bewohner auf beiden Seiten der slowenisch-kroatischen föderalen Republikgrenze plötzlich als Angehörige zweier völkerrechtlich voneinander getrennter unabhängiger Staaten sehen, ist also auch in Istrien gewisse Unruhe in die – bisher durch den gesamtjugoslawischen staatsrechtlichen Verbund relativierte – Minderheitenproblematik gekommen. So kann es kein Zufall sein, daß die Rückhalt vor allem im italienischen Volkstum findende »Istrische Demokratische Versammlung« (IDS), die die administrativ-politische Autonomie der Halbinsel an der Adria auf ihre Fahnen geschrieben hat, bei den ersten kroatischen Parlaments- und Präsidentenwahlen nach der Unabhängigkeit Anfang August 1992 immerhin drei Sitze im Sabor (Parlament) in Zagreb erringen konnte.

Die Minderheitenfrage hat für Slowenien und Kroatien einerseits, Italien andererseits mittlerweile auch irritierende internationale Implikationen. Der Minderheitenschutz ist nämlich gemäß kroatischer Verfassungs- und Gesetzeslage auch nach dem (von dem Innsbrucker Völkerrechtler Waldemar Hummer als »unzulänglich« und »viel zu spät« eingestuften) einschlägigen Zagreber sogenannten »Verfassungsgesetz« vom 4. Dezember 1991, das primär auf die serbische Minderheit, nicht auf die italienische abzielt, weniger weitgehend als das entsprechende slowenische Pendant (für sprachliche und nationale Minderheiten, in erster Linie Italiener und Ungarn). Im Zusammenhang mit den Verhandlungen um die Anerkennung Sloweniens und Kroatiens durch die EG bzw. deren Mitgliedsstaaten war Rom bemüht gewesen, ein Junktim der völkerrechtlichen Anerkennung mit der Gewährung eines Sonderstatus für die italienischen Minoritäten in Slowenien und Kroatien durchzudrücken. Die Regierung in Rom bezweckte, die Folgen der neu durch Istrien gezogenen internationalen Grenze für »ihre« Minderheit zu mildern und den geringeren Schutz für die kroatischen Italiener auf den höheren Standard zu heben, dessen sich die slowenischen Italiener in Angelegenheiten des Minoritätenschutzes erfreuen (vor allem aufgrund der neuen slowenischen Verfassung vom 23. Dezember 1991 und Ausführungsgesetzen). Das von Italien initiierte »Memorandum über den Schutz der Minderheiten« enthielt allerdings nur Verpflichtungen Sloweniens und Kroatiens gegenüber den italienischen Minderheiten in Istrien, Rijeka, Zadar etc., nicht jedoch analoge Garantien für die Lage der slowenischen Minorität in Triest, Görz und anderen Teilen von Friaul-Julisch Venetien, mit zusammen etwa 100000 Menschen slowenischer Volkszugehörigkeit. Da die Vertreter der Slowenen Italiens die sogenannte völkerrechtliche »Reziprozität«, also für ihre Volksgruppe die gleichen Rechte forderten, wie sie den ehemals jugoslawischen Italienern laut Memorandum eingeräumt wurden, weigerte sich der damalige slowenische Premier Lojze Peterle zunächst, zur Unterzeichnung nach Rom zu kommen (Januar 1992), sicherte aber inzwischen die faktische Einhaltung der Übereinkunft zu.

Inzwischen ist mit Beunruhigung zu registrieren, daß unmittelbar nach dem Aufstieg Sloweniens und Kroatiens zu anerkannten Mitgliedern der internationalen Staatengemeinschaft allerlei Querelen und Mißhelligkeiten die Atmosphäre des neuen zwischenstaatlichen Verhältnisses, hier Ljubljana, dort Zagreb, verdüstern. Im Augenblick des Abschlusses dieser Untersuchung ist zwischen den beiden Nachbarrepubliken zwar ein formeller Grenzvertrag angeblich in Vorbereitung, wegen innenpolitischer Probleme auf beiden Seiten jedoch offenbar noch nicht unterschriftsreif. Eine endgültige Regelung des völkerrechtliche Qualität erlangenden Grenzverlaufs zwischen dem Golf von Piran und dem slowenisch-kroatisch-ungarischen Dreiländereck im Zwischenmurgebiet steht also momentan noch aus. Nicht gerade hoffnungsvoll stimmt indessen eine Äußerung des zu verbalem Radikalismus neigenden kroatischen Präsidenten Tudjman vom Sommer 1992, wonach sich die Slowenen nach dem Zweiten Weltkrieg »24 Millionen Quadratmeter kroatischer Erde« angeeignet hätten. Am gravierendsten erscheint jedoch der Streit um die beiderseitigen Seegrenzen im Golf von Triest, der bereits zur Aufbringung von slowenischen Fischerbooten durch die kroatische Küstenwacht geführt hat. Sloweniens geographischer Anteil an den Gewässern der nördlichen Adria gemäß neuer UNO-Seerechtskonvention ist zwischen den »Tortenstücken« Italiens und Kroatiens derart ungünstig geschnitten und quasi eingezwängt, daß slowenische Schiffe zwangsläufig durch die küstennahen Zonen eines der beiden Nachbarstaaten fahren müssen, um überhaupt die Hohe See erreichen zu können. Ein Ausgleich zwischen den drei Anliegerstaaten, besonders aber zwischen Slowenien und Kroatien, müßte sich in seerechtlichen Belangen in erster Linie an den Bestimmungen der Seerechtskonvention über maritime Abgrenzungen zwischen »Staaten mit aneinander angrenzenden Küsten«, über die sogenannte »friedliche Durchfahrt« und über den garantierten Zugang zur Hohen See im Falle eines »halbumschlossenen Meeres« (dies trifft für die

Istrien und Norddalmatien (oben)
Süddalmatien (unten)

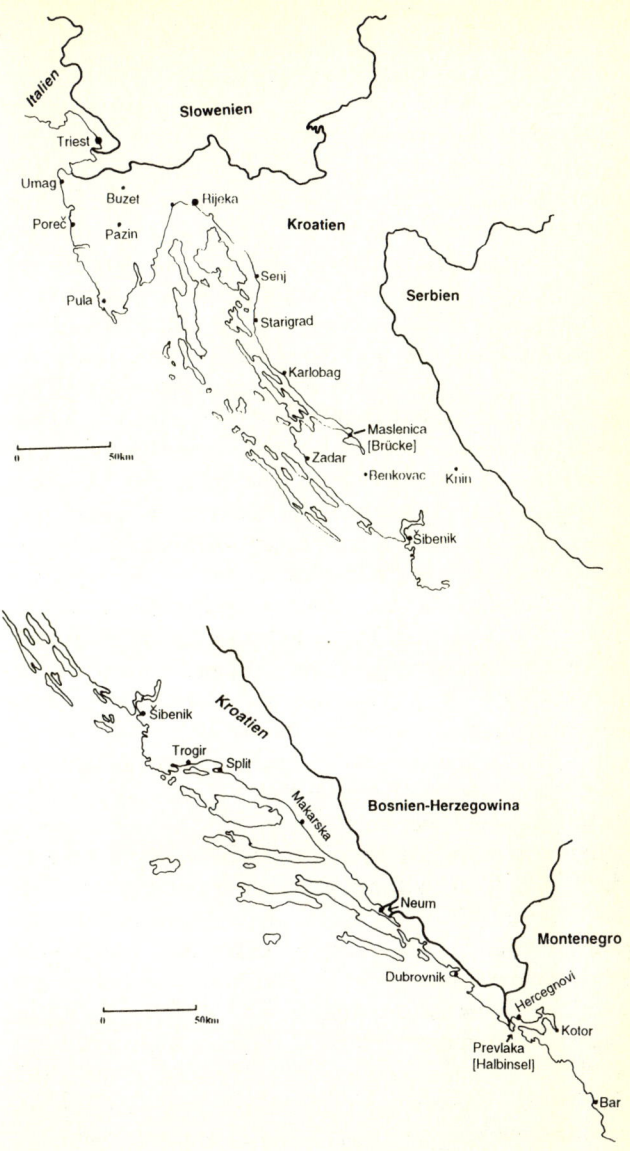

nördliche Adria zu) orientieren. Außerdem muß der zwischen Italien einerseits und dem untergegangenen Jugoslawien andererseits bereits 1968 abgegrenzte Festlandsockel der Adria nun auch seitwärts zwischen Slowenien und Kroatien abgegrenzt werden.

Was Kroatien betrifft, so kann hier nur kurz auf solche Aspekte eingegangen werden, die die adriatische Küstenzone unmittelbar betreffen. Daß die Serben – sowohl die in der Kniner Krajina wie auch diejenigen in Bosnien-Herzegowina – den »historischen Zugang zur Adria« über kroatisch-dalmatinisches Gebiet anstreben, ist nach wie vor anzunehmen. Sprängen die nicht mehr hundertprozentig der Sache Belgrads verpflichteten Montenegriner vom Trittbrett des großserbischen Schnellzuges ab, ginge auch Restjugoslawien und damit Kern-Serbien seines Adria-Zuganges (Kotor und die gesamte montenegrinische Adriaküste bis zur Bojana-Grenze mit Albanien) verlustig. In ihrem geschichtsnotorischen, mit einem religiösen »antirömischen« Akzent (gegen die Dominanz der katholischen Kirche entlang der Adriaküste) versehenen Drang zur Adria bieten sich den großserbischen Extremisten auf kroatisch-dalmatinischem Territorium mehrere strategisch günstige Angriffspunkte, die sich hervorragend zur Zerstückelung des schmalen adrianahen Territorialsaums der Kroaten eignen (u.a. der Bereich der von *četnici* zeitweise gesprengten Maslenica-Brücke).

Mit Blick auf die Landkarte ist für die dalmatinischen Kroaten in bezug auf die territoriale Zerstückelungsgefahr der Umstand brisant, daß ethnisch serbisches, christlich-orthodoxes Volkstum traditionell im Nordabschnitt Dalmatiens unmittelbar östlich von Zadar, in der Gegend des sogenannten Karin-Meers westlich von Obrovac sowie in den Ravni Kotari (»ebenen Bezirken«) der Region Benkovac-Vrana-Stankovci jeweils in mehr als fünfzigprozentiger Konzentration bis unmittelbar zu den dortigen Gestaden der Adria beheimatet ist. Nicht von ungefähr also beansprucht die Autonome Serbenrepublik der Knin-

Krajina auch diese Gebiete mit einer Landverbindung zum Meer als ihr Territorium. Zum anderen fordert Bosniens Serbenführer Radovan Karadžić im Bereich des Korridors von Neum »die Hälfte der 24 km langen bosnischen Adriaküste« (offenbar bezieht er bei dieser Streckenberechnung auch die kleine Halbinsel Klek mit ein), obwohl der Küstenort Neum zu 87 Prozent von ethnischen Kroaten bewohnt ist. Andere großserbische Extremisten fordern sogar bis zu vier territoriale Korridore zwischen dem serbischen »Kernland« und der dalmatinischen Adriaküste.

Am 22. Januar 1993 rückten kroatische Verbände gegen serbische Stellungen im Hinterland von Zadar vor mit dem Ziel, das Terrain um die strategisch und logistisch zur Versorgung Mittel- und Süddalmatiens unentbehrliche, von den Serben allerdings gesprengte Maslenica-Brücke zurückzuerobern. Kurz darauf entbrannten auch in unmittelbarer Nähe des Peruca-Staudamms Kämpfe, vor dem Krieg zusammen mit dem gleichnamigen Stausee wichtigster Energielieferant für die dalmatinischen Küstengebiete. Scharmützel gab es auch im Bereich des Flughafens von Zadar (Zemunik). Inzwischen weihten die Kroaten Mitte Juli 1993 an der Stelle der gesprengten Maslenica-Brücke eine provisorische Ponton-Behelfsbrücke ein, die jedoch schon zwei Wochen später nach serbischem Beschuß teilweise wieder im Meer versank. Die militärischen Vorstöße der Kroaten ab Mitte Januar hatten offenbar auch dazu gedient, das patriotische Image der Regierungspartei HDZ im Vorfeld der innerkroatischen Regional- und Kommunalwahlen aufzupolieren.

Diese Wahlen waren durch die administrativ-territoriale Neuordnung vom Vorjahr notwendig geworden, wobei u. a. der serbischen Minderheit keine eigene zusammenhängende Region, sondern nur zwei halbautonome Bezirke zugestanden worden waren. Eindeutig im Sinne einer »divide-et-impera«-Politik der Zagreber Zentrale, hier gegen die anschwellende istrische Autonomiebewegung gerichtet, muß auch die Aufteilung der Halbinsel Istrien gesehen werden, in deren Gefolge der traditionelle istrische Hauptort Pula seine Vorrangstellung an das kleinere, im Landesinneren gelegene Pazin (dt. Mitterburg; ital. Pisino) abtreten mußte. Bei den Wahlen vom 7. Februar machte der weiter erstarkte »Istrische Demokratische Landtag« (IDS) als führende Autonomiepartei den Unitaristen der HDZ jedoch einen dicken Strich durch die Rechnung, indem er fast zwei Drittel der Stimmen einheimste. Die Zagreber Medien schrieben diesen Erdrutschsieg auch einer mysteriösen »italienischen Mafia« zu, die sich an den istrischen Adriaküsten breitgemacht habe. In Anbetracht der nur noch etwas über 20 000 Köpfe zählenden italienischen Minorität dürfte aber wohl auch eine erkleckliche Anzahl unzufriedener Istrianer slawischen Geblüts zu dem Desaster der Regierungspartei beigetragen habe. Präsident Tudjman äußerte dazu, es gebe eben dort »extreme Elemente, die den Regionalismus predigen und meinen, Istrien müsse als slowenisch-italienisches Zwittergebilde einen eigenen Staat bilden«. Eine deutsche Pressestimme andererseits: »Die italienischen Renten, die ein großer Teil der älteren Istrianer bezieht, tun ihre Wirkung.« Mittlerweile bekräftigte die – slawisch dominierte – politische Führung Istriens ihre Widerborstigkeit gegenüber Zagreb, indem sie ankündigte, mehrere neuerlassene Gesetze der Zentrale im lokalen Kontext nicht umsetzen zu wollen. Währenddessen formiert sich im Bereich der Istrien benachbarten italienischen Adriaküste verstärkter Widerstand gegen den italienisch-jugoslawischen Vertrag von Osimo aus dem Jahre 1975. Anfang Februar schwenkten MSI-Neofaschisten in Triest die italienische Trikolore sowie Transparente mit der Parole »Istrien, Fiume, Dalmatien: Wir kommen wieder«. Eine neugegründete monarchistische Allianz forderte wenig später in Turin offen die Revision des Osimo-Vertrages und stellte insbesondere die Zugehörigkeit des istrischen Küstenstreifens zwischen Triest und Poreč zu den jugoslawischen Nachfolgestaaten Slowenien bzw. Kroatien in Frage.

Im kroatisch-slowenischen Verhältnis war es zunächst im Januar 1993 zu verstärkten Spannungen gekommen, nachdem (laut Ljubljana) kroatische Torpedoboote mehrmals in slowenische Territorialgewässer der Bucht von Piran eingedrungen waren. Der exakte Grenzverlauf, besonders im maritimen Bereich der 47 km langen slowenischen Adriaküste, blieb weiter offen. Hinsichtlich der 546 km langen terrestrischen Grenze einigte man sich immerhin Mitte März unter Bereinigung einiger lokal bedeutsamer Probleme auf eine genaue Demarkation: Ljubljana wolle 18 500 (!) neue Grenzsteine aufstellen, da die alten Steine großenteils noch die jetzt verpönte Aufschrift »SFRJ« (Socijalistička Federativna Republika Jugoslavija) trügen. Die Abgrenzung innerhalb der Bucht von Piran solle in Expertengesprächen »gemäß dem Völkerrecht« (UNO-Seerechtskonvention?) gelöst werden.

Brisanter noch dürften für die absehbare Zukunft die territorialen Probleme bleiben, mit denen sich Kroatien im Bereich seiner schmalen mittel- und süddalmatinischen Küstenstreifen angesichts der Intransigenz der Krajina-Serben und des weiter wütenden Krieges in und um Bosnien-Herzegowina konfrontiert sieht. Der kroatische Präsident Tudjman soll zwar bei dem (kaum mehr angezweifelten) Treffen in Karadjordjevo Ende März 1991 seinem serbischen Widerpart Milošević unter der Bedingung eines Verbleibens der Krajina bei Kroatien die Aufteilung Bosniens und der Herzegowina zwischen »Groß-Serbien« und »Groß-Kroatien« auf Kosten der Muslime zugestanden haben. Ob die Kniner Krajina-Serben dies hinnehmen werden, erscheint mehr als zweifelhaft. Anfang August 1993 steht in Verbindung mit der geplanten Zerstückelung Bosnien-Herzegowinas die Frage der territorialen Korridore zur Adria zugunsten der nichtkroatischen Nachfolgerepubliken dieses »Phantom-Staates« im Vordergrund. Muslimenführer Izetbegović plädiert inzwischen für eine

»kroatisch-muslimische« Republik innerhalb der jetzt vorgesehenen »Union von Bosnien und Herzegowina« mit einem »vereinigten Gebiet von der Adria bis zur Save«. Die Muslime befürchten natürlich, von einem territorialen Zugang zur Adira abgeschnitten zu bleiben, nachdem ihnen Tudjman höchstenfalls einen kleinen Freihafen im dalmatinischen Ploce konzediert hatte. Andererseits hält es der bosnische Serbenführer Karadžić für »unnatürlich«, daß die bosnischen Serben im Rahmen der künftigen Union auf einen Zugang zur Adria verzichten sollen. Vielmehr sollten die Kroaten per »Gebietsaustausch« das Hinterland von Dubrovnik (südlich Trebinje) erhalten, die Serben würden das Gebiet um die Halbinsel Prevlaka bekommen – einen neuralgischen Punkt also, von welchem aus die strategisch wichtige montenegrinische Bucht von Kotor kontrolliert werden kann. Hier schimmert die Angst der bosnischen Serben, aber auch der Belgrader Zentrale durch, Montenegro als Teilrepublik Restjugoslawiens könne seine bislang behutsamen, vor allem fiskalisch (Tourismus-Einbußen aufgrund der UNO-Sanktionen) motivierten Absetzbewegungen noch verstärken und letztlich aus der großserbischen Betonfront ausscheren. Tudjman seinerseits hat sich hierzu auf die sibyllinische Formel zurückgezogen, »im Rahmen einer allgemeinen Lösung können wir darüber sprechen«. Die große Gefahr einer territorialen Zerstückelung und Einschnürung seiner dalmatinischen Küstengebiete (geostrategische Ansatzpunkte im Norden Maslenica, im Süden der bislang bosnische Neum-Korridor sowie weitere Engstellen bei Slano, Dubrovnik, Cavtat und im früheren Sutorina-Zipfel) ist dadurch freilich nicht gebannt.

Literaturhinweise

Banac, Ivo: The National Question in Yugoslavia. Origins, History, Politics. Ithaca, NY 1984.
Bebler, Anton: Das Schicksal des kommunistischen Föderalismus: Sowjetunion, Tschechoslowakei und Jugoslawien im Vergleich. In: Europa-Archiv 13 (1992), S. 375–386.
Beckmann-Petey, Monika: Der jugoslawische Föderalismus. München 1990.
Corbanese, Guerrino G.: Il Friuli, Trieste e l'Istria. Grande atlante storico-cronologico comparato. Bd. 1–2, Udine 1983 u. 1987.
Djilas, Milovan: Jahre der Macht. Kräftespiel hinter dem Eisernen Vorhang. Memoiren 1945–1966. München 1983.
Djordjević, Dimitrije (Hg.): The Creation of Yugoslavia. 1914–1918. Santa Barbara, Calif. 1980.
Grothusen, Klaus-Detlev (Hg.): Jugoslawien. Integrationsprobleme in Geschichte und Gegenwart. Göttingen 1984.
Haberl, Othmar N.: Parteiorganisation und nationale Frage in Jugoslawien. Wiesbaden 1976.
Hondius, Frits: The Yugoslav Community of Nations. Den Haag 1968.
Hummer, Waldemar u. Peter Hilpold: Die Jugoslawien-Krise als ethnischer Konflikt. In: Europa-Archiv 4 (1992), S. 87–96.
Karger, Adolf: Die serbischen Siedlungsräume in Kroatien. In: Osteuropa 42 (1992), H. 2, S. 141–146.
Križan, Mojmir: Nationalismen in Jugoslawien. Von postkommunistischer nationaler Emanzipation zum Krieg. In: Osteuropa 42 (1992), H. 2, S. 121–140.
MacFarlane, Bruce: Yugoslavia. Politics, Economics and Society. London 1988.
Nationalitätenkonflikt und Volksgruppenrecht im ausgehenden zwanzigsten Jahrhundert. Bd. 1–2, 2. Aufl., München 1984.
Pavlowitch, Stevan: The Improbable Survivor. Yugoslavia and Its Problems, 1918–1988. Columbus, Oh. 1988.
Probleme des Föderalismus. Referate auf dem Symposium »Föderalismus in der SFR Jugoslawien und in der Bundesrepublik Deutschland – ein Vergleich«. Tübingen 1985.
Ramet, Pedro: Nationalism and Federalism in Yugoslavia, 1963–1983. Bloomington, Ind. 1984.
I rapporti di vicinato tra Italia e Jugoslavia. Mailand 1984.
Scheuba-Lischka, Helene: Art. ›Triest‹. In: Wörterbuch des Völkerrechts. Begr. K. Strupp, Hg. H. Schlochauer u.a., 2. Aufl., Berlin 1962, Bd. 3, S. 459–460.
Smets, Franz: Rijeka – Triest. Die Verlagerung eines italienisch-jugoslawischen Konfliktes. Diss. München 1979.

Valdevit, Giampaolo: La questione di Trieste 1941–1954. Politica internazionale e contesto locale. 2. Aufl., Mailand 1987.

Živojinović, Dragan R.: America, Italy and the Birth of Yugoslavia (1917–1919). Boulder, Col. 1972.

Vojvodina
von Horst Glassl

Bei der Vojvodina (= Herzogtum; ungar. Vajdaság) handelt es sich um eine Belgrad unmittelbar vorgelagerte Provinz in Serbien. Sie umfaßt, mit 21 500 qkm, den südlichen Teil der pannonischen (ungarischen) Tiefebene, wird im Westen und Südosten von der Donau begrenzt und reicht im Süden über die Donau und über die Berggegend Fruška Gora (»Frankenwald«) hinaus bis zur Save. Nach Norden und Osten, gegenüber Ungarn und Rumänien, fehlen natürliche Grenzen. Als Gebietseinheit existiert sie erst seit 1945; ein Verwaltungsgebiet ähnlichen Namens (»Serbische Wojwodschaft und Temescher Banat«) und mit einer anderen Ausdehnung gab es allerdings bereits in den Jahren 1849 bis 1860.

Hauptstadt ist Novi Sad (Neusatz; ung. Újvidék). Wichtigste Orte sind Sombor (ung. Zombor), Zrenjanin (früher Groß-Betschkerek; serbokroat. Veliki Bečkerek; ung. Nagy Becskerek, 1945 nach einem kommunistischen Partisanen in Zrenjanin umbenannt), Pančevo (Pantschowa; ung. Pancsova), Vršac (Werschetz; ung. Versec), Bela Crkva (Weißkirchen; ung. Féhertemplom) und Subotica (ung. Szabadka; bis 1867 Maria Theresiopel). Wegen ihrer geschichtlichen Bedeutung verdienen Sremski Karlovci (Karlowitz; ung. Karlóca) sowie die Festung Petrovaradin (Peterwardein; ung. Pétervárad), heute Novi Sad eingemeindet, besondere Erwähnung.

Die Vojvodina setzt sich aus historischen Landschaften des vormaligen Süd-Ungarn zusammen: Süd-Batschka (ung. Bács; serbokroat. Bačka) und West-Banat, die durch die Theiß getrennt werden, sowie die südliche Baranya (serbokroat. Baranja), also der Donau-Drau-Winkel, sowie Ost-Syrmien (serb. Srem, kroat. Srijem, ung. Szerém), das Zwischenstromland zwischen Donau und Save.

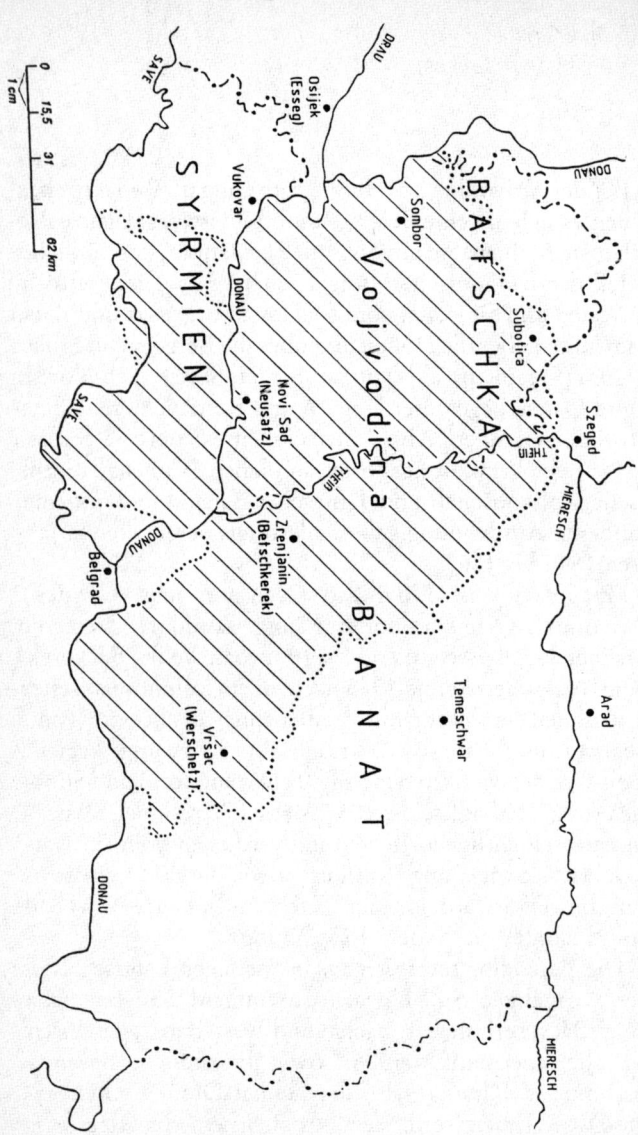

Die 2,03 Millionen Einwohner (Volkszählung 1981) gehörten 26 verschiedenen Völkern *(narodi)*, Nationalitäten *(narodnosti)* und ethnischen Gruppen *(etničke grupe)* an. Den größten Anteil stellen Serben (1,10 Millionen, d. h. 54 Prozent), mit Abstand gefolgt von Magyaren (ca. 385 000, d. h. 18,9 Prozent) und Kroaten (ca. 109 000, d. h. 5 Prozent). Als weitere historische Nationalitäten *(narodnosti)* leben dort, meist in geschlossenen Siedlungen, Slowaken (ca. 69 000, d.h. 3,4 Prozent), Rumänen (47 000, d. h. 2,3 Prozent), Rusinen [Ukrainer] (ca. 19 000, d. h. 0,9 Prozent) und Bulgaren (ca. 2500, d. h. 0,1 Prozent). Der Rest ist verschiedener Herkunft (Makedonier, Montenegriner, Roma und andere).

Neubesiedelung im 18. Jahrhundert

Von 1071 bis 1541 gehörte das Gebiet der Vojvodina zum »Regnum Hungaricum« des Mittelalters, dann war es 1541 bis 1699 Bestandteil des Osmanischen Reiches.

Einige Schauplätze erinnern daran, daß sich der große Türkenkrieg 1683–1699, der die Wende brachte, auch hier abspielte: Senta (ung. Zenta) an der Theiß, wo im Jahre 1697 Prinz Eugen einen Sieg über die Türken errang; die Kirche Maria Schnee (Marija Snega; bei Peterwardein), die an den 1716 dort errungenen Sieg des Prinzen erinnert, und nicht zuletzt der Ort des Friedensschlusses, die reizvolle Kleinstadt Karlowitz.

Durch den Frieden von Karlowitz (1699) kamen – mit der Rückgewinnung des Donau-Karpatenraumes – die Batschka, die Baranya und Syrmien unter die Herrschaft des Kaisers. Im Frieden von Passarowitz (Požarevac) 1718 folgte das östlich der Theiß gelegene Gebiet mit der

Die Vojvodina seit 1945
(Banat, Batschka und Syrmien bis 1918)

Hauptstadt Temeschwar (rum. Timişoara). Der Raum an der mittleren Donau zerfiel in der Folgezeit in die Militärgrenze (schrittweise aufgehoben bis 1881), die zur Abschirmung gegenüber dem Osmanischen Reich diente, in die Batschka und in das Banat. Während in der Batschka die ungarische Komitatsverfassung wieder eingeführt wurde, ging das Banat (bis 1778) in unmittelbare Verwaltung durch Wien über.

Das 18. Jahrhundert war die Epoche einer umfassenden Neubesiedelung durch spontane Einwanderung, durch Initiativen von Grundeigentümern und insbesondere durch Unternehmungen seitens des Staates (im Banat). Es kamen Magyaren, Deutsche, Serben, Rumänen und andere. Die spätere Vielfalt an Völkern, Sprachen und Konfessionen geht auf diese Zeit zurück. Am bekanntesten wurden die drei großen »Schwabenzüge« (1723–1726, 1763–1773, 1782–1787); aus Einwanderern vor allem aus dem Westen Deutschlands bildete sich ein deutscher Neustamm, die »Donauschwaben«.

Serben waren in großer Zahl bereits während des Türkenkrieges unter den Schutz Habsburgs herübergewechselt, durch einen Massenexodus 1690 unter dem Patriarchen Arsenije III. mit etwa 70 000 bis 80 000 Personen. Karlowitz, wo sich allmählich eine Kaufmanns- und Bürgerschicht herausbilden konnte, wurde im Verlauf des 18. Jahrhunderts zum Mittelpunkt des Serbentums in der Habsburger Monarchie. Die Kirchenspitze (im Rang einer Metropolie) nahm 1711 hier ihren Sitz; 1792 entstand in dieser Stadt das erste serbische Gymnasium. Bedeutung erhielten in diesem Zusammenhang die nahegelegenen alten serbischen Klöster in der Fruška Gora, vor allem Hopovo und Krušedol. Das nationale Erwachen des serbischen Volkes erfolgte hier auf dem Boden der Habsburger Monarchie. 1864 verlegte die wichtige (heute noch existierende) Kulturorganisation Matica Srpska ihren Sitz von Pest nach Novi Sad.

Die serbische Nationalversammlung, die im Mai 1848 in

Karlowitz tagte, forderte eine autonome serbische Vojvodina, die das Banat, die Batschka und die Baranya, Syrmien und einen Teil der Militärgrenze umfassen sollte, und erklärte ihre Vereinigung mit dem »Dreieinigen Königreich Kroatien, Slavonien und Dalmatien«. Diese Autonomieforderungen führten zu einem Konflikt mit Ungarn, zumal die Serben gleichzeitig für die Erhaltung der Habsburger Dynastie in Ungarn kämpften.

In der Zeit des Neoabsolutismus bestand ein von Ungarn unabhängiges Verwaltungsgebiet »Serbische Wojwodschaft und Temeser Banat«, das 1860 aufgelöst und Ungarn zurückgegeben wurde. Mit dem österreichisch-ungarischen Ausgleich und der Bildung der k. u. k. Monarchie 1867 ging die Zuständigkeit ausschließlich auf Budapest über. Unter den Ereignissen in dieser Zeit in Südungarn sei erwähnt, daß hier die ersten politischen Organisationen der Serben und der Deutschen in Ungarn entstanden: 1869 in Betschkerek die »Srpska narodna slobodoumna stranka« (Serbische nationalliberale Partei) und 1906 in Werschetz bzw. in Temeschwar die »Ungarländische deutsche Volkspartei«. Für die serbische Nationalbewegung wurde Svetozar Miletić (1826–1901) zu einer Symbolfigur.

Zwischenkriegszeit

Im Vertrag von Trianon (1920) verlor Ungarn zwei Drittel seines Gebietes, darunter das Territorium der späteren Vojvodina: Das Komitat Szerém (Srem), der größte Teil des Komitats Bács-Bodrog sowie ein kleiner Teil der Komitate Baranya und Csongrád wurden an das »Königreich der Serben, Kroaten und Slowenen« (SHS-Staat, ab 1929 Jugoslawien) abgegeben. Des weiteren waren Torontál und Temes abzutreten. Wer diese beiden letzteren Komitate in Besitz nehmen durfte, war zwischen zwei Siegerstaaten, dem SHS-Staat und Rumänien, umstritten. Die

Lösung bestand in einer Teilung, die erst 1923 endgültig fixiert wurde. Belgrad bekam Torontál und den südlichen Teil von Temes, Rumänien erhielt dessen nördlichen Teil, mit Temeschwar. (Anders gesehen: Weil Rumänien auch das Komitat Krassó-Szörény/Karaş-Severin zugeschlagen wurde, übernahm es etwa zwei Drittel des vormaligen Banates.)

Belgrad verwaltete das ganze Staatsgebiet, ohne Rücksicht auf gewachsene historische Räume, zentral. 1922 entstanden im Bereich von Donau, Save und Theiß vier Kreise, von denen nur einer ganz innerhalb der Grenzen der späteren Vojvodina zu liegen kam (Batschka und Baranya); die anderen reichten darüber hinaus. 1931 wurde durch Umstrukturierung in großräumigere Einheiten die »Donaubanschaft« geschaffen. Sie umfaßte die gesamte spätere Vojvodina, erstreckte sich aber zusätzlich auch weiter nach Süden, nach Mittelserbien.

Die Bevölkerung setzte sich damals in Fortsetzung der Gegebenheiten des 18. und 19. Jahrhunderts insofern anders zusammen, als die Südslawen (d.h. im wesentlichen die Serben) einen geringeren Anteil hatten und die Deutschen – noch vor den Magyaren – die größte Minderheit darstellten (durchschnittlich mit etwa 25 Prozent). Bei einer Gesamtzahl von ca. 340000 – die wahrscheinlich bei der Bevölkerungszählung von 1931 zu gering ausfiel – stieg ihre Dichte von 15,6 Prozent im Ostteil der Srem über 20,6 Prozent im Banat und 22 Prozent in der Batschka auf 29,8 Prozent in der Baranya. Selbst das äußere Erscheinungsbild der Städte und Dörfer ließ erkennen, welche Bewohner jeweils die Mehrheit stellten, Serben, Deutsche, Ungarn oder andere. Einen zusätzlichen Farbtupfer brachten einige Tausend russische Emigranten, die nach dem russischen Bürgerkrieg im SHS-Staat Aufnahme fanden.

In Jugoslawien spielte sich der Kampf der Donauschwaben und der Magyaren um die Durchsetzung der Minderheitenrechte schwerpunktmäßig in der Donaubanschaft ab. Beide Volksgruppen standen unter dem Druck seitens des Staates, wobei den Deutschen wenigstens eine private Lehrerbildungsanstalt, 1931 in Neuwerbaß (Batschka) eröffnet, zugestanden wurde. Muttersprachliche »Mittelschulen« (d.h. mittlere und höhere Schulen) standen den Deutschen und den Magyaren kaum mehr zur Verfügung. Hingegen fanden die schulischen Belange der Rumänen, mit Zentrum in Vršac, im rumänisch-jugoslawischen Schulabkommen von 1933 eine ausreichende Lösung. Die Slowaken, mit Zentrum in Bački Petrovac, konnten sich, als Slawen, ohnehin frei entfalten.

Die ab 1919 anlaufende Agrarreform ging in diesem vormaligen »Südungarn« hauptsächlich zu Lasten ungarischer Großgrundbesitzer. Begünstigt wurden Serben aus Innerserbien und Montenegro, insbesondere Kriegsteilnehmer (Dobrovolcen = Freiwillige), für die vielfach eigene Ansiedlungen angelegt wurden. Damit wuchs nicht nur der serbische Anteil an, was beabsichtigt war, sondern es trat auch neben die bisher bereits ansässige serbische Bevölkerung, die durch die Zugehörigkeit zur k.u.k. Monarchie geprägt war (Altsiedler), eine neue Gruppe serbischer Volksangehöriger mit anderen Einstellungen und anderen Traditionen, deren Integration Schwierigkeiten bereitete.

Zweiter Weltkrieg

Nach dem Angriff Deutschlands und seiner Verbündeten (April 1941) wurde Jugoslawien insgesamt sowie im einzelnen auch die Vojvodina aufgeteilt. Srem fiel an den »Unabhängigen Staat Kroatien«. Das Gebiet westlich der Theiß, also die Batschka einschließlich Novi Sad und die Baranya, wurde durch Ungarn besetzt und staatsrechtlich eingegliedert. Der östliche Teil (Westbanat) blieb bei Serbien, das seinerseits zu einem deutschen Besatzungsgebiet wurde. Hitler hatte zwar das Westbanat ebenfalls Ungarn zugesagt. Weil aber auch Rumänien Anspruch darauf erhob und sich hieraus ein Konflikt zwischen Ungarn und Rumänien anbahnte, beließ die Reichsregierung das strittige Gebiet »provisorisch« bei Serbien.

Die ungarischen Behörden machten die jugoslawische Agrarreform rückgängig und schoben im Jahre 1941 ca. 25 000 Serben (hauptsächlich die Dobrovolcen) nach Serbien ab. Ihre Stelle nahmen Rücksiedler ein, Szekler aus der Bukowina (Rumänien), bis Juni 1941 ca. 13 000 Personen.

Das Westbanat erhielt Verwaltungautonomie. Die deutsche Volksgruppe besetzte die Führungsämter in der Kreisverwaltung (mit Sitz in Betschkerek) sowie die Bürgermeisterstellen und die meisten Landratsämter. Bei den Stellvertretern wurden die anderen Bevölkerungsgruppen stärker berücksichtigt. Die deutsche Volksgruppe erhielt darüber hinaus – in Form einer Personalautonomie – Selbstverwaltung, insbesondere im Schulwesen. Der ungarischen Volksgruppe wurden ähnliche Rechte eingeräumt, aber sie legte weniger Wert darauf, weil sie den Anschluß an Ungarn erwartete.

Ab Oktober 1944 zogen die Rote Armee sowie Tito-Partisanen ein. Die Partisanenarmee entfachte einen breiten Terror gegen die Donauschwaben. Soweit nicht rechtzeitig Evakuierungen erfolgt waren, wurde die gesamte deutsche Bevölkerung enteignet, in Mordaktionen liquidiert bzw. in Konzentrationslager, regelrechte Todeslager, oder zur Zwangsarbeit in die Sowjetunion gebracht. In der Batschka, im Banat und in der Baranya kamen ca. 92 000 Menschen ums Leben[1], also etwa ein Viertel der deutschen Bevölkerung. Nach der Auflösung der Lager (1948) wurden die Überlebenden nach Deutschland oder Österreich vertrieben. Die Volkszählung von 1981 ermittelte nur noch 9000 Deutsche.

Säuberungs- und Racheaktionen griffen auch auf die

---

[1] Alfred Bohmann, Menschen und Grenzen. Bd. 2: Bevölkerung und Nationalitäten in Südosteuropa. Köln 1969, S. 276.

Magyaren über, ohne die Dimension einer Massentötung und generellen Vertreibung zu erreichen. Schätzungsweise 40 000 Personen, vor allem die 1941 zugezogenen Szekler, hatten das Land zu verlassen oder flohen. Tausende wurden als »Kriegsverbrecher« und »Kollaborateure« verhaftet und nicht wenige davon (in unbekannter Größenordnung) hingerichtet. Derzeit wird in der Vojvodina von magyarischer Seite versucht, dieses bisher totgeschwiegene Kapitel aufzuhellen.

Wie bereits nach 1918 kamen Zuwanderer aus den südlichen und ärmeren Gegenden Jugoslawiens. Sie übernahmen die Besitzungen der Donauschwaben. Ähnlich wie die seinerzeit zugezogenen Dobrovolcen brachten sie andere Einstellungen mit. Vielfach hatten sie der Partisanenbewegung angehört. Deshalb und weil sie als besonders staats- und parteiloyal galten, wurden sie gefördert.

Die autonome Provinz Vojvodina (1945-1988)

Von Oktober 1944 bis Juni 1945 stand das Gebiet unter Militärverwaltung. Die Neugliederung Jugoslawiens nach föderativen Grundsätzen ermöglichte 1945 den Status einer autonomen Provinz innerhalb des Bundesstaates Serbien, mit einem eigenen Parlament, einem eigenen Obersten Gericht und mit umfangreichen, 1968 und 1971 noch erweiterten Selbstverwaltungs-Kompetenzen.

Zusätzlich wurde der Besonderheit dieses Landes als Vielvölker-Gebilde Rechnung getragen, zuvorderst durch eine großzügige Regelung des Sprachengebrauches. Die Verfassung bestimmte Serbokroatisch (in kyrillischer und in lateinischer Schrift), Ungarisch, Slowakisch, Rumänisch und Rusinisch (Ukrainisch) zu gleichberechtigten Amtssprachen. Die amtlichen Verlautbarungen hatten fünfsprachig oder wenigsten zweisprachig (serbokroatisch und ungarisch) zu ergehen. Ähnliches galt für das jeweilige Schulwesen. In gleicher Weise wurde die Vielfalt der Sprachen in den Zeitungen und Zeitschriften sowie in Rundfunk und Fernsehen lebendig. Bei der Ämterbesetzung fand im großen und ganzen ein ethnischer Proporz Beachtung. Neben vielen nach 1945 errichteten Schulen erhielt die Hauptstadt Novi Sad eine Universität (gegr. 1960) und eine Kunstakademie.

In wirtschaftlicher Hinsicht spielte die Vojvodina eine nicht unerhebliche Rolle. Ihr Anteil am jugoslawischen Bruttosozialprodukt belief sich 1987 auf 9,6 Prozent, etwa ein Viertel des gesamtserbischen Anteiles von 38 Prozent. Wegen ihrer Fruchtbarkeit und der intensiven landwirtschaftlichen Nutzung (Getreide, Zuckerrüben, Sonnenblumen, Mais u.a.) wurde die Vojvodina oftmals als die Kornkammer Jugoslawiens bezeichnet. Die Betriebe verteilen sich sowohl auf Agrokombinate wie auch auf Privatbauern. Um weitere Produktionsanreize zu bieten, wurde 1988 in der Vojvodina die Begrenzung der Betriebsgröße von zehn auf dreißig Hektar erhöht. Neben einer Nahrungsmittel-Verarbeitung gibt es auch industrielle Fertigungsbetriebe.

Die Gleichschaltung (1988)

Als Voraussetzung für die Gleichschaltung des Kosovo und um diese im Sinn einer Gleichbehandlung als gerechtfertigt erscheinen zu lassen, verlor die Vojvodina ihre Autonomie, obwohl hier keine separatistischen Tendenzen spürbar gewesen waren.

Anders als dann 1989 im Kosovo ging die Entrechtung unblutig vor sich. Am 9. Juli 1988 mobilisierte der serbische KP-Chef Milošević mehrere 10 000 Demonstranten, darunter viele Serben aus dem Kosovo, die in Novi Sad gegen die angeblichen dortigen »Autonomisten« demonstrierten. Dann initiierte er in Pančevo eine Großveranstaltung. Schließlich belagerten am 5. Oktober 1988 rund 100 000 Demonstranten das Parlamentsgebäude in Novi

Sad und erzwangen den Rücktritt der Parteiführung und der Provinzialregierung. Diese unterstütze nämlich – wie es hieß – dadurch, daß sie eine Änderung des Status der Provinzen ablehne, den »Genozid der Serben im Kosovo«. Gefolgsleute von Milošević übernahmen die Macht und akzeptierten die Verfassungsänderung.

Anzeichen deuten darauf hin, daß (neben den Kroaten) vor allem die magyarische Bevölkerung unter Druck geraten ist und in vieler Hinsicht diskriminiert wird. Die Presse griff sie als »Separatisten« an. Ungarisch ist seit Juli 1991 nicht mehr als Amtssprache zugelassen. Beim Eintritt in den Justiz- und den Polizeidienst werden, statt des vorher bestehenden Proporzes, Serben eindeutig bevorzugt.

Es wurde beklagt, daß Magyaren in überdurchschnittlich hoher Zahl rekrutiert und im Krieg gegen Kroatien so eingesetzt wurden, daß sie besonders hohe Verluste erlitten. Am 21. Oktober 1991 warf der ungarische Ministerpräsident Antall Serbien vor, die Magyaren in der Vojvodina würden »von den serbischen Behörden wie Geiseln behandelt«[2].

Unter den vielen Flüchtlingen, die Ungarn aus dem zerfallenen Jugoslawien aufnahm, befinden sich Magyaren nicht nur aus dem slawonischen Kriegsgebiet, sondern auch aus der Vojvodina. Die Zahl der letzteren soll auf 25 000 angestiegen sein; es handelt sich wohl hauptsächlich um Personen, die auf diese Weise dem Militärdienst bzw. Kriegseinsatz ausweichen wollten.

Auf von Belgrad bei den Vereinten Nationen vorgebrachte Beschwerden (wegen einer ungarischen Waffenlieferung an Kroatien) konterte im Januar 1992 der ungarische Außenminister Jeszenszky damit, daß er auf die Situation der ungarischen Bevölkerung außerhalb der Grenzen Ungarns aufmerksam machte, darunter ausdrücklich auf das Schicksal derjenigen in der Vojvodina[3]. Im September 1992

---

[2] Archiv der Gegenwart 61 (1991), S. 36 ff.
[3] Vgl. Edith Oltay, Minorities as Stumbling Block in Relations with Neighbors. In: RFE/RL Research Report, 8. 5. 1992.

wurde von ungarischer Seite berichtet, es sei angeordnet worden, in den Städten der Vojvodina Platz für neuankommende Serben zu schaffen. Der zu der Zeit amtierende jugoslawische Ministerpräsident Panić gab hingegen die beruhigende Zusicherung, es bestünde für die Magyaren und für die anderen Minderheiten keine Gefahr.

Die Lage ist verhalten ruhig. Von seiten der Ungarn, die in der »Demokratischen Gemeinschaft der Ungarn in der Vojvodina« (Vajdasági Magyarok Demokratikus Közessége) eine Organisationsform bzw. Partei gefunden haben, bestehen Befürchtungen, daß auch diese Volksgruppe den »ethnischen Säuberungen« zum Opfer fallen könnte[4]. Ob sich in einem solchen Fall ein Konflikt mit Budapest, das in sehr abgekühltem Verhältnis zu Belgrad steht, abzeichnen könnte, muß offen bleiben.

Literaturhinweise

Art. ›Banat‹ und ›Batschka‹, in: Handwörterbuch des Grenz- und Auslandsdeutschtums. Bd. 1, Breslau 1933.
Die Donauschwaben. Deutsche Siedlung in Südosteuropa. Ausstellungskatalog. Bearbeitet von Immo Eberl u.a., 2. überarb. u. erw. Aufl., Sigmaringen 1989.
Dokumentation der Vertreibung der Deutschen aus Ostmitteleuropa. Bd. 5, Düsseldorf 1961; Nachdr. München 1984.
Libal, Wolfgang: Das Ende Jugoslawiens. Chronik einer Selbstzerstörung. Wien 1991.
Révész, László: Minderheitenschicksal in den Nachfolgestaaten der Donaumonarchie. Wien 1990.
Senz, Josef Volkmar: Geschichte der Donauschwaben. 5. Aufl., München 1989.
Völkl, Ekkehard: Der Westbanat 1941–1944. Die deutsche, die ungarische und andere Volksgruppen. München 1991.

[4] Vgl. Frankfurter Allgemeine Zeitung, 10. 11. 1992.

Zeittafel

1.-3. Jh. n. Chr.	Südosteuropa im Rahmen des Römischen Imperiums: Provinzen Pannonien, Illyrien, Mösien, Thrakien, Makedonien, Dakien.
330	Gründung Konstantinopels (Byzanz).
395	Reichsteilung: Die Grenzlinie zwischen West- und Ostrom teilt Südosteuropa in der Folgezeit in einen lateinisch-katholischen West-, und einen griechisch-byzantinischen Ostteil; Oströmisches, bzw. Byzantinisches Reich (bis 1453).
6./7. Jh.	Landnahme der Slawen im Balkanraum.
681–1018	Erstes Bulgarisches Reich, ab 864 christliches Zarenreich.
2. Hälfte 9. Jh.	Christianisierung der Balkanslawen unter den Slawenaposteln Kyrill und Method.
894	Ungarische Landnahme in Pannonien.
ab 925	Vom Fränkisch-Deutschen Reich unabhängiges Königreich Kroatien.
ab 1000	Seerepublik Venedig dringt in Dalmatien vor.
1001	Ungarn wird katholisches Königreich (»Stephansreich«).
1018–1185	Bulgarien byzantinische Provinz.
1054	Das Schisma besiegelt die Kirchenspaltung in die katholische West- und die orthodoxe Ostkirche.
1076	Kroatien wird unter Demetrius Zvonimir päpstlich katholisches Königreich.
1102	Pacta Conventa: Angliederung Kroatiens an Ungarn.
Mitte 12. Jh.	Deutsche Einwanderung ins ungarische Siebenbürgen.
ab 1166	Zusammenfassung der serbischen Fürstentümer unter Stephan Nemanja.
1185–1393	Zweites Bulgarisches Zarenreich.
1204	Eroberung Konstantinopels im vierten Kreuzzug unter Führung Venedigs: Lateini-

	sches Kaiserreich Konstantinopel (bis 1261), Ägäisraum venezianisch.
1217	Königreich Serbien, Hinwendung zur Orthodoxie.
Mitte 14. Jh.	Unabhängigkeit der orthodoxen Donaufürstentümer Moldau und Walachei vom Königreich Ungarn.
1346	Zarenkrönung Stefan Dušans: Großserbisches Reich.
1352	Osmanen dringen von Kleinasien nach Europa vor.
1389	Niederlage der Serben gegen die Osmanen auf dem Amselfeld (Kosovo polje). Bis 1459 schrittweise Einverleibung Serbiens in das Osmanische Reich.
1393	Bulgarien osmanisch.
1453	Einnahme Konstantinopels durch Sultan Mehmed Fatih (»der Eroberer«); Untergang des Byzantinischen Reiches. Konstantinopel wird als Istanbul osmanische Reichshauptstadt.
1463	Bosnien osmanisch.
1468	Albanien osmanisch (Widerstand Georg Kastriotas, genannt Skanderbeg).
bis 1479	Griechenland osmanisch.
1526–1541	Ungarn wird osmanische Provinz; die Stephanskrone geht an die Habsburger über; Kroatien wird habsburgisch, Siebenbürgen wird eigenes Fürstentum.
1529	Erste Belagerung Wiens durch die Osmanen.
ab Mitte 16. Jh.	Einrichtung der habsburgischen Militärgrenze in Kroatien und Slawonien.
1571	Seeschlacht vor Lepanto (Griechenland), erster Rückschlag für die Osmanen.
1683	Zweite Belagerung Wiens durch die Osmanen: Erster habsburgischer Türkenkrieg.
1699	Österreichisch-osmanischer Frieden von Karlovitz: Ungarn und Slawonien habsburgisch.
1718	Zweiter habsburgischer Türkenkrieg, nach

	Siegen des Prinzen Eugen Frieden von Passarovitz: Nordserbien mit Belgrad und Kleine Walachei habsburgisch.
1739	Dritter habsburgischer Türkenkrieg (im Bündnis mit Rußland), Frieden von Belgrad: Status quo ante von 1699.
1774	Russisch-osmanischer Friede von Kücük Kainarca (Bulgarien): Russisches Protektorat über die orthodoxen Untertanen des Osmanischen Reiches.
1797	Napoleonischer Frieden von Campo Formio: Ende der Seerepublik Venedig. Dalmatien wird erst französisch, dann österreichisch.
1804–1815	Serbischer Aufstand, Erlangung innerer Autonomie innerhalb des Osmanischen Reiches (endgültige Unabhängigkeit 1867).
1809–1814	Unter Napoleon Zusammenfassung Sloweniens, Kroatiens und Dalmatiens zu den »Illyrischen Provinzen«.
1812	Russisch-osmanischer Frieden von Bukarest: Bessarabien russisch.
1815	Bestätigung Dalmatiens als Teil des Kaisertums Österreich im Wiener Kongreß.
1830	Nach dem griechischen Freiheitskampf (1821 bis 1829) Unabhängigkeit Griechenlands (ab 1832 Königreich).
1830	Fürstentum Serbien.
1848/1849	Nationalrevolution in Ungarn (Lajos Kossuth).
1852	Fürstentum Montenegro.
1856	Gleichberechtigung von Christen mit Muslimen im Osmanischen Reich.
1859/1861	Vereinigung der Donaufürstentümer Moldau und Walachei zum Fürstentum Rumänien.
1867	Österreichisch-Ungarischer Ausgleich: Österreichisch-Ungarische Doppelmonarchie.
1868	Ungarisch-Kroatischer Ausgleich.
1876	Antitürkischer Aufstand in Bulgarien.

1877/1878	Russisch-türkischer Balkankrieg.
März 1878	Russisch-türkischer Vorfriede von San Stefano.
Juni/Juli 1878	Balkanneuordnung im Berliner Kongreß unter Reichskanzler Bismarck: Rumänien und Montenegro werden unabhängig, die Unabhängigkeit Serbiens wird bestätigt, Bulgarien wird autonomes Fürstentum, Makedonien bleibt osmanisch. Österreich-Ungarn erhält das Recht zur Okkupation Bosnien-Herzegowinas.
1881	Königreich Rumänien.
1882	Königreich Serbien.
1903	Antitürkischer Aufstand in Makedonien.
1908	Jungtürkische Revolution.
Okt. 1908	Bosnische Annexionskrise.
1908	Königreich Bulgarien.
1912	Erster Balkankrieg (Serbien, Montenegro, Griechenland und Bulgarien gegen die Türkei).
1913	Zweiter Balkankrieg (Bulgarien gegen Serbien, Griechenland und Rumänien). Ergebnis: Hinausdrängung des Osmanischen Reiches aus Südosteuropa (bis auf Ostthrakien), Teilung Makedoniens unter Serbien, Griechenland und Bulgarien.
1913	Albanien unabhängiges Fürstentum.
Juli 1914	Julikrise nach dem Attentat von Sarajewo.
1914–1918	Erster Weltkrieg; in Südosteuropa Deutsches Reich, Österreich-Ungarn, Türkei, ab 1915 Bulgarien gegen die Verbündeten der Triple-Allianz Serbien und (ab 1916) Rumänien.
Juli 1917	Deklaration von Korfu: Vereinigung der Südslawen unter serbischer Ägide.
Okt. 1918	Slowenisch-kroatischer Nationalrat in Zagreb.
16. Okt. 1918	Völkermanifest Kaiser Karls, Ende der Doppelmonarchie.
1. Dez. 1918	Proklamation des Königreichs der Serben, Kroaten und Slowenen (SHS) in Belgrad.

1919/1920	Pariser Vorortverträge der Siegermächte:
17. Sept. 1919	Frieden von St. Germain mit Österreich (Anerkennung der habsburgischen Nachfolgestaaten).
27. Nov. 1919	Frieden von Neuilly mit Bulgarien.
4. Juni 1920	Frieden von Trianon mit Ungarn (Siebenbürgen und Bessarabien an Rumänien).
1920/1921	Französisches Bündnissystem der »Kleinen Entente« (bis 1938).
1921	Serbisch-zentralistische Vidovdan-Verfassung im SHS-Staat.
1922	Italienisch-jugoslawischer Grenzvertrag von Rapallo, italienische Revisionsforderungen in Dalmatien.
24. Juli 1923	Türkisch-griechischer Frieden von Lausanne, Bevölkerungsaustausch.
1929	Königsdiktatur in Jugoslawien.
1933	Zweites Organisationsstatus der Kleinen Entente.
1934	Antirevisionistischer Balkanpakt (Jugoslawien, Rumänien, Griechenland, Türkei).
1936	Achse Berlin-Rom (1940 mit Japan zum Dreimächtepakt erweitert).
1938	Königsdiktatur in Rumänien.
1938	Beitritt Ungarns zur Achse. Erster Wiener Schiedsspruch (Teile d. Slowakei an Ungarn).
1939–1945	Zweiter Weltkrieg.
23. Aug. 1939	Deutsch-Sowjetischer Nichtangriffspakt (»Hitler-Stalin-Pakt«), Teilung der Interessensphären in Ostmittel- und Südosteuropa.
1939	Italienische Besetzung Albaniens.
1940	Zweiter Wiener Schiedsspruch: Nordsiebenbürgen an Ungarn.
1940	Sowjetische Truppen besetzen Bessarabien.
1940	Beitritt Rumäniens zur Achse.
1940/1941	Italienischer Angriff auf Griechenland.
1941	Beitritt Bulgariens zur Achse.
März 1941	Beitritt Jugoslawiens zur Achse und unmittelbar darauffolgender achsenfeindlicher Militärputsch in Belgrad.

April/Mai 1941	Deutscher Balkanfeldzug gegen Jugoslawien und Griechenland. Deutsche »Neuordnung Südost« bis 1944; Partisanenkrieg in Griechenland, Jugoslawien und Albanien.
Mai 1941	Einrichtung des kroatischen Ustaša-Staates (bis Ende 1944).
Nov. 1942	Bildung des Antifaschistischen Volksbefreiungsrates (AVNOJ) in Bihać (Bosnien) unter Tito.
3. Sept. 1943	Kapitulation Italiens.
9. Okt. 1944	Prozentabkommen über Südosteuropa zwischen Churchill und Stalin.
1944–1949	Griechischer Bürgerkrieg.
4.–11. Feb. 1945	Konferenz von Jalta.
1946	Volksrepublik Albanien.
1946	Föderative Verfassung der Volksrepublik Jugoslawien.
10. Feb. 1947	Pariser Friedensverträge der Alliierten mit Italien, Ungarn, Rumänien und Bulgarien. Im wesentlichen status quo ante von 1919/1920; Bessarabien als Moldawien sowjetische Teilrepublik.
1947	Gründung des Kominform (bis 1956).
1947	Volksrepublik Bulgarien.
1948	Volksrepublik Rumänien.
1948	Ausschluß Jugoslawiens aus dem Kominform, Konflikt Moskau–Belgrad.
1949	Sowjetisch bestimmter »Rat für gegenseitige Wirtschaftshilfe« (Comecon), ohne Jugoslawien.
1953	Balkanpakt Jugoslawiens mit den Nato-Staaten Griechenland und Türkei.
1955	Warschauer Pakt (Sowjetunion, DDR, Polen, ČSSR, Ungarn, Rumänien, Bulgarien, Albanien).
Okt.–Nov. 1956	Ungarischer Aufstand.
1963	EG-Assoziierung der Türkei.
1967–1974	Militärdiktatur in Griechenland.
1968	Austritt Albaniens aus dem Warschauer Pakt, Anlehnung an Peking (bis 1978).

1971	»Kroatischer Frühling«.
1973	Schlußakte der KSZE in Helsinki (einziger Nichtteilnehmer Albanien).
1974	Erweiterte föderative Verfassung in Jugoslawien.
1974	Beginn der Ceauşescu-Diktatur in Rumänien (bis 1990).
1975	Lösung der Triest-Frage im italienisch-jugoslawischen Vertrag von Osimo.
1980	Tod des jugoslawischen Staatspräsidenten Tito.
1981	Albanischer Aufstand im Kosovo.
1981	Vollmitgliedschaft Griechenlands in der EG.
1985	Tod des albanischen Diktators Enver Hoxha.
ab 1987	Nationalistisch-kommunistischer Machtaufstieg S. Miloševićs in Serbien.
1988	Rücktritt J. Kádárs in Ungarn. Ende der kommunistischen Parteiherrschaft.
1989	Rücktritt T. Schiwkows in Bulgarien. Ende der kommunistischen Parteiherrschaft.
1990	Freie Parlamentswahlen in Ungarn und Bulgarien führen zum Machtwechsel, in Ungarn in den nächsten Jahren auch zum Systemwechsel.
Mai 1990	Freie Wahlen in Kroatien bringen F. Tudjman an die Macht.
Dez. 1990	Gewaltsamer Sturz Ceauşescus in Rumänien.
März 1991	Erste Wahlen in Albanien, allmählicher Machtwechsel.
1991	Selbstauflösung des Warschauer Pakts.
1991	Sowjettruppen verlassen Ungarn.
25. Juni 1991	Unabhängigkeitserklärung Sloweniens und Kroatiens, Ausbruch des jugoslawischen Bürgerkrieges.
20. Nov. 1991	Unabhängigkeitserklärung Makedoniens.
15. Jan. 1992	Anerkennung Sloweniens und Kroatiens durch die EG.
3. März 1992	Unabhängigkeitserklärung Bosnien-Herzegowinas.
6. April 1992	Anerkennung Bosnien-Herzegowinas durch

	die EG; Eskalation des jugoslawischen Bürgerkriegs zum Genozid in Bosnien.
Jan. 1993	Vance/Owen-Plan von UNO und EG für Bosnien-Herzegowina.
8. Mai 1993	Aufnahme Makedoniens in die UNO.
15. Mai 1993	Nicht anerkanntes Referendum der Serben in Bosnien-Herzegowina über den Vance/Owen-Plan. Die Zustimmung wird mit großer Mehrheit verweigert.
Ab Juni 1993	Fortsetzung der Genfer »Jugoslawien-Konferenz«. Serbisch-kroatische Teilungspläne für Bosnien-Herzegowina.

Glossar

Achse Berlin–Rom: 1936 durch Hitler und Mussolini begründete deutsch-italienische außenpolitische Zusammenarbeit; 1939 durch den »Stahlpakt« bestätigt.

Altreich (Rumänien) → Regat

Altserbien: Serb. Uža Srbija, eigentlich »engeres Serbien«. – 1. Historisches Kernland Serbiens: historische Landschaften Šumadija und Raška, im wesentlichen das Staatsgebiet Serbiens im 19. Jahrhundert. – 2. Das Gebiet der jugoslawischen Volksrepublik Serbien ohne die → Autonomen Gebiete Vojvodina und Kosovo. – 3. Im nationalistischen Sinne Bezeichnung für den Kosovo als das »Kernland des mittelalterlichen Serbien«.

Amselfeld: Serb. Kosovo polje; von Gebirgen umgebene Hochebene im südwestlichen Serbien mit hoher symbolischer Bedeutung für den serbischen Nationalismus: Verlorene Schlacht der serbischen Fürstentümer gegen die Osmanen am Sankt Veitstag, 28. Juni 1389. Untergang des mittelalterlichen serbischen Reiches.

Aromunen: Nomadische balkanische Wanderhirten (→ Transhumanz); Nachkommen der → autochthonen romanisierten Balkanbevölkerung; ihre ostromanische Sprache ist mit dem Rumänischen verwandt. Andere Bezeichnungen: → Walachen, Zinzaren; Untergruppen: Kutzowlachen; → Morlaken (Maurowlachen).

Arnauten: Aus dem Türkischen stammende Bezeichnung für Albaner; häufig auch als Sonderbezeichnung nur für die muslimischen Albaner verwendet.

Autochthonie (griech.): An Ort und Stelle entstanden, alteingesessen. Autochthone Bevölkerung = Urbevölkerung.

Autochthonologie: Ideologisches Bestreben, mit Hinweis auf Autochthonie aktuelle nationale Forderungen aufzustellen; eine Hauptkomponente des Balkan-Nationalismus.

Autokephalie, Autokephale Kirche (griech.): Unabhängigkeit, Selbstbestimmung. In der → orthodoxen Kirche Bezeichnung für eine unabhängige, regionale und nationale »Volkskirche« mit eigenem Oberhaupt (→ Patriarch), z.B. Autokephale serbische Kirche, Autokephale bulgarische Kirche, Autokephale griechische Kirche.

Autonomes Gebiet: Gebietskörperschaft mit erweiterter Selbstverwaltung; im ehemaligen Jugoslawien die Regionen Kosovo und Metohija innerhalb der SR Serbien mit besonderen Selbstverwaltungsrechten für die ethnische autonome Bevölkerung.

Awaren: Historisches Reitervolk türkischer Herkunft im Donauraum, spätes 6. bis 9. Jahrhundert.

Balkanisierung: Politisches Schlagwort für die Zerstückelung größerer politischer und wirtschaftlicher Einheiten; es bezieht sich auf die nach der Zerschlagung des→Osmanischen Reiches und des Habsburgerreiches entstandene balkanische Kleinstaatenwelt, die von zahlreichen Antagonismen geprägt ist.

Ban, Banus (ung.): Markgraf, Statthalter.

Banat: 1. Ung. Grenzmark. – 2. Landschaft zwischen Theiß, Donau, Marosch und Karpaten; Hauptort Temesvár (rumän. Timişoara; dt. Temeschburg).

Banovina (dt. Banschaft): Jugoslawische Verwaltungseinheit (Departement) von 1929 bis 1939.

Beg, Bey (türk.): Osmanischer Würdenträger, Statthalter.

Bogomilen (slaw.): »Gottesfreunde«, nach einem angeblichen bulgarischen Priester Bogomil des 10. Jahrhunderts benannte häretische Sekte mit dualistisch-manichäischem Weltbild, die sich vom 12. bis 15. Jahrhundert besonders in Bosnien ausbreitete und als »Bosnische Kirche« eine führende Stellung einnahm.

Bojar(en): Im slawisch-orthodoxen (und rumänischen) Bereich Bezeichnung für Adelige, gleichermaßen für Erbadel und Dienstadel.

Byzanz, Byzantinisches Reich: Der östliche (oströmische), griechisch und christlich-orthodox geprägte Nachfolgestaat des Römischen Imperiums mit der Kaiserstadt Konstantinopel von 330 (Bestimmung von Konstantinopel zur Hauptstadt) bis 1453 (Einnahme Konstantinopels durch die Osmanen). Russen, Ukrainer, Serben, Bulgaren, Makedonier und Rumänen wurden grundlegend vom byzantinisch-orthodoxen Christentum und von byzantinischer Kultur geprägt. »Byzanz« ist ein europäischer Kunstbegriff des 16. Jahrhunderts, abgeleitet von »Byzantion«, dem antiken Namen der Stadt Konstantinopel.

Donaufürstentümer: Historische Bezeichnung für die rumänischen Fürstentümer Walachei und Moldau, ab dem 15. Jahrhundert unter osmanischer Oberherrschaft, 1829–1856 russisches Protektorat. Aus der Vereinigung der Donaufürstentümer 1859/1861 ging der Staat Rumänien hervor.

Dualismus: Österreichisch-Ungarischer Dualismus: Staatsform der Habsburgermonarchie seit dem österreichisch-ungarischen Ausgleich von 1867, Trennung des Gesamtstaates in eine österreichische (cisleithanische) und eine ungarische (transleithanische) Reichshälfte, die innenpolitisch autonom waren. Außenpolitik, Heer und das hierfür erforderliche Finanzwesen unterstanden den k.u.k. Zentralbehörden in Wien. Die Reichseinheit wurde durch die sowohl in Österreich wie in Ungarn herrschende Habsburgerdynastie symbolisiert (Doppelmonarchie).

Entente (frz.): Interessenübereinkunft zwischen Frankreich und Großbritannien 1904, 1907 mit Rußland zur Triple-Entente (oder Triple-Allianz) erweitert. Im Ersten Weltkrieg die Gegner der → Mittelmächte.

Exarchat (griech.): 1. Im byzantinischen Reich eine Provinz mit besonderer Rechtsstellung (z.B. das Exarchat Ravenna, 6.–8. Jahrhundert.) – 2. In der → Orthodoxie vertritt der Exarch einen → Patriarchen für ein bestimmtes Gebiet (z.B. das Exarchat Bulgarien).

Fanarioten, Phanarioten (griech.): Von Fanar (Stadtteil von Konstantinopel/Istanbul) abgeleitete Bezeichnung für griechisch-byzantinische Adelsfamilien, die unter den Osmanen ihre Privilegien behielten. Aus den Fanarioten rekrutierten die Sultane im 18. Jahrhundert die Hospodare (Statthalter) der rumänischen → Donaufürstentümer.

Hodscha, Hoca (arab., türk.): »Meister«, muslimischer Geistlicher. »Einfluß der Hodschas« Synonym für Einfluß des muslimischen Fundamentalismus.

Hohe Pforte: Osmanisches Außenministerium im Serail (Sultansresidenz) zu Istanbul/Konstantinopel. Im übertragenen Sinne als Synonym für die gesamte osmanische Regierung verwendet.

Illyrer: Historisches Volk des Altertums im heutigen Dalmatien und Albanien; unter den Römern weitgehend romanisiert. Albanisch gilt als illyrisch-romanische Mischsprache.

Illyrien (lat. Illyricum): Antike Bezeichnung für den der Adria zugewandten Teil Südosteuropas.
Illyrismus: Nationale und kulturelle Eigenständigkeitsbewegung der Südslawen ca. 1830–1860, kroatisch geprägt (Ljudevit Gaj, 1809–1872).
Irredenta (it.): »Italia irredenta« (das unerlöste Italien), politischer Kampfbegriff aus der zweiten Hälfte des 19. Jahrhunderts: Italienische nationalistische Bewegung zur Angliederung italienischer und vermeintlich italienischer Gebiete außerhalb Italiens (z.B. Istrien, Dalmatien). Als »Irredentismus« allgemeiner Begriff.
Jugoslawismus (Jugoslovenstvo): Der ab dem 19. Jahrhundert sich formierende vorwiegend kroatisch-slowenische – aber auch von Serben getragene – Gedanke einer politischen Vereinigung der Südslawen auf föderaler Grundlage (im Gegensatz zum → unitaristischen groß-serbischen Staatsgedanken).
Jungtürken: Nationaltürkische säkularistische Revolutionsbewegung nach westlichen Vorbildern mit hohem Einfluß auf das osmanisch-türkische Offizierskorps 1870–1918. Die Jungtürken unter Enver Pascha entmachteten 1908 den Sultan, wollten aber die osmanische Reichseinheit beibehalten.
Jürüken (türk.): Türksprachiger muslimischer Nomadenstamm in Makedonien und Bulgarien.
Kemalismus: Ideelle Basis des modernen türkischen Staates, formuliert von Mustafa Kemal (1881–1938), ab 1923 Staatspräsident (1934 Ehrenname »Atatürk«). Umwandlung der osmanischen Türkei in ein westlich orientiertes Land: strikte Trennung von Staat und Religion, Europäisierung von Schrift, Bildung und Legislative, Gleichstellung der Frau; Ablehnung des politischen Islam, autoritärer Einfluß des Militärs.
Kirchenslawisch: Die überregionale und übernationale sakrale Schriftsprache in der slawischen → Orthodoxie. Sie geht auf die Slawenmissionare Kyrillos und Methodios im 9. Jahrhundert zurück.
Kominform: Abkürzung von »Kommunistisches Informationsbüro«. Nachfolgeorganisation der 1943 aufgelösten Komintern. Sitz 1947–1948 in Belgrad, Ausschluß Jugoslawiens aus dem Kominform 1948, Sitz 1948–1956 in Bukarest. Schrittweise Auflösung im Zuge der Entstalinisierung 1953–1956.
Komintern: Abkürzung von »Kommunistische Internationale«.

Vereinigung aller kommunistischen Parteien, gegründet 1919 in Moskau; wurde ein Instrument der sowjetrussischen Außenpolitik. 1943 von der Sowjetunion auf Betreiben der westalliierten Bündnispartner aufgelöst. Vorgänger des Kominform.

Komitat (lat. Comitatus): Grafschaft, Verwaltungseinheit in Ungarn.

Kosmet: Zusammenfassende Namensform der Regionen Kosovo und Metohija, unter Tito → Autonomes Gebiet.

Kosovo polje → Amselfeld

Kronland: Die Erbländer der Österreichischen Monarchie. In der k.u.k. Monarchie (ab 1867 → Dualismus) direkt der Krone, bzw. der Zentralregierung in Wien unterstellte Gebietsteile, z.B. Kroatien-Slawonien; Küstenland; Dalmatien; Bukowina.

Kumanen: Historisches Reitervolk vermutlich türk. Herkunft im unteren Donauraum, 13.–14. Jahrhundert.

Kyrillische Schrift, Kyrilliza: Dem griechischen Slawenmissionar Kyrillos (826/827–869) zugeschriebene kirchenslawische Schrift, im wesentlichen aus den griechischen Buchstaben entwickelt. Die vereinfachte Kyrilliza ist mit geringen Abweichungen bei Russen, Weißrussen, Ukrainern, Serben, Bulgaren und Makedoniern in Gebrauch (bis 1860 auch in den rumänischen → Donaufürstentümern). Gewisse Symbolkraft als Schrift der »rechtgläubigen« (→ prawoslawischen) slawisch-orthodoxen Völker.

Magnaten (lat.): Ungarn: Angehörige der grundbesitzenden Hocharistokratie.

Magyaren (ung.): Eigenbezeichnung der Ungarn.

Mare nostro (it.): »Unser Meer«, Schlagwort des italienischen Expansionismus (→ Irredenta, → Risorgimento), bezogen auf die Adria und damit auf Dalmatien.

Militärgrenze: »Confin«, im österreichischen Teil des Habsburgerreiches vom 16. bis zum 18. Jahrhundert eingerichtete militärische Verwaltungsbezirke entlang der Grenze zum → Osmanischen Reich, gegliedert in fünf Abschnitte: Kroatische, Slawonische, Banater, Siebenbürgische und Szekler Militärgrenze, die direkt den österreichischen Zentralbehörden unterstanden. Die Grenzer (»Graničari«) genossen gewisse Privilegien. Das System wurde auch nach dem Ende der militärischen

Bedrohung aus innenpolitischen Gründen beibehalten und erst in der zweiten Hälfte des 19. Jahrhunderts sukzessive aufgelöst. – Speziell: Bezeichnung für das Gebiet der ehemaligen (bis 1881 bestehenden) Kroatischen und Slawonischen Militärgrenze (serbokroat. Vojna Krajina), mit einem relativ hohen Anteil an serbischer Bevölkerung, die von den österreichischen Behörden als Wehrbauern angesiedelt worden war.

Mittelmächte: Kriegsbündnis des Deutschen Reiches mit Österreich-Ungarn, dem Osmanischen Reich und dem Königreich Bulgarien im Ersten Weltkrieg, bezogen auf die geostrategische Lage; Gegner waren die in der → Entente zusammengeschlossenen Staaten.

Metropolit (griech.): In der → Orthodoxie Bezeichnung für leitenden Bischof; Metropolie = Kirchenprovinz.

Morlaken (it.): Maurowlachen, eigentlich »Schwarze Walachen« (→ Aromunen), von den Venezianern ab dem 15. Jahrhundert geprägte Bezeichnung für die slawische bzw. slawisierte Bevölkerung des dalmatinischen Hinterlands.

NDH: Abkürzung für: »Nezavizna Država Hrvatska« (Unabhängiger Staat Kroatien), faschistischer kroatischer Vasallenstaat Deutschlands und Italiens während des Zweiten Weltkriegs 1941-1945. → Ustaša.

Oblast (serbokroat.): Region, Verwaltungseinheit. Die zentralistische → SHS-Verfassung sah 1921 die territoriale Gliederung in 33 *oblasti* vor, um die historischen und nationalen Grenzen der vormaligen *pokrajine* (Provinzen) aufzuheben; ab 1929 bis zum Zweiten Weltkrieg zusammengefaßt in 9 → Banschaften.

Orthodoxie (griech.): »Rechtgläubigkeit«. Christentum byzantinischer-griechisch-slawischer Prägung, vereinfachend auch »Ostkirche«. Der Unterschied zur katholisch-lateinisch-römischen »Westkirche«, der sich im Schisma (Kirchenspaltung) von 1054 manifestiert hat, besteht in kultur- und machtpolitischen Gegensätzen (z.B. keine Anerkennung des päpstlichen Primats), jedoch nicht in den fundamentalen christlichen Dogmen und Glaubenssätzen. Die orthodoxe Kirche ist in unabhängige und selbständige (→ Autokephalie) nationale Landeskirchen gegliedert (Griech.-orthodoxe Kirche; Russ.-orthodoxe Kirche; Serb.-orthodoxe Kirche; Bulgar.-orthodoxe Kirche, Makedonisch-orthodoxe Kirche). → Unierte Kirche.